日本政治学会 編

政治行政への信頼と不信

年報政治学2010−I

木鐸社

はじめに

　信頼や信用という言葉は，われわれがほぼ日常的に使う表現である。「あの人は信頼できる」，「あの会社は信用できない」など，こうした表現の使用頻度はきわめて高い。ただ，それが政治や行政との関係で使われるとなると，現在，世界的にやや深刻な問題が生じている。国民や納税者，あるいは，有権者や住民など，表現はさまざまであるが，多くの国で政治や行政から影響を受ける人びとの間で，政治家や政府，さらに自治体や公務員に対する信頼が低下する傾向が見られる。政治や行政に関する国民の信頼度の低下は，先進工業国家や開発途上国を含め，世界各地に広がってきている。

　指摘するまでもなく，これは民主制のあり方やその正統性にも関わる重要な課題を含んでいる。信頼や信用があってはじめて，国民は徴税に応じ，法律に従い，投票に出かける。信頼や信用がなければ，政治は国民から軽視されて機能せず，行政は徴税に応じない納税者の増加で責任を十分に果たすことができない。現実には，とりわけ開発途上国で，そうした状況が拡大する傾向が認められる。ただ，日本を含め先進工業国の間でも，国民の政治行政に対する不信感は相当な広がりを見せている。政治や行政は国民からの信頼と支持によってはじめて正統性を主張し，継続性を維持することができる。そのことを思えば，なぜ今，政治や行政に対する不信感が増加しているかは，政治学がとり組むべき喫緊の課題であると考えられる。

　そうした問題意識を念頭に，今回，「政治行政への信頼と不信」を学会年報2010－Ⅰ号のテーマにとり上げることにした。この課題に関わる編集委員はすでに5年前から，財団法人行政管理研究センターが組織する「行政の信頼」を研究するチームに加わってきた。それを2009年度に，対象を行政から政治という一回り大きな枠組みに拡大し関係者も増やすことにした。本書で発表するのは，その共同研究の成果である。研究の実施に当たっては，独立行政法人学術振興会に科学技術研究費補助金・基盤研究（B）「市民の政治と行政に対する信頼メカニズムに関する総合研究」（課題番号

21330034）を主題に研究費助成を申請した。それが認められ，科研費の補助を受けることができた。また，明治大学大学院からも政治行政信頼に関する研究について，大学院研究科共同研究助成を受けている。

　参考までに編集委員（敬称略）は，秋月謙吾（京都大学），池田謙一（東京大学），大山耕輔（慶應義塾大学），菊地端夫（明治大学），小池治（横浜国立大学），西川伸一（明治大学），橋本信之（関西学院大学）と，わたしを加えた都合 8 名である。また，行政管理研究センター主宰による共同研究の発足当初から，民間企業の社会的責任（CSR）を調査する櫻井通晴（城西国際大学）氏にも参加をいただき，研究の進行調整は西村弥（明治大学研究員）が担当してきた。

　各章が国民の政治行政への信頼や不信の意味合いを多方面から検討するが，それに先立ちここでは政治行政と信頼との関係について，簡単に私見を述べておきたい。信頼や信用という言葉は，期待（Expectation）と提供（Deliver）という概念と密接に関係している。われわれが人や制度，それに組織を信頼や信用するのは，対象となる相手方にある種の期待をかけるからである。「あの人は信用できる」というとき，その背後には相手が自分の予想する行動をとるという期待感が潜んでいる。そして，相手が期待どおりの結果を出すと（Deliver），その人や組織などに対する信頼感は，一層，確実なものになる。反対に「あの会社は信用できない」というのは，その企業が期待するような利益を生まないとき，あるいは，利益をもたらさないとき（Undelivered）に発する表現である。そのように信用や信頼と呼ばれる表現は，こうした言葉を使う人びとの期待感が充足されるときに意味をもち，充足されないと不信感の増幅というネガティブな結果をもたらすことが多い。期待と提供という 2 つの概念に支えられているのが，信頼であり信用と呼ばれる表現の基本である。

　すでに，世界の多くの国で国民や納税者の政治や行政に対する信頼度が低下していることを，くり返し指摘されてきた。それを検証する材料の一つは，「世界価値観調査」（World Values Survey）と呼ばれる世論調査である。これは，家族や生活，および教育や文化など，さまざまな課題について，同じ内容の設問を各国で尋ね，結果を公表するものである。「世界価値観調査」に盛られている設問のうち，政治や行政，それに公務員などに対する信頼度を問う資料を見ると，いずれの設問に対しても不信感が信頼を

大きく上回っているのが目につく。

　参考までに「政治を信頼しますか」という設問をフランス，イギリス，アメリカ，ドイツ，日本の5カ国について見ると，それらの国々で国民は，ほぼ同じような回答をしている。すべての国で「信頼しない」が「信頼する」を上回っている。ことにイギリスとアメリカが注目される。イギリスは議院内閣制がはじまった国である。一方，アメリカは大統領制を発案した母国である。ところが，この2つの国では，政治を信頼しないが，それぞれ63.8％と79.5％の高率になっている。ことにアメリカでは，日本の76.7％を越え，8割近い国民が政治を信頼しないと回答している。

　行政について問うた設問でも，それら5カ国では「信頼しない」という否定的な見方が，「信頼する」という肯定的な見方を上回っている。とりわけ，ドイツ国民の反応がほかの国とは異なる。ドイツでは76.6％の国民が政府にネガティブな見方をしている。これにつづくのがフランス（70.8％）と日本（69.0％）である。この両国では，7割近い国民が行政部の仕事に満足しないという回答を寄せている。また，「公務員への信頼」を調べた回答でも，ドイツを筆頭に日本，アメリカ，イギリスの各国で，公務員を信頼しない割合が50％を越える。とりわけドイツでは，日本（67.2％）を上回る7割近い国民（69.1％）が，公務員を信頼しないと回答している。

　多くの国で国民が，政治や行政に不信感をもつのは，政府や自治体の提供するサービスが，有権者や納税者の期待を下回るからである。これには，2つの問題が関わっている。一つは，政治行政を批判しながら，実は政府や自治体に大きな期待を寄せるという矛盾した行動様式を示す国民が少なくないことが挙げられる。一般的に言うと，国民の政治や行政に対する期待や要求に際限はない。「あれも，これも」と公助に期待するのが，国民の通例である。公助依存症に際限がなく，これは多数の国で今後もひきつづき幾何級数的に増える可能性が高い。

　2つ目に，増幅をつづける国民の期待や要望に対応する，政治や行政の能力に限りがあることを指摘しなければならない。たとえば財源であるが，これは最近のように経済事情が苦しくなると一層，限られてくる。財政力の不足にくわえて，なかには汚職が蔓延している国，効率の悪い行政を行っている国も多い。国民の政治行政への信頼を落とす材料には事欠かない現状が存在する。また，21世紀は世界的に政治指導者のリーダーシップが

危機を迎えている時代でもある。日本政治に限らずこれまで世界を主導してきた主要各国は，いずれも指導者の力量不足という問題を抱えている。指導者の力不足で，政治行政は国民の要望に応えきれないUndeliverableな状況が続いている。国民が政治行政に不信感を募らせるのは，けだし当然のことかも知れない。

　本書は，そうした国民側の期待意識の増加と，それに対応する政治行政の力不足を様々な角度から分析することを目的にしている。検討の中身は，国内にとどまらず国際的な比較にも及んでいる。今回の調査は，専ら問題点の把握にとどまっているが，この先もこの研究はつづく。今後，分析の焦点は問題の発掘から解決策に移行していく予定である。

2010－Ⅰ　年報編集委員長
中邨　章

日本政治学会年報 2010-Ⅰ

目次

はじめに　　　　　　　　　　　　　　　　　　　　　中邨　章（3）

〔特集〕 政治行政への信頼と不信

行政に対する制度信頼の構造　　　　　　　　　　　池田謙一（11）

行政信頼の政府側と市民側の要因
　―世界価値観調査2005年のデータを中心に―　　　大山耕輔（31）

アジアにおける政府の信頼と行政改革　　　　　　　小池　治（49）

地方政府における信頼
　―地方公務員の意識を中心として―　　　　　　　秋月謙吾（68）

政府間関係，ガバナンス改革と市民の自治体への信頼
　　　　　　　　　　　　　　　　　　　　　　　　菊地端夫（85）

最高裁における「信頼」の文脈
　―『裁判所時報』における最高裁長官訓示・あいさつにみる―
　　　　　　　　　　　　　　　　　　　　　　　　西川伸一（107）

政府への信頼と投票参加
　―信頼の継続効果と投影効果―　　　　　　　　　善教将大（127）

〔論文〕

現代政治理論の方法に関する一考察 　　　　　　　松元雅和（149）

モーゲンソーにおける〈近代〉批判
　—あるいは彼の（国際）政治思想に「リアリズム」として接近することの限界— 　　　　　　　宮下　豊（171）

治安維持法の再検討
　—政党内閣期（1918〜32）を中心として— 　　　　　　　中澤俊輔（194）

〔書評〕

2009年度　書評　　　　　　　　　　　日本政治学会書評委員会（215）

〔学会規約・その他〕

日本政治学会規約　　　　　　　　　　　　　　　　　　　　（237）

日本政治学会理事・監事選出規程　　　　　　　　　　　　　（239）

日本政治学会理事長選出規程　　　　　　　　　　　　　　　（240）

日本政治学会次期理事会運営規程　　　　　　　　　　　　　（241）

日本政治学会倫理綱領　　　　　　　　　　　　　　　　　　（242）

『年報政治学』論文投稿規程　　　　　　　　　　　　　　　（243）

査読委員会規程　　　　　　　　　　　　　　　　　　　　　（247）

Summary of Articles　　　　　　　　　　　　　　　　　　（250）

政治行政への信頼と不信

行政に対する制度信頼の構造

池田謙一*

1. 事態対処の代理人

　信頼が社会の中で果たす役割の重要性は，フクヤマの著書『「信」なくば立たず (*Trust*)』(Fukuyama, 1995) が直接的にそれをテーマにしたように，広く認識されている。しかしながら信頼は一方で概念的には多義的である。山岸 (1998) が『信頼の構造』で行ったように系統立てた整理なしに，十全な検討はできない。本論文では，「行政に対する信頼」を「制度信頼」の一つとして整理・分析・実証していきたい。

　まず，その運営にリスクが大きく関わる鉄道事業に対する信頼を検討した筆者の研究からはじめよう（池田，2008）。この研究では，鉄道事業が「安全だ」と認識される要因の分析を行った。鉄道事業は言うまでもなく，事故や不測の事態に備えて乗客の安全を最優先することが求められる業態である。したがって，事故というリスク事態の生じる確率・規模の認知が乗客の鉄道事業に対する安全認識を大きく左右するだろうと予測しがちになる。だがじっさいに実証的に検討してみると，鉄道のリスク認知はその安全認識にほとんど直接的な効果を及ぼしていないことが判明した。

　われわれが時速250キロの新幹線の中でさえも平然と居眠りして何ら恐怖を感じないのは，走行中のリスクを推定して，自分が事故に遭う確率が限りなく低いと思っているからではない。そもそも仮にリスク事態が発生しても，われわれがそれに対応できる余地は小さい。何かにつかまったり，頭部を保護する瞬間的な余裕があれば，それはまだ幸運な方だろう。よく考えれば，リスク事態に対して直接対応するのは運転士であり，その対応

---

*　東京大学大学院人文社会系研究科教授　社会心理学

が可能なようにしておくのが事業者である。換言すれば，われわれは運転士と事業者を「リスク対処の代理人」としてリスク事態への対処を委ねているという構造がある。リスクの認識が鉄道事業の安全認識に対して直接効かないのはこの仕掛けによる。

では，この事業の安全認識はどこから来るのか。そこに信頼が関わる。

分析的に見いだされた安全認識の規定要因は2種類あった。物理的・制度的な安全確保の仕組みである安心要因，企業倫理・職能倫理に代表される信頼要因である。工学的な安全確保の仕組みの下で鉄道を運行し，危険を増大させるような運転行為や不作為を法や罰則で制約する一方で，「お客様の安全第一」を社員一同頭からたたき込むこと，この双方がどの程度実現しているかの認識が鉄道事業の安全認識の全体を形作っていた。中でも後者の果たす役割は大きかった。そしてこれら要因にリスク認知は吸収されていた。

並行的な論理は，リスク関連企業のみならず，多くの企業や行政に当てはまると思われる。つまり，企業や行政は市民が個人的・社会的な問題解決の対処をゆだねる代理人であるということである。たとえば社会保険は，厚生労働省の年金制度の整備によってわれわれが老後の事態に対処するのを（不十分ながら）「委ねる」仕組みである。これに代表されるように，われわれは行政という制度を「事態対処の代理人」とする構図を多く持っている。そしてそれが安全で十全な代理人であると市民に認識されるかどうかは，鉄道事業のリスク対処の仕組みと同じであるなら，行政に対する安心と信頼によって規定されているはずである。このことを基本的な視点として，本論を進めよう。

2. 社会関係資本研究と信頼問題

信頼の問題について，近年研究の突破口を開いたのは，パットナムの社会関係資本論（Putnam, 1993, 2000）であった。よく知られた彼の論点を2つに整理しておこう。

第1の論点は，社会への参加が信頼を生む，というものである。ボランタリーな団体への社会参加は，人々の間で不同意やコンフリクトを含む集合的問題に対して，協同して問題解決する機会を与え，そのことが人々の社会的スキルやリーダーシップ能力，そして異なる意見に対する寛容性，

他者への信頼，社会的な組織や団体の機能への信頼とコントロール感を育む，というのである。行政もまたそうした信頼を獲得する組織の1つである。

第2の論点は，社会的ネットワークの広さが信頼を生む，とする。ネットワークの広さは異質な相手との接触機会を増大させるばかりか，広い社会的資源へのアクセスと新しい行動の機会を拡大させることで，ダイナミックな社会の変化に対する適応性を育む。広範にコミュニケーションを行い，経済的な取引や社会的な交渉を行うことは，いかなる他者が信頼するに足る相手であるかを学習する機会を提供し，他者一般に対する信頼，組織・団体に対する信頼を形成する経験を積むことになる。

これらが相互に相俟って社会を活性化し，結果として住みよい社会・生産的な社会が生み出される，とパットナムは論じる。そして，これら要因が核となっている社会的な豊かさの源泉を「社会関係資本」(social capital) と呼ぶ。パットナムの議論は大きな反響を全世界的に巻き起こし，この20年弱の間に研究は大きく進んだが，それでも社会関係資本研究が十分に明らかにしていない問題点を，行政に対する信頼に関連して2点指摘したい。

3. 制度信頼問題の展開

第1の論点は，「信頼」が一元的構造をしているのではないということである。

すでに一部言及した通りだが，山岸(1998)は信頼と安心を区別した。つまり，ここで広く行政への信頼と呼んでいる信頼の内実は実は二重構造になっている。1つは「悪いことができない」構造による「安心」の存在である。行政の当事者が問題行動を起こす可能性を低くし，それによってサービスの享受者である市民が安心感を持つ構造を作り出すことである。より具体的には，法的な規制，有効な罰則，問題状況のモニター（監視）によって，行政が公正で適切な業務を行うという保証の構造である。これを山岸は，サンクションが存在するために相手がポジティブに振る舞う「安心」であるとする。一方，そうした制約から離れて当事者を「信頼」する構造も同時に存在する。それは行政官の人間性ないし責任感にあふれたプロフェッショナルな姿勢に対する信念である。これを狭義の信頼と呼ぼう。それは制度的なインフラではない。インフラによる規制，罰則の及ばない

部分でも，あるいはそれらを越えて行政官がベストを尽くすだろうという信念である。こうした狭義の信頼と安心とをまとめた上位概念を広義の信頼と呼ぶ[1]。特に本論で対象とするのは広義の信頼の中でも行政に対する制度信頼，つまり行政信頼である。政府を信頼するか，と一般的に尋ねられた場合の「信頼」がそれである。

　このことを先に述べた事態対処の代理人との関連で見よう。その代理人的性質は，社会保険などでは制度の趣旨からして当然のことだ，という議論もあるだろう。しかしこの性質に焦点を当てることで，制度の中に制度への安心と信頼の問題がビルトインされていることが明確化でき，制度信頼問題をクリアに構造化できるメリットは大きい。

　一方で，制度はその仕組みとして，「安心」の仕掛けが施されている。つまり，法や規制などによって，適切に運用されることが水路づけられており，また外側からそれが監視できるという透明さを持つことが期待されている。その透明さと法や規制が制度を代理人として機能させる根幹であり，機能する確実性を保証する。

　他方，制度の運用そのものは運用従事者が行う。運輸システムでは運用従事者たる運転士やパイロットが全く手を触れずに運行できるのが理想だと，エンジニアが言い切ることがある。だが，いかに自動化されようとも裁量の余地は生じる。名古屋空港の中華航空機事故（1994年4月25日）では，自動操縦装置とパイロットの意思が着陸を巡って齟齬を来し，それが事故に直接結びつくという事態すら生じている。これはパイロットから裁量の余地を奪えば安全に着陸できたはずだ，ということではない。自動化システムが全てを予測できるわけではないからである。また諸種の事態を予測し，自動化するコストは果てしない。これと同様に，安全システム以外の制度においても，制度の運用従事者の関与する余地は小さくない。行政裁量という概念はそれに対応するだろう。そして社会保険庁の見事な「裁量」が長年の間に何を生み出したかを思い返せば，行政という制度の運用従事者には，確実に制度の趣旨を踏まえて行政に関わり，公正さや誠実さに対する高いモラルを伴いつつ，制度の果実を裁量の中で「正しく」収穫すること，これが求められることをよく認識できるだろう。制度執行の「代理人」への信頼はここに現れる。代理人は行政の仕組みの中で「自動的」「機械的に」行政を推し進めるよう求められているのではないのであ

る。その1つの典型は犯罪などの治安問題や災害被災などのリスク事態に見られよう。それは行政にとっては日常業務外の事象でありうるが，代理人としての信頼が強く試される事態でもある。不測のリスク事態に直面しての不適切な対応は行政にとって致命的であり，狭義の信頼を大きく損なう可能性を持つ（小杉，2007）。また，行政の大きな裁量の余地は，市民との直接の窓口を持つ現業的な行政サービス部門以上に，行政が国家的・地域的な政策形成に立ち会う場面に現れるだろう。このことはそうした領域での信頼がより大きな意味を持つことを示すと同時に，「政治によるコントロール」が政権交代した与党によって叫ばれている昨今の状況的な構図を考えるのに示唆的だろう2。

　このようにして行政は，特に市民との日常的な接点においては，公共的なインフラの多くの運営を市民から信託されているのであり，しかも定義上対立的な競争相手を持つことなく信託されている。「公僕」とはいえ市民が行政官を罷免する直接的手段を実質的に持たない以上，市民との間に非対称性がある。この非対称性のゆえに行政が市民の不信に即応しない傾向はあろうが，それでも不信表明は行政への監視を強める圧力につながる。だがそれは，翻って監視のコスト上昇，サービス低下を招く悪循環を発生させうる。つまり，信頼に頼り得ない部分を制度的整備による「安心」構築で補償するという設計圧力が制度をより「間違いのないよう」杓子定規に機能させ，「前例のない」不測事態に対応できず，枠組からこぼれ落ちてサービスを享受できない市民を生み出しうる。資格認定やサービス申請の書類が煩雑化するなどのように，サービスのコスト自体も増大しがちだろう。

　この文脈で，行政には「適度の不信が必要」で，その方が民主主義には望ましい，という主張（Newton, 2008）にも注目しておこう。この主張の視線は安心部分を指しており，適度の不信が監視を動機づけることを意味していると解釈すべきだろう。一方で狭義の信頼部分で不信が増大することは，広義の信頼の全体像にとって大きな打撃となる。プロフェッショナルとしての倫理性を疑われる行政官というのはその例である。

　なお，山岸は安心と信頼の概念的整理を行い，大きなブレークスルーをもたらしたが，問題もある。それは「安心」の中身について制度との関連では具体的に検討していないことである。山岸・吉開（2009）では安心を

制度的な仕組みとして捉える方向性を示しているが，それでも安心と信頼を対比的に描きすぎていると思われる。実際にはそれらは相互に補完的なものだろう。また安心には，法や規範やルールのみならず，領域によっては物理的な仕組み（鉄道事業や医療機器なら諸種の安全装置）も含まれることを指摘しておきたい。

さて，パットナムの第2の問題点に移ろう。それは，人に対する信頼と制度的な信頼の区別が曖昧な点にある。たとえば，人に対する信頼と政府に対する信頼を概念的に区別しようとしたハーディン（Hardin, 2000）は，人に対する信頼には互酬性があるが，政府に対する信頼には原理的に互酬性が欠けていると指摘している。そもそも「政府から何かをしてもらった」から市民が「何かをお返ししなければならない」という論理が仮にあるとしても，そのことが信頼に結びつくわけではない。こうした点を踏まえて，筆者は両者を次のような安心と信頼の構造の中でとらえたい。

まず，人に対する安心は（山岸のロジックの通り）信頼の対象者の置かれた環境の制約認識から来るものであり，また人からの信頼には信頼を返す互酬性がある。これに対し，制度に対する安心は制度そのものの構造にビルトインされた制約となる一方（制度設計がそのようになされる），制度に対する狭義の信頼は制度の運用者に大きく依存し，制度を信頼する市民と制度そのものとの間には直接的な互酬性はない。市民が制度を信頼することで返ってくるのは，制度の趣旨に沿ったメリットの享受という間接的で道具的に限定された互酬である。鉄道なら安全に目的地に到着する，社会保険であれば老後の生活の保障の一部が得られるということである。そもそも公共機関や公共性の高い企業は，そうしたメリットを与えるための制度として形成されており，人はそのメリットの価値を信ずること，メリットをもたらす制度の運用者を信頼すること，この2点において運用者に対して利益をもたらすなり，高いモラールに対して報いる構造を持っている[3]。

こうした点が制度への広義の信頼の持つ構造であり，制度はその中で安心と狭義の信頼が補完的にバランスをとりながら機能する。そこには実践上，動機づけの問題が発生する。制度設計において，規制やルール，監視によって制度の運用を厳しくして安心部分を拡大させることは，制度を外在的な動機付けによって主に動かすことを意味する。つまり制度の運用者

は，ルールによって方向付けられ，過ちを罰せられる恐怖によって制度を動かす。しかしながら，こうした外在的な動機付けはモラールの低下をもたらす。外在的動機付けのそうしたマイナス効果は社会心理学では広く指摘されるところである (Pittman & Heller, 1987)。外側から突き動かす力は，内在的な動機付けをそぎ落とすのである。逆に言えば，制度の監視の強すぎるところ，制度設計から漏れるところ，制度の予想しないところ，さらには制度の監視の行き届かないところで，制度はモラール低下の可能性に曝される。規制でがんじがらめにされて仕事に差し支えるという表現はしばしば耳にするが，これは効率を生む裁量の余地が不足するときの問題を指摘しているのみならず，モラールの低下にまで含意がある。モラールの低下は，制度の運用者による制度の趣旨の破壊や，裁量の誤用や不正や腐敗をときに招く。それは安心による制度制御の限界を示している。2005年4月25日に発生したJR福知山線脱線事故の貢献要因として，「日勤教育」の問題が指摘されているが，それは運行に問題を起こした運転士に対する懲罰的な制度が安全第一の制度目標から逸脱させるバネとなったという点で，制度制御の限界の一例だろう。

こうしたことは，信頼できる行政官という内発的動機付けの高いプロフェッショナルを必要とするが，一方で，内発的な動機付けを高めるために裁量の余地を大きくし，監視を緩め，制度の趣旨を強調するだけでは，制度の隙間で低モラールの行政官が発生したり制度の運用の歯止めがきかない腐敗を助長させかねない，というジレンマが発生する[4]。

4．検討すべき実証的要因

以上の議論を踏まえて，行政に対する（広義の）信頼の構造を実証的に検討しよう。

まず紙幅の制約上，広い意味での公的な制度に対する（広義の）信頼は多次元に分かれることを仮定する。これは各種制度に対する信頼として，政党，国会，中央省庁，地方自治体，公的な機関のみならず，公共的なサービスを提供するメディア・通信・電力・運輸に関して測定した10点尺度を因子分析した結果に基づく（池田, 2007）。そこでは中央の行政と地方の行政に対する信頼は別次元上にあったため，以下では両者を別途検討する。次に両者の規定要因を具体化していこう[5]。

狭義の信頼の育成要因　アスレイナー（Uslaner, 2002）は，（狭義の）「信頼が重要なのは，それが倫理的側面を持つからだ」と議論する。それは「人間性に対する信頼」であり，「人々を信頼できるかのように扱え」という当為に近いものだと論じ，いくつかの点で実証して見せた。倫理的な側面が信頼に直結することは技術倫理の研究でもやや姿を変えて主張されている。野城ら（2005）は，技術者は一般に企業（組織）倫理，職能倫理，そして市民としての倫理をそれぞれ当為として参照しながら行動するべきだと論じる。これらが衰えたり，相互に齟齬を来すことが，市民との共通利益を失わせるような技術的な事故や不祥事への引き金になるという。それは，技術の提供先たる市民からの互酬的な反応や監視を意識したものではなく，技術者自身の持つ複合的な倫理性が市民の技術者への信頼を育成する，という視点である。本論では，公共性の高い行政組織に関しても同様の視点が当てはまると主張したい。公共サービスの倫理，プロフェッショナルな行政官としての倫理，市民としての誠実な倫理を併せ持った職業倫理を期待できることが，行政官への信頼の基礎である。たとえば組織の論理に押される中にあってもプロや市民としての倫理観からモノが言える判断力があるとの期待である。このことが（狭義の）信頼を市民の側に育む。

　また，大渕（2005）は「政府に対する信頼」の規定要因として社会的公正感があると指摘し，実証している。行政の対象が市民全体に対するユニバーサルなものであるとすれば，そこからズレを来すような行政行為は不信を招く。つまり，公正さは個々の行政官の職能的な社会的責任の一部でもある。それは公共性ある事業に特有の要因であるため，上記の技術倫理の概念では不明瞭であり，独立して測定する必要があるだろう。

　以上から，職業倫理と公正感を狭義の信頼の指標として信頼育成要因と呼ぼう[6]。

　安心要因　法的な制度や罰則あるいは監視的な仕組みは，行政官が非意図的にでも「悪いこと」ができない行動の制約として機能したり，その行動を水路づけ，コントロールする仕掛けである。それが「安心」を保証する。したがって，そうした法的・制度的な枠組が確保されているのかどうか，また行政の透明性やアカウンタビリティによって安心の枠組の作動がチェック可能となっているのかどうか，つまりこれらが安心要因となって

広義の信頼が確保されているか，を検討する必要があるだろう[7]。

安心をもたらす「ソフトな枠組」もある。行政の「レピュテーション」の持つ役割である。法的・制度的な拘束力はなくとも，社会的な監視の仕組みとして機能し，安心を高めるメカニズムである。ネットオークション研究では，レピュテーションこそが取引の相手を搾取せず，公正に取引する大きな制御要因となっていることが知られている（吉開，2004）。また櫻井（2005）は，企業のレピュテーションの重要性を指摘し，それが企業の資産価値を押し上げると指摘しているが，その価値を守るために企業は逸脱的な行動を制約される。同様に，行政に対してもレピュテーションは安心をもたらすと予測される[8]。

能力要因 行政官の能力に対する期待も測定する必要があるだろう。行政官が専門知識や専門的技能を有するばかりではなく，政策立案能力がどの程度あるかの認識が信頼に大きく貢献することは広く論じられている（田中・岡田編，2006）。山岸の概念構成では能力は狭義の信頼と区別されるが，広義の信頼を実現させる貢献要因ととらえることが可能である。法や規制といった安心の構造や狭義の信頼と並んで，さらに創造的に制度の趣旨を実現させうる能力として行政官の能力を検討するのである。なお，行政官として制度を安定的に運用していけるはずだという能力の保証は任官の試験制度を通して安心の仕組みの中にも部分的にビルトインされている。

信頼を増大させるアウトプット的要因 行政への信頼は一種のプラスの期待であり，安心は失敗しないはずだというマイナス面抑制の期待だが，それらが結果として望まれる行政を生みだしているかどうかの評価，つまり業績評価はこれら期待に対するフィードバックとして作用するだろう。投票行動研究でよく知られている業績評価要因は政府のパフォーマンスに関する評価であるが，それと同様に行政という制度運用の改善・改悪に関する業績評価を試行的に考える。具体的には，期待を上昇させるプラス面として行政改革に対する評価を，マイナス面として行政官の不祥事の認識についてそれぞれ測定し，投入する。

社会関係資本的な規定要因 パットナムのロジックでは，信頼は社会参加やネットワークと相互促進的に機能し，プラスの社会的なアウトプットを生み出すものと考えられていた。この視点から社会参加とネットワーク

要因を広義の信頼の規定要因として投入する。また対人的な一般的信頼は制度に対する信頼と正の相関があるとされる（Newton, 2008）。このことを考慮して対人的信頼の要因を投入する。

周辺的関連要因 テレビ，新聞，インターネットなど異なるメディアへの接触は，異なる行政関連情報への接触を意味しうるため関連要因として投入しよう。ファー（Pharr, 2000）は新聞報道と政治不信の増大との間に統計的な関連性があることを日本のデータで示唆している。パットナム（Putnam, 2000）はテレビの存在がコミュニティの社会関係資本を低下させたと疑っている。インターネットのもたらす方向性は不明だが，本研究の基づくサンプルはインターネット利用者であることを考慮して，その効果を検討したい。

最後にデモグラフィック要因もまた，人々の認識を制約しうる大きな要因である。行政への信頼に世代差があるのはしばしば指摘される（池田, 2006）。また都市規模別の差異があるかどうかも興味深い。行政と市民との心理的距離，都市規模によって異なる行政体としての扱いの差異（政令指定都市かどうかなど）の効果があるかどうかを検討するのである。人々の暮らし向きという経済水準の効果も考えられよう。暮らし向きが良いと自己認識する人々は一種の公正感として現状の社会を正当化する傾向を持つと予測される。

5. 信頼の構造の実証調査

以上述べてきた信頼の構造的規定要因を検討するため，インターネット調査データを分析する。調査は「行政の信頼性確保，向上方策に関する調査研究委員会」（代表・中邨章明治大学教授。総務省委託研究）の研究の一環として実施された。調査期間は2007年1月下旬，調査地域は全国とし，対象条件として男女，年齢20歳以上59歳までとし，これらと都市規模別で層化し，各セルに対して同サンプル数を割り当てた上で実査した。対象者は日経リサーチアクセスパネル，対象数は15,705サンプル，有効回収数（率）は4,631サンプル（36.5％）であった（詳しくは池田（2007））。分析に際しては，上記各区分の人口比に対応したウェイトを用いた。ただし，いわゆるネットサンプルであることと60代以上の回答者を含めていない点で，解釈には十分な注意が必要である。

図1 行政・政治への信頼：レベル別

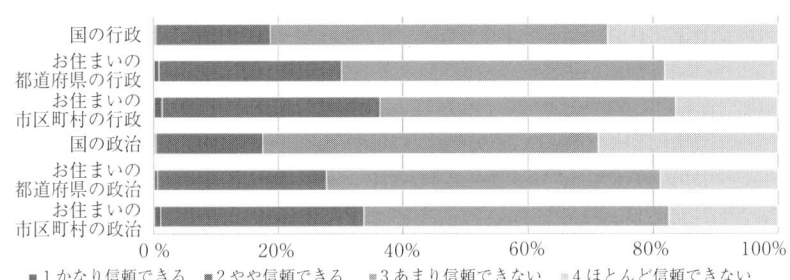

6. 測定調査項目とその単純集計

○従属変数

　国と地方というレベルを意識した政治・行政への信頼を4点尺度で測定した。結果は図1に示す。3つの事実が明瞭に観察される。第1に「かなり信頼できる」とする市民はきわめて少なく，政治信頼・行政信頼は絶対値でかなり低い水準にある。第2に，国から都道府県，市区町村と行政の単位が小さくなるほど，政治においても行政においても信頼が上昇する。第3に，行政と政治の間の信頼の強度には大きな差がない。わずかに行政信頼の方が勝るが両者の相関は高い。以下の分析では，関連項目を詳細に取得した国と市区町村の行政への信頼の2つを従属変数として分析する。

○独立変数

　職業倫理　信頼育成要因の職業倫理に関して，野城の言う3つの側面を国と市区町村レベルで4点尺度にて測定した。それは，組織倫理（「公務員としての誇りを持っている」，「公務員として市民に対するサービスを心がけている」），職能倫理（「社会的責任をよく理解している」「現場の問題をすみやかに改善・対処できる」「行政として対応すべき行為をしないような『現場の不作為』を放置しない」），市民倫理（「市民として誠実な職員が働いている」「職員として安心できる人が働いている」）である。結果を図2に示す。

　全般的に行政官が高い職業倫理を有するとは認知されていない。職能倫理面で評価は特に低く，リスク対処能力や不作為を放置しないという点が

図2 行政官の職業倫理認知

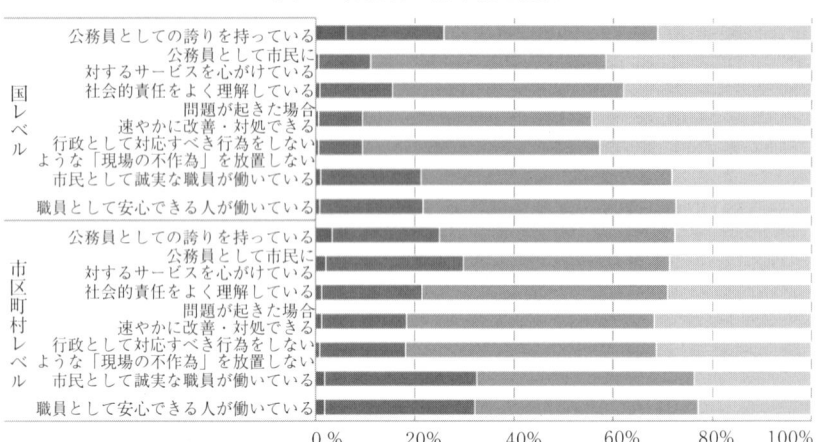

最低水準であった。また国よりも地方行政の方で倫理に優れていると認知されている傾向があった。行政の水準ごとに行政官の職業倫理尺度を作成した（それぞれ尺度の信頼性 α は0.91, 0.95）。

行政の公平性認知　行政に対する社会的公正感の評価は，行政サービスのユニバーサル性に対する信頼を表す。大渕にならって，個人，国民，地域，職業別の公平性判断を測定した。国を例として挙げると，国の行政は「あなたのことを公平に扱っていると思いますか」「国民を公平に扱っていると思いますか」「あなたの地域の人たちを公平に扱っていると思いますか」「あなたのような職業の人たちを公平に扱っていると思いますか」であり，市区町村の行政についても同様に尋ねた。市区町村の行政に対する公平性評価は4点尺度で肯定的な回答が4割前後であったが，国の行政に対する評価は2割ほど低かった。回答は尺度化した（α は各0.92, 0.96）。

行政機関の安心・監視　図3のように5項目を複数回答方式で国と市区町村で測定した。明らかに既存の制度的な枠組が不正防止として機能したり，過去の問題の教訓によって安心が増大したとは考えられていない。国でも市区町村レベルでもどちらも同意率は2割を大きく下回っている。一方，安心感をもたらす監視の有効性に関してはかなり否定的である。多く

図3 行政の不正防止・監視に対する意見

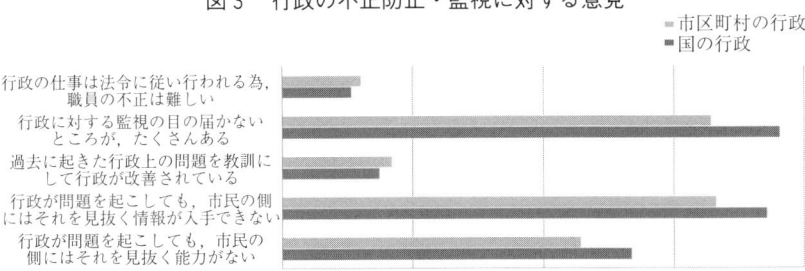

が監視の目は行き届かず,問題事象についての情報入手は困難であり(平均7割),市民の側には問題を見抜く力が十分にないと認識している。これらの傾向は特に国の行政に対して顕著である。値が大きいほど安心感が低くなる尺度を作成した。

行政機関のアカウンタビリティ・透明性 基本的に透明性はきわめて低いと認識されていた。ここでも市区町村レベルで評価が高いが,そこで最大だった財政状況の適切な公表の認識さえ2割程度の肯定的評価しか得られなかった。特に社会的責任やコンプライアンスが適切だという意見は国レベルでは各4%,5%でしかない。さらに人員削減状況や苦情処理の公表,問題発生時の情報提供まで含めた6点の評価項目(複数回答方式)をどれも評価しない回答者は国・市区町村のそれぞれで80%,67%にまで達していた。ここでも行政機関の透明性の尺度を作成した。

行政のレピュテーション レピュテーションの効果はいままで十分に測定されたことがないために,新規に作成した。行政レベル別に「人々の生活を豊かにしてくれる」(国で13%が肯定回答,市区町村で17%),「人々の役に立ってくれる」(17%,36%),「社会に貢献している」(15%,19%),「親しみを感じる」(2%,20%)など10項目を測定した。2割以上の肯定的評価のあったのは市区町村レベルで4項目あったのみで,全体として評価はおしなべて低かった。ここでも尺度を作成した。

行政官能力認知 行政の水準ごとに,職務的な知識・技能・政策立案能力の認知を尋ねた(回答は複数回答方式で各項目に対してイエス回答をチェックさせた)。ここでは国家公務員の知識・技能の方が地方公務員より高めに認識されていたが,評価は全体的に低く,国家公務員の政策立案能力

が十分とする回答は2割に満たず，市区町村では1割にすら満たなかった。行政の水準ごとの能力認知尺度を作成した。

行政の業績評価　プラスの業績評価である行政改革評価について行政の効率性の改善と政策立案能力の改善を尋ねたが，4点尺度で肯定的回答は2割前後である。尺度を作成した。マイナスの業績評価たる不祥事については，政治家，国家公務員，地方公務員のそれぞれにおいて不祥事が多いとの認識があると思うかどうかを尋ねた。この順番で92%，73%，64%が不祥事を多いと認識していた。不祥事の認知尺度を作成した。

社会参加・政治参加，ネットワーク，対人的信頼　社会参加については，もっとも一般的な社会参加項目，近隣での社会的活動に関する参加項目，既存の政治参加項目を用いて，3つの尺度を作成した。ネットワーク項目は「ポジション・ジェネレータ」(Lin, 2001) を用いて社会階層の広い範囲に知人がどの程度分散しているかを測定した（ネットワークの階層的多様性尺度と呼ぶ）。対人的信頼については「ほとんどの人は信頼できる」など5項目の関連項目の因子分析の結果から，一般的対人信頼に該当する因子を採用した。

メディア接触関連変数　新聞，テレビメディア，インターネット系統のメディアに分けて尺度を作成した。テレビメディアではテレビニュース，週末の報道バラエティを含めた。

7．行政への信頼を規定する要因の分析

　国・市区町村の行政2レベルのそれぞれを従属変数とした順序ロジット分析を行った。

　独立変数の大カテゴリーとしては，デモグラフィック要因および行政熟知度（行政の組織・体制，施策，公共サービス，日常業務について「知っている」という主観的尺度），信頼育成要因（職業倫理，公正感），安心要因（安心・監視，透明性認知，レピュテーション），行政官能力認知，業績評価，社会関係資本要因，メディア接触を投入した。結果は表1に示す。国の行政信頼に対する説明力は25%，市区町村レベルでは27%とまずまずの数値である。なお，従属変数間の相関は高く0.54であった。

　いくつかの要因の効果が明瞭である。第1に信頼育成要因の効果である。論じたように，制度的にどんな規制や罰則があったとしても，行政官の高

表1　行政の信頼の規定要因：順序ロジット分析

	従属変数→	国の行政信頼度	市区町村行政信頼度
		回帰係数	回帰係数
デモグラフィック要因および知識	性	−0.134	−0.072
	年齢	0.015***	0.012**
	教育程度	0.089	0.036
	暮らし向き総合尺度	0.177***	0.133***
	居住都市規模	0.004	−0.020
	行政熟知度	0.043*	0.065***
信頼育成要因	職業倫理：行政レベル別	0.211***	0.246***
	行政の公正感：行政レベル別	0.189***	0.164***
安心要因	行政の安心・監視：行政レベル別	−0.027	0.033
	行政の透明性：行政レベル別	−0.034	0.105**
	行政のレピュテーション：行政レベル別	0.273***	0.136***
能力	行政官能力認知：行政レベル別	0.031	−0.141*
業績評価	行政改革評価	0.243***	0.133**
	行政不祥事認知	−0.053	−0.104*
社会関係資本要因	一般的対人信頼	0.080†	0.158***
	社会参加	−0.004	0.008
	近隣活動参加	0.028†	0.047**
	政治参加	−0.039	−0.012
	ネットワークの階層的多様性	0.014	−0.011
メディア接触	新聞購読紙数	−0.017	−0.025
	テレビ政治情報接触源数	0.023	−0.126**
	インターネット政治情報利用度	−0.007	−0.018
	カットポイント1	3.922***	3.273***
	カットポイント2	7.529***	6.737***
	カットポイント3	12.891***	11.758***
	N	3851	3840
	擬似決定係数	0.2539***	0.2734***

p値 .05<p = <.1†, .01<p = <.05*, .001<p = <.01**, p = <.001***
擬似決定係数はウェイトなしの計算時の数値による

いモラールと倫理観，そして公正性の認識こそが広義の信頼の強い規定要因であった。これらはブートストラップ法（500回繰り返し）による誤差の推定を行っても，国，市区町村レベルともに安定して有意な効果を示していた。他の要因を一定とした効果を数値で示すと，国レベルで職業倫理の評価が最小のグループでは国の行政を信頼する率（かなり＋やや信頼できるの計）が3％であるのに，最大グループでは46％に達した。同様に市区町村レベルでは7％と83％の大きな差異があった。公正さでは国レベルで最小群と最大群の差異31％，市区町村レベルで40％に達した。

　第2に，その一方で安心要因の効果はやや不透明である。行政内部の監

視や透明性が明瞭には効いていない。わずかに市区町村の行政に対して透明性が高いほど信頼が高まる効果が見えるのみである。このように制度的な仕掛けの効果がよく見えない一方で、レピュテーションという行政外部の社会的統制の効果は明瞭だった。

次に、行政官の能力認知は市区町村レベルでマイナスの効果を持っていた。能力が高く認知されているほど疎遠で不親切に見えるのか、信頼は下がった。国レベルではこの効果は見られない。透明性の効果も含め、これらは身近な経験に左右される要因である可能性があり、見聞きする機会の多い行政レベルであるために効いてくる可能性があろう。

行政改革の業績評価は明瞭で、基礎データは評価の全般的低さを示していたものの相対的に評価が高ければ行政信頼は高まる。一方で不祥事に関しては、市区町村レベルで不祥事が少ないと認知するほど信頼は上昇した。これも行政の親近性のなせる効果だろうか。

なお、社会関係資本関連要因は対人信頼が行政信頼にプラスの関連性を持っていた。他方、参加やネットワークの要因の効果は小さく、近隣の活動が同レベルでの行政の信頼（市区町村行政信頼）にプラスとなっていた。メディア接触の効果は不明瞭で解釈しにくいのに対し、デモグラフィックな要因の効果はいくつか明らかで、年齢が高いほど、暮らし向きの良いほど、行政を熟知しているほどどちらのレベルでも信頼は上昇した。

8. 考察と結論

本稿では、行政信頼の構図の中の安心・監視的な要素と倫理的な要素、および対人的信頼と制度信頼の区分の必要性を強調し、全国ベースのインターネット調査で実証を試みた。

単純集計結果を見ると、行政官の職業倫理、公平性には低い評価しか与えられておらず、国レベルでそれは特に顕著であった。安心・監視的な視点からは、市民に安心感をもたらすはずの制度的な枠組がよく機能しておらず、制度が不正を防止したり、監視の目が行き届いているとは認識されていなかった。これに加えて行政の透明性はきわめて低いと認識され、行政のレピュテーションもそれほどではないにせよ低いことが否めなかった。

次に、行政信頼を従属変数とした多変量解析を行ったところ、狭義の信頼育成要因たる職業倫理や公正感が行政信頼を増進させる効果は明白であ

った。またソフトな安心要因であるレピュテーションの評価も信頼を増大させる大きな効果があった。

　一方，行政の安心要因に関しては結果は明瞭ではなかった。その原因は2つ考えられよう。第1は，ここで測定した行政信頼が狭義の信頼を含意していた可能性である。これはデータの制約上，可能性を指摘するにとどめる（注6を参照）。第2は，安心はそこに存在するだけで広義の信頼を高める，というものではないのではないか，という論点である。行政を規制し監視する仕掛けそのものは，行政が制度として成り立つ際に必須である。換言すれば安心システムはデフォルトで存在すべきものである。そうした中で単純集計結果に見るように，監視も透明性も不足だとの評価が一般的なのは，存在して当然のものが十分になく評価が低いこと，つまり当然の安心要因が欠如しているとの認識を示している。このために，その不足分を市民は信頼要因によって補って認識しているという解釈が可能かもしれない。広義の信頼を形成するのに，安心レベルが高ければ行政官のモラールで補う余地は相対的に小さくなるが，安心レベルが低ければデフォルトで存在すべき監視や透明性に頼ることはできず，モラールや公正感といった人的な信頼要因の相対的な強度が高まる，という関係である。言い方を変えれば，安心要因の効果が弱いと実証されたから監視や透明性を気にする必要はない，行政を統制する意味は小さい，ということにはならない。むしろこれら効果の欠如こそ，行政官というプロの倫理・公正感に頼らざるを得ない，しかし一方でこうした倫理も公正感も評価自体は決して高くはない，というジレンマ構造が見える。この解釈が適切かどうかは，当然他の実証的な研究を必要とする。

　なお，デモグラフィック要因の効果は，行政が定義上ユニバーサルなサービスと公正さを掲げているため，効果のないことが良報となる。性・教育程度・居住都市規模で差のないことはそうしたプラスの意味を持つ。年齢の差異は年齢が高いほど権威に肯定的になる傾向を示しているのみであるかもしれない。一方，暮らし向きの程度による差異は，豊かな市民が社会に満足しやすい一般的傾向を考慮しても，社会的に豊かな層に行政は肩入れをしすぎていないか，注意の必要があることを示している。

　論文を閉じるにあたって，なぜ中央の行政より地方行政の方に信頼が高いのか，その要因を指摘したい。まず中央の行政の方がより監視困難であ

り行政の透明性も低いと市民に認識されているが，これらは信頼への強い貢献要因ではなかった。その一方で国の行政に対する方が地方行政より行政改革やレピュテーションの効果が大きく，しかもそれらの評価がもともと低調であったがために，国の行政評価全体が引き下げられている。これが国の行政の評価の方を低くしているメカニズムだろう。

　以上，本論は「事態対処の代理人」という概念をキーとして行政信頼の構図を明らかにすべく努めた。行政の評価が安心要因でも狭義の信頼要因でも低いという問題の中で，狭義の信頼要因の持つウェイトの重さに関して，さらに追求することが望まれる。

（1）　鉄道事業や医療などリスク関連事業では「安全」と呼ぶこともできるだろう。
（2）　本論で検討する行政信頼は，政策目標の追求に対する信頼ももちろん含意として含まれるが，分析的には調査データ設計上，市民との直接的な接点における行政信頼がより念頭に置かれざるをえないように思われる。今後この差異は明示的に検討の対象になるべきものだろう。
（3）　なお，制度の運用者への狭義の信頼と制度全体に対する広義の信頼とは直接的に連動するわけではない。広義の信頼は安心によっても規定されるのみならず，運用者と制度の間にもう一つクッションがある。たとえば，信頼できる行政官に接してある行政組織のイメージが改善し，その信頼度が高まるということはあるかもしれない。しかしそれは必然的な推移ではない。信頼できる行政官は「ダメな行政」の例外と認識されうるからである。
（4）　なお，パットナムが指摘していない点としてさらに「行政」の範囲の問題が挙げられるだろう。行政の範囲の認識は行政への信頼では問題化しうる。小林（2007）の分析によれば，行政の守備範囲の専門的理解と一般市民の範囲的理解は重ならない。市民の方がはるかに広い範囲を行政の責任範囲とみなしがちであることが実証されている。またこれとは別に，イデオロギー的な視点からも行政の範囲の認識はズレることが予想される。リパブリカニズムと社会民主主義では，社会的な事象のどこまでを政府や行政が関与する対象と設定するかに大きな差異がある。このことは行政への不信や不満が行政範囲の認識のズレによって生じうることを意味している。
（5）　本論では，信頼を独立変数とする分析については対象としない。代表的には，政治参加や社会参加の規定要因としての信頼については，対象と

（6） 広義と狭義の信頼を区別することは直ちに測定の問題を引き起こす。本論では「行政を信頼しますか」と漠然と尋ねることで「広義の信頼」をとらえると仮定するが，それは心理的な文脈によっては狭義の信頼と受けとめられる可能性を捨てきれないだろう。信頼を尋ねられて行政官のプロフェッショナルな態度だけを想起するなどのことである。しかしながら基本的にはこの質問はそうした態度に限らず，法の規定に基づいて市民の監視を受けつつ全体として行政が市民に対して能動的に適切なサービスを展開していると認知するかどうかの判断を求めているのだ，と解釈して本論以後の分析を行う。それでも広義－狭義の信頼の曖昧さは残ることをここでは記憶しておきたい（安全に関わるメディアの報道でもこの曖昧さは生じている）。なお国際比較上，信頼の尺度はここで用いるような「～を信頼しますか」で共通していることも，この尺度を用いる一つの理由である。

（7） 行政監視のチェックの結果として何らかの不十分さが発見された場合に市民の側で行政に修正を迫る行動が可能だと考えているのかどうかという，行政に対する有効性感覚も1つの要因だが，以下の分析では対応する測定がなされていないため省略する。

（8） 山岸（1998）は，レピュテーションの持つ統制機能と情報機能を区別している。本論で扱うのは統制機能の方である。情報機能は，信頼できるのは誰か，という情報を示すことで機能するが，それは行政には限られたケースのみで当てはまろう。我が国では移住によって国を選択する余地は低いと認識されるなど，国の行政は必ずしも評判を聞きつけて選択する対象ではない。一方，地方行政では，たとえば保育園の評判や安い地方税が自治体の選択にレリバンスを持つ点で，情報機能も作用しうるだろう。

引用文献

Fukuyama, F. 1995 *Trust*, Free Press. 加藤寛訳 1996『「信」無くば立たず』三笠書房.

Hardin, R. 2000 The public trust. (In) S. J. Pharr, & R. D. Putnam (Eds.) *Disaffected Democracies*. Princeton Univ. Press, pp. 31-51.

池田謙一 2006 対人的な信頼感・制度的な信頼感の構造．総務省大臣官房企画課編 行政の信頼性確保，向上方策に関する調査研究報告書（平成17年度），pp. 63－86.

池田謙一 2007 各種制度信頼の規定要因の分析，上掲報告書（平成18年度）．pp. 19－68.

池田謙一 2008 信頼形成と安心，環境安全，116，3－5.

小林哲郎 2007「行政」とは何を意味するのか，上掲報告書（平成18年度）．pp. 85－109.

小杉素子 2007 リスクを伴う事象に関連した行政への信頼感の分析，上掲報告書（平成18年度）．pp. 111－123.

Lin, N. 2001 Building a network theory of social capital. (In) N. Lin, et al. (Eds.) *Social Capital*. Aldine de Gruyter. pp. 3-29.

Newton, K. 2008 Trust and politics. (In) Castiglione, D. et al. (Eds.) *Handbook of Social Capital*, Oxford Univ. Press. pp. 241-272.

大渕憲一 2005 公共事業政策に対する公共評価の心理学的構造，実験社会心理学研究，45, 65－76.

Pharr, Susan J. 2000 Official's misconduct and public distrust (In) S. J. Pharr, & R. D. Putnam (Eds.) *Disaffected Democracies*. Princeton Univ. Press, pp. 173-201.

Pittman, T. S., & Heller, J. F. 1987 Social motivation. *Annual Review of Psychology*, 38, 461-489.

Putnam, R. D. 1993 *Making Democracy Work*. Princeton Univ. Press.

Putnam, R. D. 2000 *Bowling Alone*. Simon & Schuster. 柴内康文訳 2006 『孤独なボーリング』柏書房.

櫻井通晴 2005 『コーポレート・レピュテーション』中央経済社.

田中一昭・岡田彰編 2006 『信頼のガバナンス』ぎょうせい.

Uslaner, E. M. 2002 *The Moral Foundations of Trust*. Cambridge University Press.

山岸俊男 1998 『信頼の構造』東京大学出版会.

山岸俊男・吉開範章 2009 『ネット評判社会』NTT 出版.

野城智也他 2005 『実践のための技術倫理』東京大学出版会.

吉開範章 2004 信頼できる情報化社会の実現に向けて，池田謙一監修『IT と文明』NTT 出版, p. 250－273.

行政信頼の政府側と市民側の要因

―世界価値観調査2005年のデータを中心に―

大山耕輔 *

1. 問題関心と研究目的

　本稿の目的は, 市民の行政に対する信頼の要因について, 世界価値観調査 (World Values Survey) 2005年の日本のデータを用いて, 信頼される政府側の要因と信頼する市民の側の要因のどちらが影響を与えているのかを明らかにすることである。

　本来, この研究プロジェクト[1]で筆者に与えられた役割は, 行政だけでなく政治や司法を含むいわゆる統治機構に対する信頼について検討することであった。しかし, 2で検討するように, 統治機構を構成する軍隊, 警察, 裁判所, 政府, 政党, 議会, 行政などいわゆる一般的な政府にかかわる組織や制度に対する市民の信頼は相互に相関が高く, 市民は, それぞれの組織や制度を必ずしも厳密に区別して認識していない可能性が高い。そこで, 筆者の関心である行政に対する信頼要因を探ることにする。それがひいては統治機構や政府一般の信頼要因を探ることにもつながると思われる。

　また, これまで筆者が検討してきたことは, 市民が行政を信頼するとはどういう意味なのか, 信頼と安心とはどう違うのか, 信頼とガバナンスはどう関係するのか, 国際比較的に日本の行政信頼はどう位置づけられるのかといった, 主に行政信頼という目的 (従属) 変数そのものの検討であった (大山, 2009)。そこで, 本稿では, 対象を日本に限定した上で, 行政信頼を規定する説明 (独立) 変数が何なのか, 信頼される政府側の変数と信頼する市民側の変数とでは, どちらの変数が行政信頼をより規定している

＊　慶應義塾大学法学部教授　行政学

のかについて検討したいと思う。

　行政信頼の要因構造については，すでに池田（2010）がオリジナル調査のデータを用いて国と自治体の双方について総合的に分析している。そこで本稿では，世界価値観調査2005年のデータを用いて，2次分析を行うことにする。世界価値観調査それ自体は行政信頼の要因を探るために設計されているわけではない[2]。そのため，要因として使えそうな変数が限られていたり，使えそうに見えても実際には使えなかったりする。誰でも入手可能な社会調査のデータから，行政信頼の要因についてどこまで分析できるか。本稿では，たとえ2次分析の調査データであっても相当程度切り込めることを示したい。

　また，本稿では，行政信頼の要因を総合的に構造的に探るのではなく，信頼される政府側の要因と信頼する市民側の要因とどちらが行政信頼をより説明するか，という視点から検討する。その際，とくに，大山（2009）で仮説として提示した「行政に対する信頼＝行政のパフォーマンス（業績）÷行政に対する期待」という図式が世界価値観調査2005年のデータに照らして検証されるかどうかを検討したい。つまり，行政に対する信頼は，行政のパフォーマンスと行政に対する市民の期待という2つの変数の比によって大きく影響を受けるだろう，という仮説である。業績がよいほど信頼されるのは当然であるが，他方，行政に対する期待が大きいと，期待が裏切られたときの失望も大きくなるため，行政を信頼しなくなるだろうと考えられるが，果たして本当だろうか。また，他の変数の影響はどうだろうか。この問題については，自治体レベルの信頼であるが，野田（2007, 2008, 2009a, 2009b）の一連の研究がある。本稿では国レベルの信頼について，とくに野田（2009b）を参考にしながら，重点的に検討したいと思う。

2. 統治機構への信頼と行政への信頼

　世界価値観調査2005年のデータには，組織や制度に対する信頼を聞いている変数がある。対象となる組織や制度は多数あるが，日本の統治機構に関連しそうな組織や制度を広く取り上げてみると，軍隊，新聞・雑誌，テレビ，労働組合，警察，裁判所，政府，政党，議会，行政，大企業，環境保護団体，女性団体，慈善団体，地方自治体，教育制度，NGO, 国連などである。このうち，地方自治体や教育制度については，日本では質問項目

からはずされているためデータが存在しない。医療制度，社会保障制度への信頼については2005年の調査ではそもそも変数に取り上げられていない 3。地方自治体や社会保障制度（とくに年金）に対する信頼は，国との比較や世代間，時系列の比較が興味深いところであるが，データや変数が存在しないため比較することができない。将来の調査に期待したい。

　ここでは，いわゆる統治機構を世界価値観調査で取り上げられている組織や制度に限定して，それらの組織や制度に対する信頼相互の関係について相関係数を比較することによって関係の強弱を検討する。統治機構に関連する組織や制度に対する信頼についての世界価値観調査の変数は，「1：非常に信頼する」，「2：やや信頼する」，「3：あまり信頼しない」，「4：まったく信頼しない」の4段階からなる順序変数である。したがって，ここで検討すべき組織や制度への信頼相互の関係を相関係数で測ろうとすることは，厳密に言うと，連続した数量変数ではないためできないことになる。だが，ここでは係数の正確な数を問題とするのではなく，相対的な関係の強さだけを問題とするという観点から，組織や制度に対する信頼相互の相関係数を比べてみることにする。

　組織や制度に対する信頼相互の相関係数が0.4以上の関係にあるものを相関の高いものから並べてみると，政府と議会（0.801），政党と議会（0.745），議会と行政（0.723），新聞・雑誌とテレビ（0.723），環境保護団体と女性団体（0.673），政府と行政（0.656），女性団体と慈善団体（0.599），政党と行政（0.590），環境保護団体と慈善団体（0.580），警察と裁判所（0.571），警察と政府（0.474），警察と行政（0.447），警察と議会（0.429）という順番になった（カッコ内は相関係数，有意確率（両側）はすべて1％未満，Nは最低（女性団体と慈善団体）が839，最高（新聞・雑誌とテレビ）が1,056）。

　相互の関係が強いものをグループ化するならば，政府関係（政府，議会，政党，行政，警察，裁判所），マスコミ（新聞・雑誌，テレビ），公益団体（環境保護団体，女性団体，慈善団体）の3つのグループに大きく分けられ，グループ内の組織や制度に対する信頼の相関は高いが，グループ外の組織や制度に対する信頼の相関は低いことがわかる。

　ここでの関心は統治機構に関連する政府関係の組織や制度相互の相関関係にあるので，そうした組織や制度間の相関係数が比較的高いことを確認

できる。このことから，調査回答者は，回答にあたって政府関係の組織や制度を相互に排他的にイメージしているわけでは必ずしもない，つまりそれぞれの組織や制度を混同して回答している可能性のあることが推察される。

執筆者の関心は行政に対する信頼を規定する要因にあるため，後の検討では，行政に対する信頼の要因に限定して議論を進めることにしたい。調査回答者の行政イメージは，行政と相関の高い議会，政府，政党，警察などと混同してイメージされている可能性があり，また，回答者の行政イメージがいわゆる統治機構のイメージと重なっているのであれば，統治機構を構成する行政以外の主体である議会，政府，政党，警察，裁判所などへの信頼の要因もまた，行政信頼の要因と重なっている可能性があると思われる。したがって，行政信頼の要因を明らかにすることは，同時に，統治機構への信頼の要因を明らかにすることにつながることになると思われる。

3. 政府側の要因と市民側の要因

ごく簡単に先行研究に触れておこう。池田（2010）は，行政信頼に大きく影響を与える要因として，安心要因としての行政のレピュテーションや，業績評価としての行政改革評価，信頼育成要因としての職業倫理や行政の公正感を指摘する。また，デモグラフィック要因や社会関係資本要因，メディア接触といった要因は，相対的に影響が小さい。同様に，野田（2009b）も，自治体に対する信頼を規定する地方政府側の要因として，行政サービスの質やパフォーマンス（業績），地方政府規模，公務員の資質の3つを，また，市民側の要因として，行政に対する期待，政策に対する認知度，満足度，社会関係資本，定住意向，デモグラフィック要因の6つを挙げ，このうち，とくに「自立化志向」や「自治体規模」にかかわる要因が信頼に有意であることを検証している。Van de Walle (2004) は，行政パフォーマンス（業績）の認識が行政信頼の主要因であることを，ベルギーを中心とする国際比較可能な調査データを用いて検証している。

行政信頼を規定する要因を分析するにあたっては，本稿の関心からは，信頼される政府側の要因と，信頼する市民側の要因と大きく2つに分け，どちらの要因が行政信頼に影響しているかを確かめることが重要である。ところが，世界価値観調査2005年のデータは政府側の要因と思われる変数

が少なく，市民側の要因と思われる変数が多い[4]。本稿がとくに取り上げようとする行政のパフォーマンス（業績）や行政の役割（責任）期待といった変数についても，実は，行政のパフォーマンス（業績）についての市民の評価であったり，行政の役割についての市民の期待であったりするため，正確には市民側の要因に入れるべきかもしれない。しかしそれでは政府側の変数が少なくなってしまうため，ここでは，これらの変数を政府側の要因に入れて検討することにしたい。

4．行政の信頼要因の検証方法

4．1　変数の設定

目的（従属）変数は，行政に対する信頼（V141，問50K）である（カッコ内のV数字は，ダウンロードした世界価値観調査2005データの変数番号，問数字は，世界価値観調査2005の日本語版調査票における問番号[5]）。

説明（独立）変数のうち，信頼される政府側の特性に関する規定要因は，①企業や産業の国家所有（V117，問44B），②暮らし向きに対する政府の責任（V118，問44C），③民主的な政権が政治制度として好ましい（V151，問51D），④民主主義の国に住むことの重要性（V162，問53），⑤わが国の民主的統治度（V163，問54），⑥わが国の人権尊重度（V164，問55）を設定した。

他方，信頼する市民側の特性に関する規定要因は，①生活にとっての政治の重要性（V7，問1），②生活満足度（V22，問7），③人はだいたい信用できる（V23，問8），④政党に加わっている（V28，問9 E），⑤人は他人との関係において公正に対処しようとする（V47，問12），⑥家計状態への満足度（V68，問26），⑦政治への関心度（V95，問35），⑧政治的行動：請願書・請願書への署名（V96，問36A），⑨政治的行動：不買運動（ボイコット）（V97，問36B），⑩政治的行動：合法的なデモ（V98，問36C），⑪政治的行動：その他（V99，問36D），⑫政治的立場（V114，問42），⑬日本人であることに誇りを感じる（V209，問74），⑭情報源としてインターネットや電子メールを利用（V228，問77），⑮属性要因——性（V235，F1），年齢（50歳以上，V237R3，F2），最終学歴（短大中退以上，V238CS，F3），生活程度（V252，F17），年収（V253CS，F18），居住地規模（V255CS

表1　記述統計量

No.		度数	最小値	最大値	合計	平均値	標準偏差
1	行政に対する信頼（V141, 問50K）	1011	1	4	2848	2.817	0.703
	信頼される政府の側の要因						
2	企業や産業の国家所有（V117, 問44B）	862	0	1	222	0.258	0.438
3	暮らし向きに対する政府の責任（V118, 問44C）	1063	0	1	782	0.736	0.441
4	民主的な政権が政治制度として好ましい（V151, 問51D）	964	0	1	853	0.885	0.319
5	民主主義の国に住むことの重要性（V162, 問53）	1019	0	1	972	0.954	0.210
6	わが国の民主的統治度（V163, 問54）	998	0	1	848	0.850	0.358
7	わが国の人権尊重度（V164, 問55）	995	0	1	529	0.532	0.499
	信頼する市民の側の要因						
8	生活にとっての政治の重要性（V7, 問1）	1015	0	1	673	0.663	0.473
9	生活満足度（V22, 問7）	1080	0	1	887	0.821	0.383
10	人はだいたい信用できる（V23, 問8）	1026	0	1	401	0.391	0.488
11	政党に加わっている（V28, 問9 E）	1044	0	1	70	0.067	0.250
12	人は他人との関係において公正に対処しようとする（V47, 問12）	1019	0	1	487	0.478	0.500
13	家計状態への満足度（V68, 問26）	1004	0	1	675	0.672	0.470
14	政治への関心度（V95, 問35）	1080	0	1	695	0.644	0.479
15	政治的行動：請願書・請願書への署名（V96, 問36A）	1005	0	1	881	0.877	0.329
16	政治的行動：不買運動（ボイコット）（V97, 問36B）	867	0	1	510	0.588	0.492
17	政治的行動：合法的なデモ（V98, 問36C）	865	0	1	362	0.418	0.494
18	政治的行動：その他（V99, 問36D）	140	0	1	45	0.321	0.469
19	政治的立場（V114, 問42）	863	0	1	427	0.495	0.500
20	日本人であることに誇りを感じる（V209, 問74）	1030	0	1	629	0.611	0.488
21	情報源としてインターネットや電子メールを利用（V228, 問77）	1056	0	1	485	0.459	0.499
	属性要因						
23	性（V235, F1）	1096	0	1	483	0.441	0.497
24	年齢（50歳以上, V237R3, F2）	1096	0	1	540	0.493	0.500
25	最終学歴（短大中退以上, V238CS, F3）	1072	0	1	397	0.370	0.483
26	生活程度（V252, F17）	1051	0	1	645	0.614	0.487
27	年収（V253CS, F18）	1000	0	1	465	0.465	0.499
28	居住地規模（V255CS）	1096	0	1	886	0.808	0.394
	有効なケースの数（リストごと）	58					

を設定した。

候補とした全変数の記述統計量は表1の通りである。また，4．3で述べるように，各説明（独立）変数はすべて0，1のダミー変数に変換したが，その具体的な変換内容については表2の通りである。

4．2　モデルの設定

本稿では，行政に対する信頼を規定する要因として，信頼される政府側の特性に関する規定要因と信頼する市民側の特性に関する規定要因を区別し，どちらの要因が行政に対する信頼を規定するのか検討したいという問題意識から，まず，①政府要因モデルと②市民要因モデルを設定した。さらに，世界価値観調査2005年のデータには，市民要因にかかわる変数が政府要因にかかわる変数より多く含まれているため，市民要因のうち属性要因がどの程度説明力を持っているかを検討するため，③属性要因モデルも設定した。最後に，すべての要因を含む④フル要因モデルを設定した。

4．3　検証方法と検証前作業

分析にあたっては，まず目的変数（行政に対する信頼，V141，問50K）については，「4：まったく信頼しない」，「3：あまり信頼しない」，「2：やや信頼する」，「1：非常に信頼する」の4段階である[6]。また，説明変数はすべて0，1のダミー変数に変換し，順序プロビット回帰分析により検証した。目的変数が4段階の順序変数であるため，回答が正規分布であると仮定するプロビット関数を用いた[7]。

検証前作業として行った説明変数間の相関分析の結果，「政治的行動」の「15．請願書・請願書への署名」「16．不買運動（ボイコット）」「17．合法的なデモ」「18．その他」変数相互の相関が高く多重共線性の可能性が予想されるため（0.434～0.818，有意確率は1％未満，以下同じ），「15．政治的行動：請願書・請願書への署名」の変数だけを残してその他の政治的行動変数を除外した（各変数の冒頭の数字は表1の変数No.，以下同じ）。同様に，「11．政党に加わっている」変数は，「政治的行動」の諸変数と相関は高くないが，政党に加わっているケース数が70と少ないために除外した。さらに，「9．生活満足度」と「13．家計状態への満足度」（0.444），「8．生活にとっての政治の重要性」と「14．政治への関心度」（0.442），「26．

表2　説明（独立）変数のダミー変数への変換

No.	説明（独立）変数	0
	信頼される政府の側の要因	
2	企業や産業の国家所有（V117, 問44B）	「企業や産業の私的所有を増やすべきだ（1～5）」
3	暮らし向きに対する政府の責任（V118, 問44C）	「国民皆が安心して暮らせるよう国はもっと責任を持つべきだ（1～5）」
4	民主的な政権が政治制度として好ましい（V151, 問51D）	「非常に好ましくない（4）」と「やや好ましくない（3）」
5	民主主義の国に住むことの重要性（V162, 問53）	「全く重要でない（1～5）」
6	わが国の民主的統治度（V163, 問54）	「全く民主的でない（1～5）」
7	わが国の人権尊重度（V164, 問55）	「全く尊重されていない（4）」と「あまり尊重されていない（3）」
	信頼する市民の側の要因	
8	生活にとっての政治の重要性（V7, 問1）	「全く重要でない（4）」と「あまり重要でない（3）」
9	生活満足度（V22, 問7）	「不満（1～5）」
10	人はだいたい信用できる（V23, 問8）	「用心するにこしたことはない（2）」
11	政党に加わっている（V28, 問9 E）	「加わっていない（9）」
12	人は他人との関係において公正に対処しようとする（V47, 問12）	「機会に乗じてうまくやろうとすると思う（1～5）」
13	家計状態への満足度（V68, 問26）	「不満（1～5）」
14	政治への関心度（V95, 問35）	「全く関心を持っていない（4）」と「あまり関心を持っていない（3）」
15	政治的行動：請願書・請願書への署名（V96, 問36A）	「決してやることはないだろう（3）」
16	政治的行動：不買運動（ボイコット）（V97, 問36B）	「決してやることはないだろう（3）」
17	政治的行動：合法的なデモ（V98, 問36C）	「決してやることはないだろう（3）」
18	政治的行動：その他（V99, 問36D）	「決してやることはないだろう（3）」
19	政治的立場（V114, 問42）	「左（革新）（1～5）」
20	日本人であることに誇りを感じる（V209, 問74）	「全く感じない（4）」と「あまり感じない（3）」
21	情報源としてインターネットや電子メールを利用（V228, 問77）	「先週利用しなかった（2）」
	属性要因	
23	性（V235, F 1）	「女性（2）」
24	年齢（50歳以上, V237R3, F 2）	「～49」
25	最終学歴（短大中退以上, V238CS, F 3）	「中学（旧小学, 旧高等小学）卒（1）」「高校（旧中学）中退（2）」「同卒（3）」「各種専門学校中退（4）」「同卒（5）」
26	生活程度（V252, F17）	「下（5）」と「中の下（4）」
27	年収（V253CS, F18）	「300万円未満（1）」「300～400万円未満（2）」「400～500万円未満（3）」「500～600万円未満（4）」
28	居住地規模（V255CS）	「5万人未満」

生活程度」と「27. 年収」(0.348) も相関が高いため，変数として「9. 生活満足度」「14. 政治への関心度」「27. 年収」だけを残すことにした。「10. 人はだいたい信用できる」と「12. 人は他人との関係において公正に対処しようとする」の相関は意外に低い(0.097)が，同じような意味内容の変数であると判断して「10. 人はだいたい信用できる」のみ残した。同様に，「4. 民主的な政権が政治制度として好ましい」「5. 民主主義の国に住むことの重要性」「6. わが国の民主的統治度」は，相関は高くないがすべて民主主義評価を意味する変数とみなして，「6. わが国の民主的統治度」のみ残すことにした。

5　検証結果と考察

5.1　各モデルの説明力

検証結果は表3の通りである。

まず，各モデルの説明

表3　分析結果

		政府要因モデル			
		係数(B)	標準誤差	Wald統計量	有意確率(p値)
位置	信頼される政府の側の要因				
	企業や産業の国家所有（V117, 問44B）	0.228	0.094	5.934	0.015*
	暮らし向きに対する政府の責任（V118, 問44C）	−0.118	0.092	1.639	0.200
	わが国の民主的統治度（V163, 問54）	0.494	0.125	15.495	0.000***
	わが国の人権尊重度（V164, 問55）	0.665	0.090	54.299	0.000***
	信頼する市民の側の要因				
	生活満足度（V22, 問7）				
	人はだいたい信用できる（V23, 問8）				
	政治への関心度（V95, 問35）				
	政治的行動：請願書・請願書への署名（V96, 問36A）				
	政治的立場（V114, 問42）				
	日本人であることに誇りを感じる（V209, 問74）				
	情報源としてインターネットや電子メールを利用（V228, 問77）				
	属性要因				
	性（V235, F1）				
	年齢（50歳以上, V237R3, F2）				
	最終学歴（短大中退以上, V238CS, F3）				
	年収（V253CS, F18）				
	居住地規模（V255CS）				
しきい値	［行政に対する信頼＝1］	−1.829	0.146	156.392	0.000***
	［行政に対する信頼＝2］	0.103	0.101	1.034	0.309
	［行政に対する信頼＝3］	1.584	0.113	196.720	0.000***
疑似 R^2	Cox と Snell	0.134			
適合度	χ^2（Pearson）	30.515			0.801
有効な N		743			

（注）順序プロビット回帰分析．p値 p = <.001***, .001<p = <.01**, .01<p = <.05*, .05<p = <.1†

力（疑似 R^2）に注目すると，フル要因モデルが23％，政府要因モデルが13.4％，市民要因モデル（属性を含む）が12.7％，属性モデルが3.2％であった。このことから，フル要因モデルの説明力はこのような分析としてはまずまずのものであること[8]，行政信頼にもっとも影響を与えているのは政府要因モデルであるが，市民要因モデルの説明力も政府要因モデルに近いものであること，属性要因モデルの説明力は小さいものであり，属性要因を他の要因と一緒にして分析すると，それらはいずれも統計的に有意ではなくなってしまうことがわかる。

5.2　行政信頼に大きく影響する要因

市民要因（属性を含む）モデル				属性要因モデル				フル要因モデル			
係数(B)	標準誤差	Wald統計量	有意確率(p値)	係数(B)	標準誤差	Wald統計量	有意確率(p値)	係数(B)	標準誤差	Wald統計量	有意確率(p値)
								0.214	0.116	3.408	0.065†
								−0.049	0.111	0.198	0.657
								0.349	0.160	4.761	0.029*
								0.663	0.113	34.606	0.000***
0.126	0.126	0.999	0.318					−0.018	0.144	0.016	0.899
0.202	0.094	4.636	0.031*					0.277	0.105	7.030	0.008**
0.214	0.107	3.988	0.046*					0.216	0.120	3.214	0.073†
0.401	0.155	6.738	0.009**					0.386	0.170	5.132	0.023*
0.386	0.093	17.188	0.000***					0.310	0.105	8.796	0.003**
0.380	0.098	15.154	0.000***					0.275	0.109	6.419	0.011*
−0.162	0.098	2.722	0.099†					−0.231	0.109	4.470	0.035*
−0.135	0.092	2.143	0.143	−0.065	0.074	0.763	0.383	−0.129	0.103	1.581	0.209
0.038	0.102	0.135	0.713	0.365	0.076	23.261	0.000***	−0.038	0.114	0.112	0.738
−0.019	0.100	0.035	0.851	0.079	0.081	0.954	0.329	−0.087	0.111	0.618	0.432
0.045	0.095	0.221	0.638	0.048	0.076	0.401	0.527	0.008	0.106	0.006	0.936
−0.190	0.117	2.629	0.105	−0.217	0.095	5.246	0.022*	−0.209	0.131	2.535	0.111
−1.895	0.178	113.024	0.000***	−2.064	0.136	229.357	0.000***	−1.756	0.225	61.037	0.000***
0.024	0.135	0.031	0.860	−0.263	0.092	8.151	0.004**	0.286	0.186	2.369	0.124
1.556	.145	114.414	0.000***	1.210	0.098	152.376	0.000***	1.890	0.200	89.604	0.000***
0.127				0.032				0.230			
1132.923			0.995	109.435			0.061	1238.414			1.000
627				912				531			

　次に，行政信頼に大きい影響を与えている要因に注目すると，わが国の人権尊重度（V164，問55）がどのモデルでももっとも大きい影響を与えていることが明らかである。統計的有意確率も係数の値もダントツである。人権が尊重されているかどうかは，統治機構（とくに裁判所や警察？）のもっとも基本的な仕事と考えられているからであろうか。次に大きい要因は，市民要因のうちの政治参加の変数である政治的行動：請願書・請願書への署名（V96，問36A）であるが，係数の値は大きいものの統計的な有意性はやや劣る。また，記述統計量が示していたように，請願書や請願書へ署名する程度の政治参加は，たいていの人が行っているため（1005人中881人），政治参加していない人との違いが明確に出ていない可能性がある[9]。

3番目の要因は，政府のパフォーマンスないし業績の変数であるわが国の民主的統治度（V163，問54）である。同じような水準にあるが，政府要因モデルでは，統計的にも十分有意であるし，係数の値も大きくなる。4番目と5番目は市民要因である政治的立場（V114，問42）の変数と，人はだいたい信用できる（V23，問8）という社会関係資本ないし一般的信頼の変数が来ている。

　以上のことから，行政信頼を規定するもっとも大きな要因は，政府のパフォーマンスや業績であるといってよさそうである。政府のパフォーマンスや業績がよいと評価する人ほど，行政を信頼しているのである。私たちの仮説の一つは検証されたと考える。もう一つの政府への期待の効果はどうだろうか。

5．3　国に対する責任期待と行政信頼

　政府要因では，行政に対する期待が大きすぎると，期待以下のパフォーマンスや成果しか実現しなかったときの失望が大きくなるため，行政信頼は低下するだろうと大山（2009）では述べた。では，行政に対する信頼は業績÷期待によって決定される，という仮説は検証されただろうか。残念ながら，政府への期待を表す変数として取り上げた暮らし向きに対する政府の責任（V118，問44C）という変数は，どのモデルでも統計的に有意ではなく行政信頼とは無関係という結果であった。しかし，係数の符号はマイナスであり，暮らし向きに対する政府の責任期待が大きい人ほど行政信頼は低くなるという関係に示唆を与えてくれてはいる。世界価値観調査2005年の質問票は，必ずしも行政に対する期待を具体的な政策分野をイメージさせて聞いている項目がなく，暮らし向き一般に対する政府の責任を聞いているだけなので，期待と業績とがうまく対応しなかったのかもしれない[10]。

　上で述べたことを表4のクロス表から検証しておこう。

　もし，われわれの仮説のように，行政に対する信頼は政府への期待と反比例の関係にあるとするならば，暮し向きに対する責任が国にあると考える人ほど行政を信頼しなくなり，逆に，暮し向きに対する責任が個人にあると考える人ほど行政を信頼するようになるはずである。しかし，実際には，表4のクロス表からわかるように，暮し向きに対する責任が国にある

表4 暮らし向きに対する責任と行政に対する信頼のクロス表

			行政に対する信頼				合計
			非常に信頼する	やや信頼する	あまり信頼しない	全く信頼しない	
暮らし向きに対する責任	個人	度数	6	104	127	34	271
		責任の%	2.2%	38.4%	46.9%	12.5%	100.0%
	国	度数	8	206	382	124	720
		責任の%	1.1%	28.6%	53.1%	17.2%	100.0%
合計		度数	14	310	509	158	991
		責任の%	1.4%	31.3%	51.4%	15.9%	100.0%

と考える人も個人にあると考える人も，ともに，行政に対してあまり信頼しない人がもっとも多くなっている。クロス表のパーセントの数字に注目するなら，責任が個人にあると考える人は国にあると考える人より，行政を信頼する人の割合が高く，逆に，責任が国にあると考える人は個人にあると考える人より，行政を信頼しない人の割合が高くなるにもかかわらず，である。この理由の1つは，暮し向きの責任が国にあると考える人が全体の7割以上（991人中720人）にも達しているためである。大半の人が暮し向きの責任は国にあると考えるということは，池田謙一の調査で，「何もかも行政の責任と考える」人の層がその他の層に比べてダントツに多かったという驚くべき分析を小林哲郎（2007）が行っていることを想起させる。「何もかも行政の責任と考える」人びとは，必ずしも行政を信頼しないわけではなく，相当数が行政を信頼してもいるのである。したがって，やはり政府への期待に関する変数については，今回の分析では十分扱えなかったことが明らかである。他日を期すことにしたい。

表5 わが国の人権尊重度と行政に対する信頼のクロス表

			行政に対する信頼				合計
			非常に信頼する	やや信頼する	あまり信頼しない	全く信頼しない	
わが国の人権尊重度	尊重されていない	度数	1	72	260	102	435
		わが国の人権尊重度の%	.2%	16.6%	59.8%	23.4%	100.0%
	尊重されている	度数	13	225	214	47	499
		わが国の人権尊重度の%	2.6%	45.1%	42.9%	9.4%	100.0%
合計		度数	14	297	474	149	934
		わが国の人権尊重度の%	1.5%	31.8%	50.7%	16.0%	100.0%

参考までに，行政信頼を規定するもっとも大きい政府要因であったわが国の人権尊重度と行政に対する信頼のクロス表（表5）を見ると，人権が尊重されていると思う人ほど行政を信頼し，人権が尊重されていないと思う人ほど行政を信頼しなくなるという比例関係が明白である。

5.4 行政信頼に影響を与える市民要因

市民要因で影響が大きいのは，政治的行動：請願書・請願書への署名（V96，問36A），政治的立場（V114，問42），人はだいたい信頼できる（V23，問9），日本人であることに誇りを感じる（V209，問74）などであり，属性変数はどれも効果が小さい。請願書や請願書に署名する人ほど行政を信頼する，政治的立場が左の人ほど行政を信頼しなくなり右の人ほど行政を信頼する，人はだいたい信頼できると思う人ほど行政を信頼する，日本人であることに誇りを感じる人ほど行政を信頼するのである。これらは常識的な感覚とも合っているが，注意すべきなのは，市民要因モデルで影響を持っていた要因も，政府要因を含むフル要因モデルにおいては影響を持たなくなったり，その逆もあったりする点である。市民要因の変数は少しずつ互いに影響し合う不安定な性格を持つためではないかと思われる。

最後に，情報源としてインターネットや電子メールを利用する（V228，問77）の変数が世界価値観調査2005年には採用されており，行政信頼との関係を分析してみた。すると，いずれのモデルにおいても，マイナスの有意な関係が得られた。つまり，情報源としてインターネットや電子メールを利用する人ほど行政を信頼しなくなるのである。この理由としては，インターネットや電子メールを利用する人は，年齢が若かったり所得が高かったりするためであると考えられる。他の情報源（新聞・雑誌など）とは有意な関係になかった。

属性変数は影響が小さいのであるが，属性要因だけのモデルにおいては，年齢（50歳以上，V237R3，F2）と居住地規模（V255CS）の2つが有意となった。年齢が高くなるほど行政を信頼するようになり，人口規模が小さいほど行政を信頼するようになるのである。これらも常識に適った結果であるが，属性要因は他の要因を入れるとほとんど意味をなさなくなる。

6. 結論

本稿が行った行政信頼の要因分析の結果，信頼される政府側の要因の方が信頼する市民の側の要因よりもわずかながら説明力が高いことが明らかになった。このことは，行政のパフォーマンス（業績）が行政信頼を規定する基本的な要因であることを意味する。市民要因のうち属性要因はほとんど意味を持たず，その他の市民要因もモデルによって影響力が変わり，やや不安定な傾向が見られた。

また，行政信頼の要因分析に世界価値観調査2005年のデータは，十分に分析に耐えうるものであったが，もっとも影響の大きかった政府要因の変数，とくに政府に対する期待を表す変数は不十分であった。期待は業績とセットにして質問してみたり，世界価値観調査以外の調査データを利用してみたりする[11]などの工夫が必要であろう。また，世界価値観調査は1981年以来およそ5年ごとに調査が行われてデータが蓄積されている[12]ため，今後，時系列の比較分析が待たれるところである。

（1） 総務省大臣官房企画課の行政管理研究センターへの委託研究「行政の信頼性確保，向上方策に関する調査研究」（平成17～21年度，委員長は中邨章明治大学教授）。研究成果は行政管理研究センター編（2006－9）を参照。中邨委員長をはじめ，秋月謙吾，池田謙一，菊地端夫，小池治，櫻井通晴，橋本信之の各総合委員の先生方にはたいへんお世話になった。改めて感謝申し上げたい。
（2） 世界価値観調査は，「①幅広い領域についての価値観や規範の国際比較を行うこと，②価値観や規範がどのように変化してきているのかを実証的に把握することを目的にしている」という。世界価値観調査のコンパクトな紹介については，佐藤，石田，池田（2000，106－9）を，また，世界価値観調査の各年データを紹介したものについては，電通総研，余暇開発センター編（1999），電通総研，日本リサーチセンター編（2004，2008），電通総研（2005）等を参照。なお，世界価値観調査の過去の調査データについては，すべて世界価値観調査（World Values Survey）のウェブサイト（http://www.worldvaluessurvey.org/）からダウンロード可能である（2010年2月5日確認済み）。ただし，データのバージョンによっては欠損値処理が行われていないものもあるため，注意が必要である。
（3） 世界価値観調査2000年では，医療制度と社会保障制度への信頼が変数

として取り上げられている。
（4） 世界価値観調査2000年のデータには，日本の民主主義評価についての変数が2005年のデータより多く含まれている。
（5） 調査票の詳細については，電通総研，日本リサーチセンター編（2008，220−255）を参照。
（6） 当初，「1：まったく信頼しない」，「2：あまり信頼しない」，「3：やや信頼する」，「4：非常に信頼する」の昇順に変換した変数を使って回帰分析にかけたところ，各説明変数（すべてダミー変数）が1のときに係数（B）がほぼ0になる場合を基準として，各説明変数が0のときの係数が算出されたが，多くの変数の係数の符号はマイナスとなり読みづらかったため，変数を変換する以前（つまりオリジナル）の降順に戻して再度分析にかけた。この結果，係数の数字は同じだが，符号が変換以後とは逆になった。分析で使用したソフトはPASW（SPSS）17版である。
（7） 行政を信頼する人よりも信頼していない人の方が多いので，正規分布を仮定するプロビット関数を用いるのはやや厳しいが，近似値を求める関数としてはもっとも適当であると考えた。
（8） 池田（2010）が行った順序ロジット回帰分析では，国の行政信頼に対する説明力は25%，市区町村レベルでは27%であった。
（9） このため，不買運動（ボイコット）（V97，問36B）をしたりする人（867人中510人）や，合法的なデモ（V98，問36C）をしたりする人（865人中362人）を変数として取り上げた方が適切だったかもしれない。その他（V99，問36D）をしたりする人（140人中40人）はサンプル数が少なすぎる。
（10） この点について野田（2009，16−7）は，「期待を回答する際に想定された選好関数と，質（業績）を回答する際に想定された選好関数が同一になるとは限らないため，期待はそれ単独で把握すると別途把握する質との整合が図れない。質や期待を把握するうえでは，同じ選好関数となるように『期待と比べた質』というかたちで把握することが求められる」と述べている。
（11） たとえば，「政府の役割」(the role of government) を聞いているISSP (International Social Survey Programme) 調査であり，1985年，90年，96年，2006年と調査されているが，日本は96年から参加している。ISSP調査については，佐藤，石田，池田編（2000，118−121）を参照。ISSPのウェブサイト（http://www.issp.org/）より調査データのダウンロードが可能である（2010年2月5日確認済み）。
（12） 注2の後半を参照。

参考文献

電通総研, 2005,『日本人の価値観変化――サステイナブルな成熟社会へ』(世界価値観調査第1回~第5回国内結果報告書), ㈱電通総研。
電通総研, 日本リサーチセンター編, 2008,『世界主要国価値観データブック』同友館。
――, 2004,『世界60ヵ国価値観データブック』同友館。
電通総研, 余暇開発センター編, 1999,『世界23ヵ国価値観データブック』同友館。
行政管理研究センター編, 2006-9,『行政の信頼性確保, 向上方策に関する調査研究報告書(平成17-20年度)』総務省大臣官房総務課。
池田謙一, 2010,「行政に対する制度信頼の構造」『年報政治学2010-1』本書所収。
――, 2007,「各種制度信頼の既定要因の分析」行政管理研究センター編『行政の信頼性確保, 向上方策に関する調査研究報告書(平成18年度)』総務省大臣官房総務課, pp. 19-68.
菊地端夫, 2008,「政府への信頼に対する各国の取り組みと行政改革」行政管理研究センター編『行政の信頼性確保, 向上方策に関する調査研究報告書(平成19年度)』総務省大臣官房総務課, pp. 59-84.
小林哲郎, 2007,「『行政』とは何を意味するのか――行政機関と行政責任の主観的認知範囲」行政管理研究センター編『行政の信頼性確保, 向上方策に関する調査研究報告書(平成18年度)』総務省大臣官房総務課, pp. 85-109.
宮川公男, 大守隆編, 2004,『ソーシャル・キャピタル――現代経済社会のガバナンスの基礎』東洋経済新報社。
野田遊, 2009a,「地方公務員の対応と地方自治体に対する信頼」『長崎県立大学経済学部論集』43巻1号, pp. 91-112.
野田遊, 2009b,「地方自治体に対する信頼と地方自治」『地方自治研究』24巻1号, pp. 13-25.
野田遊, 2008,「行政に対する信頼と市民の参加意向」『会計検査研究』37号, pp. 69-85.
野田遊, 2007,「行政経営と満足度」『季刊行政管理研究』120号, pp. 65-76.
増山幹高, 2008,「信頼は参加を促すか?」行政管理研究センター編『行政の信頼性確保, 向上方策に関する調査研究報告書(平成18年度)』総務省大臣官房総務課, pp. 85-98.
増山幹高・山田真裕, 2004,『計量政治分析入門』東京大学出版会。
ナイ, ジョセフ・S, フィリップ・D・ゼリコウ, デビッド・C・キング, 2002,『なぜ政府は信頼されないのか』英知出版。

大山耕輔, 2009, 「信頼とガバナンスはなぜ必要か――政府と市民の視点から」『法学研究』82巻2号, pp. 117-149.
Roch, Christine H., Theodore H. Poister, 2006, "Citizens, Accountability, and Service Satisfaction: The Influence of Expectations," *Urban Affairs Review*, Vol. 41, No. 3, pp. 292-308.
佐藤博樹, 石田浩, 池田謙一編, 2000, 『社会調査の公開データ――2次分析への招待』東京大学出版会。
鈴木賢志, 2009, 「経済成長は政府に対する信頼会を高めるか」丸山真央ほか『World Value Survey (世界価値観調査) を用いた実証研究 政治・家族 (SSJDA-41)』東京大学社会科学研究所二次分析研究会, pp. 25-38, http://ssjda.iss.u-tokyo.ac.jp/rps/RPS041.pdf/ 2010年1月20日確認。
Van de Walle, Steven, 2004, *Perceptions of Administrative Performance: The Key to Trust in Government?* Ph.D. Dissertation, Katholieke Universiteit, Leuven, Belgium, https://perswww.kuleuven.be/~u0025631/pdf/Perceptions_administrative_performance.pdf/ 2010年1月19日確認済み。
Van Ryzin, Gregg G., 2004, "Expectations, Performance, and Citizen Satisfaction with Urban Service," *Journal of Policy Analysis and Management*, Vol. 23, No. 3, pp. 433-448.
山本清, 2004, 「住民選好と自治体経営」『地方自治研究』19巻1号, pp. 25-36.

アジアにおける政府の信頼と行政改革

小池　治*

　東・東南アジアの国々は，20世紀の終わりに"奇跡"と呼ばれる経済成長を達成した。だが，民主化はいっこうに進展せず，合理的で効率的な行政の構築もなされていない。それにもかかわらず，政府に対する人々の信頼は高く，行政に対する満足度も高い。一方，先進国では豊かな国民生活とは裏腹に，政府に対する国民の信頼は低下を続けている（ナイ他編，2002）。そこで各国政府は，信頼を取り戻すために行政改革に取り組み，1990年代からは市場競争原理と民間経営手法を公共部門に適用するNPM（New Public Management）の積極的導入を図っている（菊地 2008）。アジアの国々もまた，1997年の金融危機でガバナンスの脆弱性が指摘されて以降，積極的にNPMを導入する姿勢をみせている。だが，そうした努力にもかかわらず，アジアの行政の非効率さや不透明さはほとんど改善されていないのが現状である。

　改革のステップを考えれば，アジア諸国はNPMよりもまずは合理的で合法的な官僚制の確立に努めるべきである。しかし，アジアの指導者たちはきわめて戦略的にNPMの改革手法を選択的に取り入れ，権威主義体制の維持を図ろうとしているようにみえる。

　ここでは，アジア諸国における政府への信頼をキーワードに，アジアにおける行政改革の特徴とその課題を検討することにしたい[1]。

1. アジアにおける政府への高い信頼

　アジアという場合，地理的には東アジア，東南アジア，南アジア，西アジアまでが含まれるが，ここでは東・東南アジアを中心に考察を行う。こ

＊　横浜国立大学大学院国際社会科学研究科教授　行政学

こには，1970年代以降，権威主義体制のもとで奇跡的な経済成長を達成した国が集まっている。そうした国々の模範とされたのは日本だが，いまでは東・東南アジア地域が開発途上国の経済成長における「東アジアモデル」として注目されている（World Bank 1993）。

政府の信頼度については，いくつかの世論調査データからその傾向を把握することができる。ここでは，それらのなかからアジア・バロメーターと世界価値観調査のデータを利用する。

アジア・バロメーターは，2002年に猪口孝によって提唱され，東アジア，東南アジア，南アジア及び中央アジアを対象に2003年から実施されている世論調査である[2]。2003年のアジア・バロメーターの調査では，軍隊，法制度，政府，地方自治体，NGO，労働組合，マスコミなどの"制度"に対する信頼（trust）を尋ねている（猪口他編 2005）。図1は，そのなかから「政府」に対する信頼の箇所を取り出し，日本・韓国・中国・タイ・マレーシア・インドの6カ国について，政府に対して「非常に信頼感を持っている」とした回答の割合と「やや信頼感を持っている」という回答の割合を合計したものである。図に明らかなように，中国とマレーシアがそれぞれ91%，タイが86%，インドが78%と，きわめて高い数値を示している。それに対し，日本と韓国では政府に対する信頼感は極端に低く，その割合は日本が18%，韓国は22%にとどまっている。

なお，アジア・バロメーターでは，地方自治体に対する信頼についても尋ねている。その結果をみると，地方自治体が政府（中央政府）よりも高い信頼を得ているのは，日本（政府18%，地方自治体33%）と韓国（政府22%，地方自治体26%）だけである。ここには地方自治制度の発達度が影響していると考えられる[3]。

図1 制度に対する信頼感[1]：政府

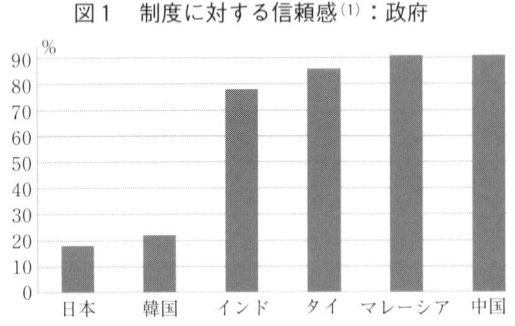

(1)「非常に信頼感を持っている」と「やや信頼感を持っている」と回答した者の数字を合計したもの（%）。
出典：猪口他（2005）「アジア・バロメーター（2003）」のデータより筆者作成。

同様の傾向は，ミネソタ大学のR．イングルハートらが行っている「世界価値観調査（World Values Survey（WVS））」でも確認できる。2005−2008年の同調査のデータから算出された政府の「信用度（Confidence Index）」[4]によれば，アジアで最も政府の信用度が高い国はベトナム（194.0）であり，以下，中国（180.0），バングラディシュ（173.9），マレーシア（150.9），インドネシア（111.5），インド（107.9），フィリピン（101.8），韓国（91.4），タイ（77.2），日本（64.4）の順となっている（表1）。タイの指数が低くなっているが，これは2006年の軍事クーデターが影響しているものと推測される。WVSの「信用度」は，回答のなかから「大いに信用できる」の割合と「やや信用できる」の割合を合計し，そこから「あまり信用しない」と「全く信用しない」の割合の合計を引いて，100を足したものである。したがって，100以上の場合，国民の過半数が政府を信用しているといえる。ここからもアジアの大半の国々では，政府が信用されているといえよう[5]。

日本における政府への信頼の低さについては，他にも研究が行われており（ファー2002；田中・岡田編2006；大山2007），本特集でも別に論じられる予定なので，ここではとくに言及しない。日本と韓国はOECD加盟国

表1　OECD主要国及びアジア諸国における政府の信用度

国名	年	資料元	指数
オーストラリア	2005	World Values Survey Wave 5 (2005-2008)	79.5
バングラディシュ	2002	Values Surveys EVS/WVS Waves 1-4 (1981-2004)	173.9
カナダ	2006	World Values Survey Wave 5 (2005-2008)	79.9
フランス	2006	World Values Survey Wave 5 (2005-2008)	58.6
中国	2007	World Values Survey Wave 5 (2005-2008)	180.0
ドイツ	2006	World Values Survey Wave 5 (2005-2008)	48.5
イギリス	2006	World Values Survey Wave 5 (2005-2008)	68.7
インド	2006	World Values Survey Wave 5 (2005-2008)	107.9
インドネシア	2006	World Values Survey Wave 5 (2005-2008)	111.5
イタリア	2005	World Values Survey Wave 5 (2005-2008)	54.1
日本	2005	World Values Survey Wave 5 (2005-2008)	64.4
韓国	2005	World Values Survey Wave 5 (2005-2008)	91.4
マレーシア	2006	World Values Survey Wave 5 (2005-2008)	150.9
フィリピン	2001	Values Surveys EVS/WVS Waves 1-4 (1981-2004)	101.8
タイ	2007	World Values Survey Wave 5 (2005-2008)	77.2
アメリカ合衆国	2006	World Values Survey Wave 5 (2005-2008)	77.2
ベトナム	2006	World Values Survey Wave 5 (2005-2008)	194.0

出典：Jaime Díez Medrano, "Confidence in the Government," ASEP/JDS Data Bank (http://www.jdsurvey.net/jds/jdsurveyMaps.jsp?Idioma=I&SeccionTexto=0404&NOID=106)（2010年2月5日アクセス）のデータにもとづき筆者作成。

であり，他の主要 OECD 諸国と同様に政府に対する信用度が低い傾向があるとすれば，日韓両国は他のアジア諸国とは一線を画しているとみた方が適切かもしれない。

2. 政府に対する信頼の要因

では，アジアの国民は，政府のどのような点を信頼しているのであろうか。アジア・バロメーター（2003）では，民主主義に対する満足度について尋ねている。その回答を満足度の高い順（回答のなかから「非常に満足」と「どちらかというと満足」を足した数字）に並べると，タイ（75%），マレーシア（74%），インド（68%）となり，中国（30%），韓国・日本がともに18%となっている（図2）。この数字は，中国・日本・韓国以外の国の国民はその国の民主主義に対して高い満足度を感じていることを示している。

次に，同じくアジア・バロメーター（2003）から，政府の対応度に対する回答をみていこう。国別にみると，マレーシア・タイ・中国では，経済，行政サービスの質，少数民族問題，宗教対立，移民問題に対する政府の対応に高い評価を与えていることがわかる。項目別にみると，まず経済については，マレーシアでは85%，タイでは88%，中国では62%が「非常に良く対処している」ないし「まあ良く対処している」と回答している。行政サービスの質については，マレーシアでは74%，タイでは75%，中国では66%が高い評価を与えている。それらに対して，日本では経済が9%，行政サービスの質は20%とかなり低い数字となっている。韓国では経済は12%だが，行政サービスの質については41%が高い評価を与えている（表2）。

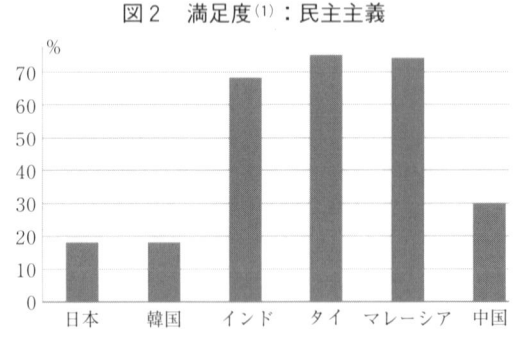

図2　満足度(1)：民主主義

(1)「非常に満足している」と「どちらかというと満足している」と回答した者の数字を合計したもの。
出典：猪口他編（2005）「アジア・バロメーター（2003）」のデータより筆者作成。

これらの数字は，アジアにおける政府への

表2　アジア・バロメーターに見る政府の対応度評価　　　　　　（単位：％）

日本		韓国		中国		マレーシア		タイ		インド	
犯罪	23	行政サービスの質	41	少数民族問題	85	宗教対立	86	経済	88	経済	58
環境問題	23	宗教対立	41	宗教対立	83	経済	85	行政サービスの質	75	移民の問題	56
人権問題	22	人権問題	32	移民の問題	69	少数民族問題	82	人権問題	67	人権問題	51
行政サービスの質	20	移民の問題	27	行政サービスの質	66	行政サービスの質	74	政治腐敗	61	行政サービスの質	45
宗教対立	14	環境問題	22	経済	62	環境問題	74	宗教対立	57	環境問題	39
移民の問題	13	少数民族問題	21	環境問題	61	移民の問題	72	環境問題	57	宗教対立	34
少数民族問題	12	犯罪	20	人権問題	56	人権問題	71	少数民族問題	56	少数民族問題	32
経済	9	経済	12	犯罪	55	失業	52	犯罪	52	犯罪	20
政治腐敗	5	政治腐敗	8	政治腐敗	31	犯罪	50	失業	42	政治腐敗	19
失業	5	失業	5	失業	30	政治腐敗	40	移民の問題	39	失業	17

回答の中から「非常に良く対処している」及び「まあ良く対処している」の数字を合計したもの。
出典：猪口他編（2005）「アジア・バロメーター（2003）」のデータをもとに筆者作成。

信頼を説明する手掛かりとなる。まず目をひくのは，経済に対する評価の高さである。日本・韓国以外の国の人々が自国の経済的豊かさを実感できるようになったのは最近のことである。これらの国々の人々には貧困の記憶がまだ生々しく残っている。こうした人々にとって経済成長を導いた政府は，たとえそれが腐敗していようとも，信頼に値するものなのであろう（小池・佐々木2007）。また，行政サービスに対する高い評価は，民主化のうねりのなかで，政府がその権威を維持するために国民へのサービスを重視していることをうかがわせる。

　他方で，少数民族問題や宗教対立，移民問題への評価は，強い国家・権威的な政府への信頼を物語っている。開発独裁の終焉は，東アジア・東南アジアに政治的な不安定をもたらした。アジアでは東チモールの独立やスリランカの民族対立に象徴されるように，民族問題や宗教対立が激化する一方，経済ブームに沸く国では移民労働者の増加が社会問題を引き起こしている。そうした問題に対する政府の強い姿勢は，少数派からは批判されるが，多くの国民はそれを支持しているようである。

3．アジア諸国のガバナンスと政府に対する信頼

　アジア・バロメーターとWVSの調査データは，日本と韓国を例外として，多くのアジア諸国において政府に対する国民の信頼度や満足度がきわめて高いことを示している。民主主義についても，日本・韓国・中国を例外に，アジアの人々は高い満足を感じている。民主主義に対するポジティブな評

価は，East Asian Barometer やギャラップ調査でも確認することができる6。ただし，信頼や満足はあくまで主観的なものである。客観的にみれば，日本・韓国とそれ以外のアジアの国々では，民主主義の成熟度や政府の行政能力について，大きなギャップがあることはいうまでもない。では，アジア諸国の民主主義はどのような段階にあるのだろうか。ここでは，世界銀行が発表しているガバナンス指標を取り上げ，各国の状況を確認しておこう。

世界銀行では，D. カウフマン（Daniel Kaufmann）を中心とする研究グループが1990年代半ばからガバナンスの評価指標の設定に取り組み，1996年からガバナンス指標を発表している。ガバナンス指標は35種類の異なるデータ源からのデータを集めて処理したものであり，212国をカバーしている。ガバナンス指標としては，「発言の自由と説明責任（Voice and Accountability）」，「政治的安定と暴力・テロがないこと（Political Stability and Absence of Violence / Terrorism）」，「行政の有効性（Government Effectiveness）」，「規制の質（Regulatory Quality）」，「法の支配（Rule of Law）」，「腐敗防止（Control of Corruption）」の6項目が設定されている7。各項目における評価は，−2.5〜2.5の値で示されており，値が高いほど良いガバナンスということになる。

表3は，2008年に発表された Governance Matters VII から，日本を含むアジア主要国のガバナンス指標6項目のデータを取り出し，一覧表にまとめたものである。全体的にみると，日本と韓国のガバナンスの良さが突出し

表3　世界銀行ガバナンス指標によるアジアのガバナンスの状況

	発言の自由と説明責任	政治的安定・暴力やテロがないこと	行政の有効性	規制の質	法の支配	腐敗防止
中国	−1.70	−0.33	0.15	−0.24	−0.45	−0.66
インド	0.38	−1.01	0.03	−0.22	0.10	−0.39
インドネシア	−0.17	−1.13	−0.41	−0.30	−0.71	−0.72
日本	0.93	1.02	1.32	1.05	1.39	1.20
韓国	0.66	0.45	1.26	0.88	0.82	0.36
マレーシア	−0.55	0.20	1.07	0.53	0.53	0.19
フィリピン	−0.17	−1.38	−0.01	−0.13	−0.59	−0.79
タイ	−0.61	−1.07	0.16	0.11	−0.06	−0.44

出典：Kaufmann, Kraay, and Mastruzzi (2008). Governance Matters VII: Aggregate and Individual Governance Indicators 1996-2007 のデータをもとに筆者作成。

ているのがわかる。両国に続くのが，東南アジアの優等生といわれるマレーシアである。マレーシアは，「発言の自由と説明責任」を除くすべての項目で高い評価となっている。インドは，「発言の自由と説明責任」「行政の有効性」「法の支配」がプラスで，タイは「行政の有効性」と「規制の質」がプラスとなっている。タイは，2006年までは「法の支配」がプラスだったが，2007年にはマイナスに転落している。中国は「行政の有効性」を除くすべてがマイナスであり，とくに「発言の自由と説明責任」は－1.7と非常に低い数値となっている。インドネシアとフィリピンはすべての項目がマイナスだが，とりわけ「政治的安定と暴力・テロがないこと」と「腐敗防止」の数値が低くなっている。

　以上のことから，おおよそ次のようなことを指摘できるであろう。信頼とガバナンス指標の関係と密接な関係にあるのは，「発言の自由と説明責任」と「行政の有効性」である。「発言の自由と説明責任」が確立されている国では，政府の情報公開や報道の自由が確保され，国民は政府を主体的かつ客観的に評価することができる。この点で高い評価が与えられているのは，日本，韓国，インドである。そしてインドを別として，日本・韓国では政府に対する信頼は低い数値となっている。逆に，それら以外の国では「発言の自由と説明責任」がマイナスであるにもかかわらず，政府や公的制度に対する信頼が高いということになる。このことは，民主化によって民主主義の到来した国々において今もなお，国民の多くが政府の権威に対して"従順"であることを示唆している。発言の自由が制限されているところでは，政府に対する批判的な報道が規制されている。そうした情報が制限されている国では，政府を信頼すると答える以外に選択肢がないということもありうる。

　一方で，「行政の有効性」については，インドネシアとフィリピンを除くすべての国でプラスとなっている。これはアジア諸国において行政サービスの質が改善されつつあることを示している。このこととアジア・バロメーターの「政府の対応度」及び「満足度」の数値を重ね合わせてみると，政府の対応やサービスに対する満足の高さが，政府に対する信頼を高めているとみてよさそうである。実際にも，アジアの各国政府は，民主化よりも行政サービスの向上を優先させてきた。1990年代には行政における品質管理運動（Quality Control: QC）が各国でブームとなり，90年代後半からは，

"クライエント・チャーター"の導入や行政サービスセンターの設置などが積極的に進められている(小池2001;小池・佐々木2006)。

他方で,あまり進捗がみられないのが「法の支配」と「腐敗防止」である。日本・韓国・マレーシア・インドがプラスだが,それ以外はすべてマイナスである。表には載せていないが,カンボジア,ベトナム,ラオス,ミャンマー,バングラディシュにおいてはさらに悪い数値となっており,アジア諸国においては汚職や腐敗はなかなか改善が進まない状況にある。同様の傾向は,国際NGOのトランスペアレンシー・インターナショナルの2007年の腐敗認識指数(CPI)でも確認できる[8]。同データによれば,シンガポール(4位)と日本(17位)は上位にあるものの,韓国・マレーシアは43位,中国とインドが72位,タイ84位,フィリピン131位,インドネシア143位,カンボジア162位といったように,アジアの国々は世界の中でも下位に低迷している。

こうしたアジアの捻じれたガバナンスの現状は,民主化の洗礼を受けた現在もなお,腐敗した官僚権威主義が生き続けていることを示している。L.カリーニョは,「アジアでは,信頼に値しない政府が信頼されている」(Cariño 2007)と述べているが,アジアの人々は自分たちの政府が信頼に値しないものかどうかもわからないまま信頼を与え,限定的な行政サービスに満足し,足元のおぼつかない民主主義に満足している,といえようか。

4. アジアの開発主義と「アジア的価値観」

以上のことは,アジアにおいては,政府への信頼の高さと民主主義のあいだにほとんど関係がないことを示している。政府主導の「東アジアモデル」は経済成長と民主主義のあいだに直接の関係がないことを示したが,政府に対する信頼についても同様の関係を指摘することができる。

では,政府への信頼と経済成長の間には有意な関係があるのだろうか。信頼について国際比較を行ったフランシス・フクヤマは,日本を高信頼社会と呼び,社会的協調力の高さが市場経済を成功に導いたと論じている(Fukuyama 1995)。だが,東南アジアの国々については,このテーゼは当てはまりそうにない。「世界価値観調査(WVS)」では,人々の間の信頼関係についても調査を行っている[9]。それによれば最も高い信頼度を示しているのは中国(120.9)であり,以下ベトナム(104.1),タイ(83.1),日本

(79.6), 韓国 (56.9), インド (52.5), マレーシア (17.7), インドネシア (16.9) となっている。これは, 人々のあいだの信頼関係だけでは, 東南アジアの経済成長が説明できないことを示唆している。

おそらく, アジアにおける政府の信頼と経済成長の関係をもっとも適切に説明するのは,「東アジアモデル」の場合と同様に, 開発主義国家の権威と権力の存在であろう。20世紀後半にアジア各地に誕生した独裁政権は,「アジア的価値観」を唱えて社会の諸勢力の動員を図り, 言論を統制して民主的勢力を弾圧した。そのもとで国民は, 権威主義体制こそが家族の経済的繁栄をもたらすと信じ, また政府もそれに応えることで, 国民の支持と信頼を獲得していった。その体制下で教育された国民は, 政府を疑うことを知らない。パターナリスティックな政府の対応に期待する国民は, 自律的に結社をつくって政府に対抗するよりも, 権力者との個人的なパトロン・クライエント関係に埋没していったのである。

もっとも,「アジア的価値観」なるものの内容が必ずしも自明ではないことに注意する必要があろう。一般的に「アジア的価値」の中心にあるのは, 家族への尊敬, 権威への服従, 滅私奉公などとされる（猪口／カールソン編 2008：7）。ただし, その意味内容は, 儒教の影響が強く残っている日本や中国, カソリック教徒が大半を占めるフィリピン, イスラム教徒が大半のマレーシアやインドネシアでは異なりうる。しかし, ここで指摘したいのは, その内容よりも, アジア的価値観なるものが, 権威主義支配を正統化するためのレトリックとして戦略的に利用されたことである。ジャン・ブロンデルと猪口孝は, アジアの国々の家族主義は, 西欧よりも弱いと指摘する（ブロンデル／猪口 2008）。そうであるがゆえにこそ, 開発主義国家は,「家族」や「共同体」の価値を強調し, 国民をナショナリズムへ誘導していったのである。例えば, インドネシアにおける PKK（家族福祉育成運動）は, こうした目的のために国家が仕掛けた社会運動のひとつとみることができる（倉沢 1998）。独裁政権による「家族」や「共同体」の強調は, たとえそれが疑似的なものであったにせよ, 自律的な個人や自律的な中間団体の成長を妨げる役割を果たしたことは間違いない。

しかし, ひとたび開発独裁の不正が暴かれると, 国民の怒りはたちまち国民的な運動へと発展した。そして1990年代末までに, 開発独裁と「アジア的価値観」は政治の表舞台からは消えていった。もっとも, その代わり

に新しい政治指導者たちは「民主化」「経済成長」「多文化主義」などをスローガンにかかげ，政党組織を巧みに利用して大衆を動員するようになった。末廣昭は，「21世紀に向けて，アジア諸国は『ポスト開発の時代』ではなく，逆に本格的な『開発の時代』を迎えようとしている」と指摘したが（末廣 1998)，まさにその通りとなったといえよう。その結果，アジアでは民主的な手続きによる政党政治と官僚権威主義が共存する一種の混合体制が定着することになった。

権威主義体制については，「開発が進めば，社会構造が多様化し，中産階級が増えて，遠からず政治体制は民主化する」といわれてきた（恒川 1998)。だが，アジアはその図式は必ずも当てはまらないようである。岩崎育夫は，「アジアの中産階層は権威主義的な政治体制のもとで進められた開発の推進者であると同時に，その成果の最大の受益者である」と述べ，「一般的には政治にはアパシーな態度を示す」と指摘している（岩崎 1998)。これは，アジアにおいてはミドルクラスが民主主義の担い手になるとはかぎらず，むしろ体制の協力者になりやすいことを示唆している。民主化の推進には政府から自律した中間団体が必要になるが，そうした団体はアジアではまだ弱い存在にとどまっている。アジアにおける「市民社会（シビルソサエティ）」についてはすでに多くの研究が存在するし，市民組織が成長していることは疑いえない（佐藤寛編 2001；Schak and Hudson eds. 2003; Alagappa ed. 2004; Lee ed. 2004; 竹中他編 2008)。だが，アジア諸国の市民組織はきわめて多様であることに注意しなければならない。各国には，土着的な伝統的組織もあれば，権威主義体制下に作られた組織も残存している。そこにパットナム的な「シビルソサエティ」の概念を持ち込むことには十分に慎重である必要がある。

ただし，政府の信頼との関係に関しては，新興ミドルクラスが政府への信頼に一役買っていることは確かなようである。経済的な豊かさを基本価値とするミドルクラスは，消費や家族の生活の質にかかわる問題には敏感だが，貧困や少数民族問題のような他人の問題には無関心である。いまアジアの主だった都市には次々に巨大なショッピングモールが建設されている。たとえ，その近辺に悲惨なスラム街があったとしても，消費に没頭するミドルクラスは，貧困問題には目もくれない。各国の国民の民主主義に対する満足度が高いことを想起されたい。ミドルクラスが求める民主主義

は彼らに利益をもたらす制度としての民主主義であり，少数派の権利を守るためのものではないのである。

5. ポスト開発独裁の行政改革

最後の論点は，アジア諸国における行政改革の動向と政府の信頼との関係である。アジアにおける行政の特徴の一つは，経済成長を遂げたにもかかわらず，いまだに合理的な官僚制が構築されていないことである。開発独裁時代に各国は中央集権の官僚権威主義体制を構築し，表面的には近代型の公務員制度を整えた。だが，「アジア的価値観」をガバナンスの基本においたため，官僚組織にはメリット主義が根付かず，情実人事や汚職が蔓延することになった（小池 2003）。

この前近代的な行政制度にようやく改革のメスが入るのは，民主化運動が活発化し，独裁政権が終わりを告げる1990年代からである。行政改革の推進プロセスは国によって異なるが，メリット主義の確立，公務員の削減，国営企業の民営化，規制緩和，公共サービスの改善，腐敗防止，地方分権の推進等を盛り込んだ行政改革の計画がアジア諸国でも次々に策定されていった。ただし，これらの改革は民主化の進展にともなう内発的なものというよりは，「外圧」の影響を強く受けたものであった。アジア金融危機に際して，世界銀行やIMF，アメリカなど先進国の開発援助機関は，援助の条件として，統治における法の支配や透明性の確保，国営企業による独占の排除や開放的な市場経済を実現するための規制緩和などを要求した（小池 2001）。それらは経済的合理性にもとづく行政を主張するNPM（New Public Management）の理念に沿うものであり，同時に「ワシントンコンセンサス」と呼ばれる新古典経済学に依拠した開発経済論とも方法論を共有するものであった。要するに世界銀行やIMF，そして先進諸国の援助機関は，アジアの国々をグローバル経済に取り込むために，自由主義的な行政改革の断行を迫ったのである。

こうした外圧に対する対応は，国によって分かれた。マーク・ターナーは，シンガポールやマレーシアは積極的にNPM改革に乗り出したが，タイやインドネシアは慎重に改革のテーマを選択したと指摘している（Turner 2002）。ただし，インドネシアは地方分権については大胆な計画を発表し，保健や教育の地方移管を進めている。こうした各国の行政改革への取り組

みの違いは，各国の政治の安定度と深い関係にあると考えられる。官僚主導の政治が安定しているシンガポールやマレーシアでは，民営化や規制緩和を政府が十分にコントールできることから，むしろ積極的に行政システムの改革に乗り出した。他方で，民主化の動きから政治が不安定なタイ，フィリピン，インドネシアは，民主化勢力を勢いづかせるような自由主義的な改革には慎重にならざるを得なかった。

　この1990年代がアジア諸国にとって第1期の行政改革であるとすれば，2000年代以降の"モダニゼーション"への取り組みは，第2期の行政改革ということができる。この第2期の行政改革の特徴は，政府の業績管理へ積極的な取り組みにある。表4にまとめたように，業績管理（performance management）は，シンガポールやマレーシアといったアジアの優等生だけでなく，モンゴルのような最貧国でも行政改革の新しい「カード」になっている（Koike and Kabashima 2009）。

　いうまでもなく，業績管理はアメリカ，カナダ，オーストラリア，ニュージーランドなどの行政改革の先進国において，1990年代以降ポピュラーになった新しい行政管理手法である。それを一口でいえば，インプット（予算）の統制による管理から，成果（result）による管理への転換ということになる。具体的には，行政活動のアウトプットやアウトカムに焦点を当て，目標をどれだけ効率的に達成したかという「成果」を検証し，それにもとづいて行政組織を管理運営する手法である。そこでは高い成果を達成することが管理者の役割とされ，報酬も成果に応じて支払われる。また，そこでは組織のパフォーマンスを高めるため，重点事業については中長期的な執行計画を立て，会計年度を超えた取り組みを可能にするといった工夫もなされている。

　進捗状況をみると，表4にまとめたように，業績管理はマレーシアや韓国，インドネシアにおいて最初に導入が図られ，次第に周辺のアジア諸国にも拡大してきている。内容をみると，アメリカ・イギリス・カナダ・ニュージーランド等の業績評価制度をモデルとしたものが多く，少なくとも制度的には先進国と遜色のないものが計画されている。例えば，マレーシアの統合的結果重視マネジメント（Integrated Results-Based Management: IRBM）の柱となっているのは，成果に基づく予算編成（Results-Based Budgeting: RBB）と個人業績制度（Personnel Performance System: PPS）

表4 アジア諸国における業績管理への取り組み

国	プログラム	主務官庁	開始年
インドネシア	政府機関業績責任システム（SAKIP）	行政改革省	1999～
日本	政策評価制度	総務省	2001～
マレーシア	統合的結果重視マネジメント	財務省	1990s～
モンゴル	業績管理制度（中期支出枠組）	財務省	2003～
フィリピン	業績管理－業績評価システム	人事委員会	2007～
シンガポール	業績・情報予算システム 業績給	財務省	2006～
韓国	目標による管理 業績評価制度	人事委員会 総務地方自治省	1999～
タイ	成果重視管理	公共部門開発庁	2003～

出典：Koike and Kabashima (2009) を元に筆者作成。

を統合した統合的業績マネジメント枠組である（Thomas 2007）。そこでは各事業の予算申請，執行状況，活動内容，達成された成果に関する情報を総合化し，各組織の業績評価に役立てるとともに，個人の業績達成度とのリンクや中央予算局による予算配分に利用するとしている。マレーシア政府は，すべての省庁に対して統合的業績マネジメント枠組を用いた資源配分の戦略計画策定を命じている。

5年間の戦略計画を策定する手法は，インドネシアの政府機関業績責任システム（SAKIP）でも採用されている。SAKIP は，戦略計画，業績測定，業績報告，業績評価から構成され，戦略計画には組織のビジョン，ミッション，5年間の年度別戦略目標と実施計画が盛り込まれる。業績測定には，業績指標が設定され，毎年の達成度を比較できるようになっている。そして各機関は毎年の業績達成度を「政府業績責任レポート」にまとめて行政改革省に提出する。また，フィリピンやモンゴルでは，中期財政支出枠組（Medium Term Expenditure Framework: MTEF）を策定している。そこでは各省は3カ年の戦略的ビジネスプランを作成し，そのなかに主要な達成目標や活動内容を盛り込むとしている（Koike and Kabashima 2009）。

やや皮肉に思えるのは，最も経済と民主主義が発展した日本が，業績管理においてはアジアのなかでは最も遅れてみえることである。日本は2001年に政策評価法を制定し，全府省が政策評価に取り組んでいるが，業績評価と人事評価とのリンクや各省の業績評価情報を予算編成に反映させる取り組みもまだ進んでいない（Koike, Hori, and Kabashima 2007）[10]。

では，合理的な官僚制さえも確立されていないアジアの国々が，なぜ，

こぞって業績管理に取り組んでいるのだろうか。その背景に，政府に対する国民の高い信頼があることはおそらく疑いえないであろう。信頼を維持するためには，政府は迅速かつ的確に国民のニーズに応える必要がある。そこで政府は，行政部門のサービス改善にストレートに結びつく業績管理に飛びついた，という見方である。また，各国の政治リーダーに経営管理に対する強い思い入れがあることも影響しているかもしれない。1990年代にアジア各国はこぞって行政への品質管理運動（QC）の導入に走った。一般的に政治リーダーの間にはビジネス経営に対する理解が強い。ただし，それだけでなく，業績管理の導入には，行政の質の問題を政治から切り離し，純粋にビジネスの問題と位置付けることで国民の批判をかわすという思惑もあるのだろう。

　もっとも，各国のなかには，より実用的な公務員管理手法としての業績管理に期待している部分もある。業績評価は公務員の人事評価と結び付けられることから，エリートの選抜手法としても活用できる。アジアの公務員制度は，表面的にはメリット主義をとりながらも，その実態は情実人事が中心の前近代的なものであった。しかし，民主的な公務員管理制度の導入は現実的ではないため，業績評価を導入し，エリートの選抜に利用するというわけである。ここには，幹部公務員の不透明な人事に対する世論の批判も影響しているかもしれない。インドネシアのSAKIPは，アメリカの「政府業績責任法（GPRA）」をモデルとしているが，その目的のひとつに，目標管理を透明化することで専門性を強化し，腐敗の撲滅を図ることを掲げている（小池・佐々木 2006）。いまやアジアでも，幹部公務員になるためには，その実力を客観的に証明することが求められているのである。

　このように政府の業績管理に関心が集まるなかで，ほとんど進展をみていないのが地方分権である。地方分権は，中央集権の権威主義体制を変革し，民主的なガバナンスを実現するための重要な柱として，開発援助機関も活発な支援を展開している。しかし，フィリピンやインドネシアを例外として，アジア諸国は地方分権に対する消極的な態度を変えていない。地方自治は，ブライスの言葉のとおり，民主主義の最良の学校となるものである。だからこそ，官僚権威主義の政府は地方分権に対する警戒を緩めていないといえる。例えば，タイでは1997年憲法を機に地方分権の推進を図るとしているが，現実は末端自治体へのわずかな権限移譲にとどまってお

り，中央集権の行政体制はまったく揺らいでいない（Bowornwathana 2006）。こうした状況は，他のアジア諸国でも同様である。前にアジアでは自律的な中間団体が育っていないと指摘したが，ここには地方自治制度が未発達であることが多分に影響していると考えられる。

6. むすびにかえて

　アジアでは，経済成長によって中間階層が増え，民主化への条件が準備されたにもかかわらず，「成長主義のイデオロギー」（末廣 1998）のもとに，権威主義体制が持続している。経済的に豊かになった国民は，開発と成長をうたう政府を信頼し，政府もまた国民に対する行政サービスを改善して国民の信頼をつなぎとめている。その一方で，民主的ガバナンスの基盤となる法の支配や透明性の確保，地方分権といったガバナンスの根幹に関わる課題についてはほとんど進展をみていない。他方で，ミドルクラスの間では消費主義の風潮がますます強まり，公共問題への関心は次第に低下してきているようにみえる。この"西洋化"状況に対して，各国のリーダーは伝統的な価値規範や宗教的倫理の復活を訴え，国民統合を維持しようと懸命である。しかし，インターネット世代の若者たちがやがて国を背負う世代になったとき，そこに「想像の共同体」（アンダーソン 1997）を構築することはきわめて難しいと言わねばならないだろう。国民の政府に対する信頼はそれ自体悪いことではなく，政治の安定に寄与するものである（Almond 1989）。しかし，いまのアジアの状況はいわば「過信頼」の状況にある。国民はその民主主義に過大なボーナスを与えていることに気づく必要があるが，そのきっかけがなかなかつかめないところに，アジアの潜在的な危機があるといえるのではないだろうか。

(1) 本稿の執筆に際しては，行政管理研究センター「行政の信頼性確保，向上方策に関する調査研究」において筆者と㈱タックインターナショナルの佐々木雅子氏が共同で実施した研究の一部を利用させていただいた。調査研究を委託した総務省官房企画課及び受託側の行政管理研究センターに記して感謝申し上げる次第である。
(2) アジア・バロメーターの調査方法については，猪口他編（2005）を参照されたい。
(3) 日本を除くアジア諸国では「軍隊」に対する信頼度の高さも際立って

いる。インドでは回答者の97％，タイは92％，中国は91％，韓国は59％が軍隊を信頼すると答えている。とくにインド，タイ，韓国では，軍隊は諸制度のなかで最も信頼されている。一方，日本で上位に位置する警察（44％）はタイ（45％）やインド（59％）では最下位となっている。また，教育制度と医療制度に対しても各国は高い信頼感を寄せている。マレーシアでは教育制度・医療制度とも95％であり，タイでも教育制度が87％，医療制度が80％となっている。同様の高い数値は，インド（教育制度84％・医療制度78％），中国（教育制度85％・医療制度72％）でも観察される。ただし，インドでは調査対象として都市のミドルクラスからアッパークラスの地区の世帯が選ばれており，インドにおける諸制度に対する信頼度は，インドの各所得層を代表するものではないことに注意する必要がある。

（4） 世界価値観調査（WVS）の概要や調査方法については，電通総研／日本リサーチセンター編（2004）を参照されたい。なお，WVSの政府の信用度については，the WVS Archive and {ASEPJDS} のディレクターである Jaime Díez Medrano が作成している ASEP/JDS のウェブサイトから入手できる。http://www.jdsurvey.net/jds/jdsurveyMaps.jsp?Idioma=I&SeccionTexto=0404&NOID=106（2010年2月5日アクセス）

（5） なお，図には掲げなかったが，ヨーロッパにおいて政府の信用度が高い国としては，スイス（133.2），フィンランド（128.1），ノルウェー（108.1）がある。また，アジアで政府の信頼度が低い国としては，パキスタン（81.3）と台湾（65.1）がある。

（6） East Asian Barometer の調査結果については Chu, et.al, (2009) にまとめられている。ギャラップ調査の結果については，猪口／カールソン（2008）が詳しい分析を行っている。

（7） 「発言の自由と説明責任」は政権選択への国民の参加度，表現の自由，団結の自由，報道の自由の程度を示すものである。「政治的安定と暴力行・テロがないこと」は政治的暴力やテロリズムを含む，非合法的あるいは暴力的手段による政府の不安定化あるいは転覆の可能性の程度である。「行政の有効性」は行政サービスの質，公務員の質，政治的圧力からの公務員の独立性の程度，政策策定および実施の質，政策への政府関与の信頼性などである。「規制の質」は，民間部門の発達を促進するための適切な政策や規定を策定し実施する政府の能力についてである。「法の支配」はそれぞれの主体が社会規範を信頼し遵守している度合いであり，犯罪や暴力の可能性だけでなく，契約の強制力や警察，裁判所の質が問われる。「腐敗防止」はエリートや私益による国家の乗っ取りや，大なり小なりの汚職を含む個人が利益を得るために行使された公権力の範囲を意味する。

（8） http://www.ti-j.org/TI/CPI/2007CPI_English_Table.pdf （2010年2月5日

アクセス）
(9) この調査は,「一般的に言って,あなたは人を信じられますか,それとも用心したほうがいいと思っていますか」という質問に対する回答を指数にしたものであり,「大半の人は信頼できる」という回答の割合から「用心するに越したことはない」という回答の割合を引き,100を足したものである。同調査の結果は,注（4）と同様に,ASEP/JDSのウェブサイトから入手できる。http://www.jdsurvey.net/jds/jdsurveyMaps.jsp?Idioma=I&SeccionTexto=0404&NOID=104（2010年2月5日アクセス）
(10) 日本の財務省は,予算の重点化・効率化を図るべく,概算要求に当たり,各府省に対し,施策の意図・目的,必要性,効率性,有効性等を記載した「施策等の意図・目的等に関する調書（「政策評価調書」）」の提出を求め,政策評価の結果を予算編成に適切に活用するとしている。ただし,財務省は,提出された政策評価調書は,成果目標についての定量的な記述は増えてきているものの,依然として,定性的・抽象的な記述に止まるものが多い,予算要求のための自己評価をまとめたものであり,客観性・中立性が必ずしも担保されていない側面がある,など,依然として改善の余地が多いとしている（財務省「平成18年度予算編成等への政策評価の活用状況」3ページ）。

参考文献
1. 邦語文献
アンダーソン,ベネディクト（1997）『増補 想像の共同体：ナショナリズムの起源と流行』（白石さや・白石隆訳）NTT出版。
猪口孝／ミゲル・バサネズ／田中明彦／ティム・ダダバエフ編著（2005）『アジア・バロメーター 都市部の価値観と生活スタイル－アジア世論調査（2003）の分析と資料－』明石書店。
猪口孝／カールソン,マシュー編（2008）『アジアの政治と民主主義：ギャラップ調査を分析する』西村書店。
岩崎育夫（1998）「アジア市民社会論：概念・実態・展望」岩崎育夫編『アジアと市民社会―国家と社会の政治力学―』アジア経済研究所, pp. 3－38。
大山耕輔（2007）「政府への信頼低下とガバナンス」『季刊行政管理研究』No. 120, pp. 15－33。
菊地端夫（2008）「政府への信頼に対する各国の取り組みと行政改革」総務省大臣官房企画課『行政の信頼性確保,向上方策に関する調査研究報告書（平成19年度）』, pp. 59－83。
倉沢愛子（1998）「女性にとっての開発―インドネシアの家族福祉運動の場合―」『岩波講座 開発と文化6 開発と政治』岩波書店, pp. 103－123。

小池治（2001）「開発途上国のガバナンスと行政改革」『季刊行政管理研究』No. 96, pp. 24-39。
小池治（2003）「ASEAN 諸国における公務員制度改革」作本直行・今泉慎也編『アジアの民主化過程と法』アジア経済研究所, pp. 361-386。
小池治・佐々木雅子（2006）「アジア諸国のガバナンスと行政改革」『季刊行政管理研究』No. 114, pp. 16-31。
──（2007）「アジア諸国における政府の信頼性に関する比較分析：アジア・バロメーター（2003）及び Governance Matters V (2006) のデータを手がかりに」総務省大臣官房企画課『行政の信頼性確保, 向上方策に関する調査研究報告書（平成18年度）』, pp. 127-151。
財務省（2006）「平成18年度予算編成等への政策評価の活用状況」『資料（第27回財務省の政策評価の在り方に関する懇談会）』財務省ホームページよりダウンロード。http://www.mof.go.jp/singikai/hyouka/siryou/a180328.htm（2010年2月25日アクセス）
佐藤寛編（2001）『援助と社会関係資本』アジア経済研究所。
末廣昭（1998）「開発主義・国民主義・成長イデオロギー」『岩波講座 開発と文化6 開発と政治』岩波書店, pp. 31-51。
竹中千春・高橋伸夫・山本信人編著（2008）『現代アジア研究2 市民社会』慶應義塾大学出版会。
田中一昭・岡田彰編著（2006）『信頼のガバナンス－国民の信頼はどうすれば獲得できるのか』ぎょうせい。
恒川惠市（1998）「開発経済学から開発政治学へ」『岩波講座 開発と文化6 開発と政治』岩波書店, pp. 1-28。
電通総研／日本リサーチセンター編(2004)『世界60カ国価値観データブック』同友館。
ナイ・ジョセフ, 他編著（2002）『なぜ政府は信頼されないのか』（嶋本恵美訳）英知出版。
ファー, スーザン・J（2002）「日本における国民の信頼と民主主義」ジョセフ・ナイ他編『なぜ政府は信頼されないのか』（嶋本恵美訳）英知出版, pp. 321-340。
ブロンデル・ジャン／猪口孝（2008）『アジアとヨーロッパの政治文化』（猪口孝訳）岩波書店。

2. 英語文献
Alagappa, Muthiah ed. (2004). *Civil Society and Political Change in Asia: Expanding and Contracting Democratic Space*. Stanford: Stanford University Press.
Almond Gabriel A. (1989). "The Intellectual History of the Civic Culture Con-

cept," in Almond, G. and Sydney Verba eds. (1989). *The Civic Culture Revisited*. Sage Publications, pp. 1-36.

Bowornwathana, Bidhya (2006). "Autonomisation of the Thai State: Some Observations," *Public Administration and Development*, 26: 27-34.

Cariño, Ledivina V. (2007). "Building Trust in Government in Southeast Asia," A Paper presented at the 7th Global Forum on Reinventing Government, Vienna, Austria, June 26-29, 2007.

Chu, Yun-han, Diamond, Larry, Nathan, Andrew J. and Shin, Doh Chull (2009). "Asia's Challenged Democracies," *The Washington Quarterly*, 32(1): 143-157.

Fukuyama, Francis (1995). *Trust: The Social Virtues and the Creation of Prosperity*. New York: The Free Press.

Lee, Guan Hock ed. (2004). *Civil Society in Southeast Asia*. Singapore: Institute of Southeast Asian Studies, pp. 1-26.

Kaufmann, D., Kraay, A. and Mastruzzi, M. (2008). Governance Matters VII: Aggregate and Individual Governance Indicators 1996-2007. World Bank Development Research Group, World Bank Policy Research Working Paper, No. 4654 (June 24, 2008).

Koike, Osamu, Hori, Masaharu and Kabashima Hiromi (2007). "The Japanese Government Reform of 2000 and the Self-Evaluation System: Efforts. Results and Limitations," *Ristumeikan Law Review*, International Edition 24: 1-11.

Koike, Osamu and Kabashima, Hiromi (2009). "Performance Evaluation and "Good Governance" in Asia." A Paper presented at the IPSA (International Political Science Association) World Congress, Santiago, Chile, July 16, 2009.

Putnam, Robert (1995). "Bowling Alone: America's Declining of Social Capital," *Journal of Democracy*, 6(1): 65-78.

Schak, David C. and Hudson, Wayne, eds. (2003). *Civil Society in Asia*. Aldershot: Ashgate.

Thomas, Koshy (2007). "Malaysia: Integrated Results-Based Management - the Malaysia Experience," *Sourcebook on Emerging Good Practice*, Second Edition, pp. 95-103. <http://www.mfdr.org/sourcebook/2ndEdition/4-2MalaysianRBM.pdf>（最終アクセス　2010年2月25日）

Turner, Mark (2002). "Choosing Items from the Menu: New Public Management in the Southeast Asia," *International Journal of Public Administration*, 25(12): 1493-1512.

World Bank (1993). *East Asian Miracle*. Oxford University Press.

地方政府における信頼

―地方公務員の意識を中心として―

秋月謙吾*

はじめに

「行政の信頼性確保・向上方策に関する調査研究」という共同プロジェクトに参加したことが本稿執筆のきっかけである。この共同研究の背景としては，「価値観の多様化によって国民の合意形成が困難になったことがあげられる。国民のニーズの多様化は，行政への期待への多元化，行政機能の一層の専門化を求めているのである。しかし，第2次臨調以降の福祉国家の見直し期においては，行政機能の高度化と同時に縮減が求められており，こうしたジレンマが近年，行政に対する国民の信頼性を低下させていると考えられる」と指摘されている（行政の信頼性確保，向上方策に関する調査研究報告書［以下報告書］平成17年度 p. 3 ）。

たしかに，比較的に見ても日本の行政に対する評価の結果は厳しい。World Value Survey での各国の公務員に対する信頼は，25カ国のうち23位（1位は韓国，日本より低位なのはチェコとメキシコ）という結果であった（報告書17年度 p. 19）。ただ，高度成長期を含めて政治全体，あるいは政府への信用などの各種データから，ファーは長期にわたって低いスコアであることを指摘している(Pharr, 2000, pp. 174-176)。この背景として，日本人のサーベイに対する意識がかかわっているのかもしれない（政府に否定的なことを回答しても制裁の心配はなく，逆に何となく格好が良い，など）。

また，比較において不可避の問題であるが，そもそも「信頼」の語感である。英語の Trust には，いわゆる「信頼」から転じて，金融機関名であったり，「反トラスト法」であったりといった経済用語の意味があり，さら

---

* 京都大学法学研究科教授　行政学

に Trust me は，日常会話においては「どうか私を信頼してください」ではなく，「ねえ」「大丈夫」あるいは「まじで」といった訳がなされるべき用法で使われることが多い。もちろん，日本の総理大臣がアメリカ合衆国大統領に向かって（おそらく真顔で重々しく）この言葉を不用意に発することはご法度であったわけであるが。

いっぽう，日本語の「信頼」がそのようなカジュアルな文脈で使用されることはまれであって，あなたは政府を信頼しますか，と聞かれても困惑するだけなのかもしれない。したがってあまり深刻な危機感はなく，地方自治に関心を持つ研究者として共同研究に参加することになった。しかしまた，地方政府レベルにおいて住民と自治体の間に信頼感が満ち溢れている，とは到底思えない状況であることもたしかである。方策はともかく，何らかの方向性の示唆が見出せればと考えている。

1. 信頼研究の新しい流れ

他の論稿においても言及されているように，信頼の概念は複雑でありかつ主観的であって筆者を混乱させた。そうした中，共同研究において信頼に関する様々な研究について知らされるにつれて，現在信頼の研究がヨーロッパ諸国においてとくに活発であることに注目し，共同研究の枠組みで2009年秋に，研究者との面接および文献調査を行うことができた。

ヨーロッパにおいて，信頼の研究が早くから進展した理由として，仮説的に考えられるのは実際にヨーロッパ諸国において政府の信頼が大きくそして長期間にわたって落ち込むいわゆる「信頼の危機」が起こったためではないかということである。しかし，データを検証した結果は，そのような危機の存在については否定的なものとなっている。(Van de Walle, Van Roosebroek and Bouckaert, 2005, p. 24) すなわち，

① 比較においても，時系列分析においても，データが不完全であること
② 長期間にわたる政府への信頼度の低下を示す証拠は薄弱であること
③ にもかかわらず，「政府への信頼が低下している」という言説は強いこと

とくに③について，短期的に信頼度低下が示される場合，ベルギーやオランダなどにおいて見られたように，信頼自体が政治的アジェンダとなってサーベイ結果を左右する可能性がある（Van de Walle, Van Roosebroek and Bouckaert, 2008, pp. 45-47）。

研究者たちの意図はむしろ，政府の信頼に関する基礎的なデータがほとんどまったくない状態の解消にあった[1]。消費者景況感（Consumer Confidence）や経営者の景況判断など，経済についてのデータが蓄積されているにもかかわらず，10年に一度程度の調査だけである。そこでそのギャップを埋めるため，主にベルギーの州政府レベルで資金を得てデータを継続的かつ頻繁に収集しはじめたのがきっかけとなった[2]。

政府の信頼の問題は1950年代ころから政治学では念頭におかれていた。しかし，それは「政府」「憲法」「大統領制」などの大枠に対する漠然とした信頼を対象として，「正統性」を議論しようとするものであった。ヨーロッパにおいては，現在関心が大きく移りつつあり，公的サービスの質に対する信頼が重要視されるようになっている。いわば operational trust とも呼ぶべきものである。政府全体への信頼に対する関心だけでなく，信頼と深くかかわる行政の performance management や performance measurement に対する関心がその背景にある（Pollitt, 2009）。

一例をあげると，教育や医療について，行政の担当者とプロのサービス提供者である教師や医者の集団の意向だけを聞いて政策を決めるのではなく，サービスの受給者である親や生徒，あるいは患者の評価を参考にしなければならない。その際に信頼が重要になってくるのである[3]。

したがって，信頼の概念においてとくに強調されるのは，信頼の多層性の問題を念頭におくべきであるという点になる。

3つの層の境界線は必ずしも明確なものではないが，個別のサービス提供（例：奨学金の付与＝ミクロレベル），政策の束（例：教育政策＝メソレベル），そして統治機構全体（マクロレベル）という層の構成が考えられる。また同時に，個人の公務員（あるいは個別のサービス提供），中間の組織（たとえば地方政府），そして統治機構全体という構成も含まれる。

おおまかに言えば表1の9が政治学の関心対象であるが，行政学は1，2に関心を集中する。全体像を把握しながら両者の関係を分析することと同時に，それぞれの部分を混同しないように注意する必要がある。さきほどの「信頼性の危機」は，そのいい例である。不

表1　信頼に関する3層モデル

	Service Quality	Satisfaction	Trust
Macro	7	8	9
Meso	4	5	6
Micro	1	2	3

（出典）Bouckaert & Van de Walle, 2003, p. 301.

図1　信頼の因果関係についての2つのモデル

push-pull model

インプット→行政活動→アウトプット→アウトカム→信頼

drivers model

信頼→インプット→行政活動→アウトプット→アウトカム

(出典) Bouckaert & Halligan, 2009, p. 10.

十分なデータで，9に起こっている問題がマスコミや特定の政治勢力によって過大に喧伝された結果生まれた言葉にすぎなかった。また後述の因果関係からもわかるように，サービス提供の質と満足度と信頼の間のメカニズムは単純ではない。主観や期待度が異なれば同じ質のサービスから違った満足度や信頼のレベルが生まれる。

さらに，信頼概念の難しさの一つの原因としては因果関係の複雑さが指摘される。

一つの流れは，push-pull model とブッカールトらが名づけるもので，インプット（予算の投入量）が行政活動（個別サービスの提供），アウトプット（提供の直接的な出力），そしてアウトカム（社会における政策の結果）という連鎖が信頼を押し上げたり下げたりするというモデルである。もう一つは，drivers model と呼ばれるもので，信頼が行政における連鎖に影響を与えている。それは，たとえば提供されるサービスの質への信頼が多くの使用者，使用料金を支払うなどのかたちでインプットを上昇させる。あるいは，マクロやメソレベルの議論として，公務部門全体や地方政府に対する信頼が公務員のプレステージを向上させ，より質の高い公務員群が形成される，といったものも想定されている。既存の信頼がすでに政府へのインプットとなっているのである。また，両者を接合させて，循環型モデルを構想することも可能である（図1）。

さらに，ヨーロッパにおける研究の具体的な政策的な含意は，以下のような形でまとめられている。(Van de Walle Van Roosbroek, Bouckaert, 2005)

1　政府は信頼の最大化のために努力するのではなく，適正なレベルの信頼を目指すべきである。
2　適正なレベルは政治行政文化によって変化し，国によって異なる。
3　政府への一定程度の不信は健全でありかつ役に立つ。応答性確保の保証となるからである。権力分立や監査などは不信の制度的表明でもある。
4　一定程度の公務員に対する市民の不信は，行政改革の推進に役立つかもしれない。
5　健全な社会においては，政府の市民への信頼が，市民の政府への信頼と同じくらいに重要となる。

さらに信頼を醸成させる方策については，
・単一の醸成方策はない。
・マクロ・メソ・ミクロのすべてのレベルにおいて展開されるべきである。
・サービスの質を向上させるだけでは不十分であり，サービスを受け取る側のパーセプションを管理し，かつまた期待と現実を接近させる期待度管理も必要である。
などの点が指摘されている。

　これらの研究成果と含意の多くは，筆者がそれまで抱いていた信頼概念についての曖昧な部分を整理してくれた。とくに3層モデルは，地方自治体職員の意識調査の結果を意味づけるうえでも重要であると思われる。また，「政府の市民への信頼が，市民の政府への信頼と同じくらいに重要」という指摘は意識調査設計の段階から筆者がこれも漠然とではあるが抱いていたものであった。

2．地方自治体職員の意識調査：その背景

　パットナムがイタリアにおいて，ソーシャルキャピタル（社会における相互信頼）を地方政府制度改革とその結果うまれた地方政府レベルの統治パフォーマンスに結びつけて論じたことは，広く知られている。筆者も地方自治の研究者として，この問題に関心を抱いてきたが，今回の共同プロジェクト参加を機会に，地方公務員に対してサーベイを行うこととした。

具体的には，2008年1月から2月にかけて，市町村職員を対象としたアンケート調査を実施した。調査においては筆者と尹誠國，城戸英樹，李敏撲が共同作業者として質問文作成，調査実施，解析を行った。とくに信頼の認識と各変数の関係の分析には城戸と李が中心となって行った[4]。市町村の住所リストから単純無作為抽出で400市町村をサンプルとして，各市町村の総務担当部局に郵送，1自治体ごとに10名を超えないよう条件をつけて職員に配布のうえ，回答者から直接返送を依頼した。回答者の総数は667人であった。

　まず，地方自治体に焦点をあてたことであるが，筆者の研究関心から，というだけでなく，住民と直接にコンタクトをとりながら業務を行っている自治体職員の信頼に関するデータを取りたい，という狙いがあった。また，地方分権改革の流れの中で役割を大きくしつつある地方政府にこそ目を向けるべきであるという意識もあった。マクロトレンドとしての「地方分権」は地方に対する信頼に対してどう働くか，である。分権改革に対して目立った反対の民意は見られていない。ということは，概して地方に大きな役割と権限を与えることにはコンセンサスがあるといえる。しかし，その過大な期待と過大な負荷が地方への信頼感喪失と職員のモラール低下へとつながっていくのであろうか。今回の調査だけでそれに答えることはできないであろうが，そうした問いに向けた第一歩となることを期待した。

　次に，地方自治体のなかで市町村か都道府県か，あるいはその両方か，という問題があった。構造的な変化として，市町村合併があり，市町村は大きく変容している。景気低迷による税収の悪化，少子高齢化の急激な進展，住民ニーズの多様化等に伴う財政需要の増大などによって地方自治体，特に住民に最も身近な基礎自治体の行財政基盤の充実が求められ，多くの市町村合併が行われている。第25次地方制度調査会答申（平成10年）や地方分権推進委員会の勧告を踏まえた「地方分権推進計画」（平成10年5月閣議決定）を受けて合併関連の立法が行われ，市町村合併は加速的に進んだ。平成11年3月末時点では3,232であった市町村数は，16年・17年度末には1,821，21年度末で1730までに減少した。また，第27次地方制度調査会答申を受けた平成16年5月の地方自治法や合併特例法の改正により，住民自治の強化や行政と住民との協働の推進などを目的とする「地域自治区」や「合併特例区」制度が創設されている。市町村合併の進展に伴い基礎自治体

の大規模化が進む中で，住民自治の強化が重要な課題としてクローズアップされている。

　市町村合併が地域にもたらす影響については，様々なものが考えられる。合併の成立を阻む理由として，役所の庁舎（とくにその位置）と新しい自治体の名称があげられる。いずれも，一見シンボリックなものにすぎないように思われるけれども，これらのために合併協議から一部の自治体が離脱し，あるいは合併そのものが流産してしまうことにつながるケースが多く存在する。それは，名称や庁舎に象徴される，地域のアイデンティティの問題が背景にあるからであろう。また，より深刻な問題として，合併によって大規模化した結果，個々の住民と自治体との物理的・心理的な距離が拡大するおそれも強くなる。さらに，主として財政的な理由，とりわけ国庫補助金および地方交付税交付金を中心とした財政移転の減額から動機付けられた合併が進行し，その結果としてあらたなアイデンティティを形成しよう，といった前向きの姿勢が欠けてしまうおそれも指摘できる。つまり，合併は地域・住民と新しい「市役所」の間の信頼については阻害要因である可能性が大きいと見られるのである。

　一方，都道府県については，道州制をめぐる議論にさらされている。規模・能力・区域が拡大した基礎自治体との役割分担の下で，広域自治体としての役割，機能を充実するために，都道府県の自主的合併手続の整備も図られており，市町村合併が進展する中にあって，広域自治体としての都道府県のあり方が問われるようになってきている。第27次地方制度調査会の「今後の地方自治制度のあり方に関する答申」では，基礎自治体が住民に最も身近な総合的な行政主体として，これまで以上に自立性の高い行政主体となること，現在の都道府県制に代わる広域自治体制度として道州制導入について検討する必要があること，としている。第28次地方制度調査会は平成16年3月，内閣総理大臣から，「道州制のあり方」に関する諮問を受けて発足し，平成17年12月に「地方の自主性・自律性の拡大及び地方議会のあり方に関する答申」が，また，平成18年2月には「道州制のあり方に関する答申」が出された。後者では，「道州制の導入が適当」とし，道州の位置づけや区域，移行方法，事務など，道州制の制度設計に関する基本的な考え方が示されている。いうまでもなく，都道府県は，戦後改革において知事公選が実現し，その政治的な性格は大きく変わったものの，明治

地方制度が確立されて以来，その数や圏域が大きな変化をしていない，非常に安定的な行政区分である。こうした安定的な中間レベルの都道府県を制度改革の俎上に乗せるにいたったのは，生活圏・経済圏の拡大，投資や危機管理などにおけるスケールメリットの追求，二重行政の弊害の除去の必要性などがあげられるが，おそらく最も直接的であったのは，市町村合併の進展であろう。

したがって，調査の時点において都道府県・市町村ともに興味深い調査対象であった。条件的な制限で両方ともの調査が困難であったため，我々のグループは市町村を対象に選択した。その理由は，信頼との関係では住民との距離感，コンタクトが重要であり，おそらく市町村のほうがその点で濃密な関係にあるであろうと予想されたこと，そして合併という既にほぼ到達点にあった変化を経てきた市町村が，合併の間接的影響のもとで道州制という仮想的な改革構想を目の前にしている都道府県にくらべて，より興味深い情報を提供することになると考えられたことであった。

最後に，職員に対しての調査という点については，「政府の市民への信頼が，市民の政府への信頼と同じくらいに重要となる」というヨーロッパにおける指摘を再度挙げておきたい。公務員が住民（国民）に信頼されている，という状態と公務員が彼らを信頼している，という状態は，直感的には親和的である。それに対する何らかのデータ的な裏づけは可能であろうか，という意図もあった。そしてこの種のデータが過去に取られた形跡がないことがわかり，対比することができない不利の反面，なんらかの貢献ができるのではないかと考えた。次節において結果の概要を示し，分析する。

3．データの概要と分析

まず，回答者の所属する自治体の特徴について尋ねたのが，質問1(2)である。これによれば，自らの所属する自治体について，都市部であるとの回答が31.8％，農村部であるとの回答が64.9％を占めた（図2）。

次に，所属する部署については，管理部門が61.2％，事業部門が38.1％であった（質問2(2)）。本調査においては，まず各自治体の総務部門に調査票を送付し，適宜質問票を配布してもらうかたちで職員にアプローチを行ったにもかかわらず，事業部門もおよそ4割を占める結果となった（図3）。

図2 農村・都市の区別

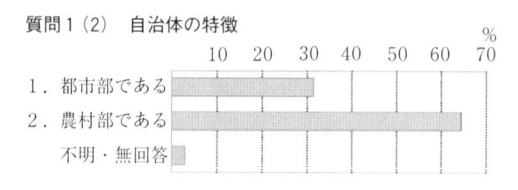

質問1(2) 自治体の特徴
1. 都市部である
2. 農村部である
不明・無回答

図3 所属部局の性格

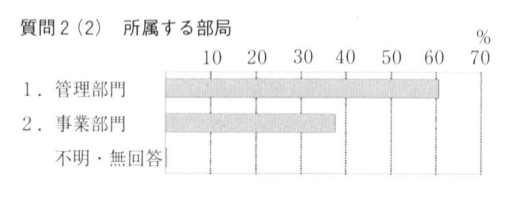

質問2(2) 所属する部局
1. 管理部門
2. 事業部門
不明・無回答

これらの2つの属性と,「住民からの信頼の認識」との間には,以下のような相関が見られた。

すなわち,都市部と農村部についてみていくと,農村部であると回答すると住民からの信頼度が低くなる傾向が見られた。また,所属部局については,管理部局よりもむしろ,事業部局に属する場合,住民からの信頼の認識が低いという傾向がみられる。このことは,行政サービスを提供する現場の職員ほど,住民からの厳しい声を直接受けており,それが回答に反映されているのではないかということをうかがわせる(表2)。

次に,自治体の合併状況について尋ねたのが,質問1(3)である。これによると,合併を経験したとの回答が37.8%,していないとの回答が60.3%であった(図4)。

しかしながら,こうした合併の有無や時期と,「住民からの信頼への自己認識」については有意な関係が見出せなかった。一つ考えられるのは,合併が住民との関係に与える影響はネガティブなものばかりではなく,むしろ住民との対話集会,住民投票,新たな首長選挙などの多様な機会を得て,信頼関係が醸成される可能性も秘めているのではないか,ということである。

表2 信頼の認識と組織属性の関係

		都市か農村か (質問1-(1))	所属部局 (質問2-(2))
貴方は住民から信頼されていると思いますか	Pearson Correlation	-.093 (*)	-.101 (**)
	Sig. (2-tailed)	.019	.010
	N	633	651

* 5%水準で有意。** 1%水準で有意。

住民との接触に関する設問について,質問2(4)では,仕事以外の場における

住民との接触の頻度（一月に何回あるのか）を尋ねた。結果を見ると，全くないとの回答はわずか4.5％にとどまっている。これに対して，ほぼ毎日あるという回答は，13.8％に達する。ここでの結果から，多くの自治体職員は少なくとも何らかの形で，仕事以外の場においても住民との接触の機会を持っていることが明らかになった（図5）。それでは，窓口における住民との接触についてはどうだろうか。質問10では，窓口における住民との接触の頻度と行政への信頼との関係について尋ねている。窓口での接触の頻度が多いほど行政を信頼すると思う（そう思う，どちらかといえばそう思う）という回答は72％に達している。

次に，仕事以外の場における住民との接触の重要性について尋ねた質問11を見ていこう。仕事以外の場における住民との接触について，重要であると思う（そう思う，どちらかといえばそう思う）回答者は，72.6％に達する。一方で，そう思わない（そう思わない，どちらかといえばそう思わない）との回答は，26.6％であった。このことから，自治体職員は，窓口における住民との接触に加えて，仕事以外の場における接触も重要視していることが明らかになった。すなわち，自治体職員は社会ネットワークの重要性も認識している可能性が示唆されている（図6）。

図4　合併の状況

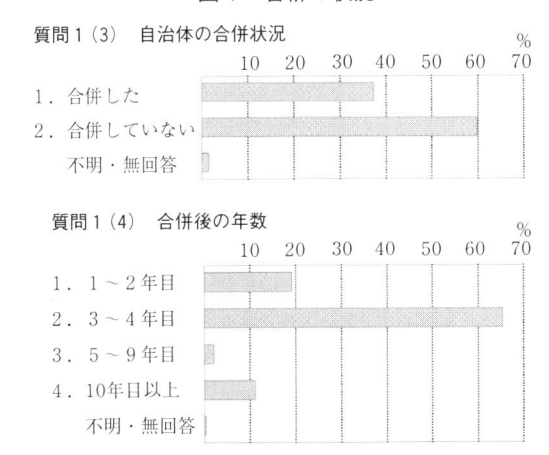

質問1（3）　自治体の合併状況
1. 合併した
2. 合併していない
不明・無回答

質問1（4）　合併後の年数
1. 1～2年目
2. 3～4年目
3. 5～9年目
4. 10年目以上
不明・無回答

図5　接触頻度（職場以外）

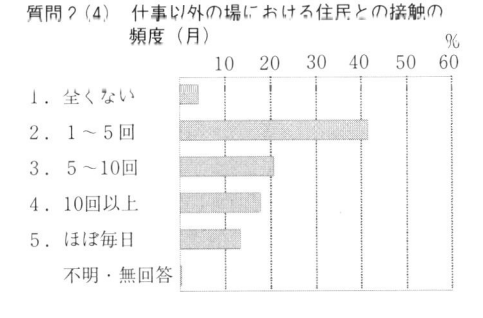

質問2（4）　仕事以外の場における住民との接触の頻度（月）
1. 全くない
2. 1～5回
3. 5～10回
4. 10回以上
5. ほぼ毎日
不明・無回答

図6 住民との接触に対する職員の意識

質問10 役所の窓口での住民との接触の頻度が多いほど住民は行政を信頼すると思うか

1. そう思う
2. どちらかといえばそう思う
3. どちらかといえばそう思わない
4. そう思わない
不明・無回答

質問11 仕事以外の場における住民との接触は、窓口での接触より重要であると思うか

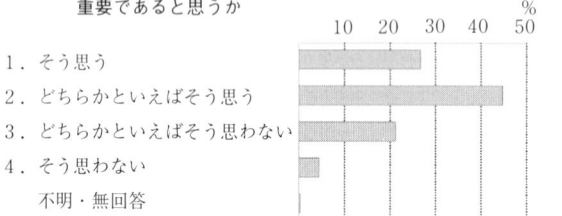

1. そう思う
2. どちらかといえばそう思う
3. どちらかといえばそう思わない
4. そう思わない
不明・無回答

しかし，この接触頻度については，「住民からの信頼の認識」との関係でやや矛盾する結果が出ている。住民との接触回数が多いほど，信頼の認識が低くなる傾向が示されている一方で，「窓口での住民との接触頻度が多いほど住民は行政を信頼する」という問いに肯定的な職員ほど，信頼の認識は逆に増える傾向にある。

客観的な接触頻度の認識がある程度まで正確であるとすれば，やはり頻繁に住民との接触する職員ほど行政に対する厳しい声を聞く機会は多くなることが影響していると考えられる。一方で，住民との接触が信頼にプラスに働くというやや建前的な認識が許容される立場の職員は，そのような

表3 信頼の認識と接触の関係

		貴方と仕事以外の場における住民との接触の頻度は月何回くらいですか（質問2-4）	窓口での住民との接触の頻度が多いほど住民は行政を信頼すると思いますか（質問10）	貴方は自治体の職員として自分の職分に関する十分な専門知識をもっていると思いますか（質問7）
貴方は住民から信頼されていると思いますか	Pearson Correlation	-.136 (**)	.119 (**)	.130 (**)
	Sig. (2-tailed)	.001	.002	.001
	N	653	655	652

** 5％水準で有意。** 1％水準で有意。

タフな状況からある程度免れているのかもしれない。

さらに,「自治体の職員として自分の職分に関する十分な知識を持っていますか」(質問7)

図7 所属部局の課題解決能力

質問4 所属する部局は現場の問題や不作為をすみやかに改善できると思うか

1. そう思う
2. どちらかといえばそう思う
3. どちらかといえばそう思わない
4. そう思わない
不明・無回答

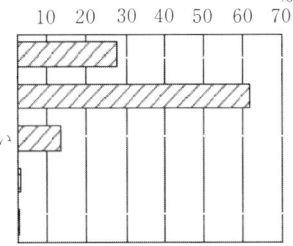

という自らの能力に関する質問に肯定的な答えをした職員ほど信頼の自己認識も当然ながら高まるという結果が出ている。

これらの職員個人の属性との関係だけでなく,職員が所属する部局や自治体の属性と信頼の認識との関係についても,いくつかの知見が得られた。

まず,現実問題や不作為を速やかに改善できる(質問4:そう思う,どちらかといえばそう思う)という肯定的な回答は,86.3%を占めており,行政組織としての自治体の課題対処能力に対しては高い自己評価を行っている(図7)。

しかしながら,行政の不正に対する設問を見ていくと,質問5で職員が不正をすることは難しいと思うかとの問いに,難しいと思う(そう思う,どちらかといえばそう思う)との回答が79.5%,そう思わない(そう思わない,どちらかといえばそう思わない)との回答が20.5%となった。回答者の2割が不正をすることは難しくはないと回答している。調査実施時期は,とりたてて目立った自治体職員による不正や汚職が顕在化したわけではないが,各種裏金問題など行政に対する信頼を揺るがす問題の記憶は新しかったのかもしれない。いずれにせよ行政職員による不正が行われる余地があることを示唆するものである(図8)。

また,不正が行われたとして,組織内部でそれを告発すると思うかとの質問6では,そう思う(そう思う,どちらかといえばそう思う)との回答が76.4%であった。本設問でも,そう思わない(そう思わない,どちらかといえばそう思わない)との回答が23.4%を占めており,組織内告発には限界があるものと思われる。

図8　法令遵守・不正の可能性の認識

質問5　役所の仕事は法令に従って行われているため，職員が不正をすることは難しいと思うか

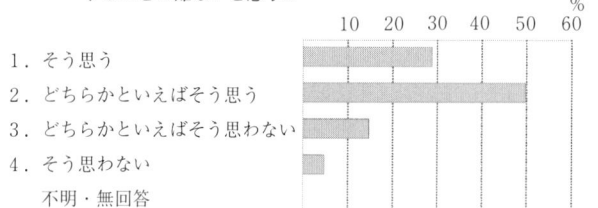

1. そう思う
2. どちらかといえばそう思う
3. どちらかといえばそう思わない
4. そう思わない
　　不明・無回答

さらに，自治体として行政評価を導入しているかどうかについての質問（質問12-1）では，導入しているとの回答が51.0%，していないとの回答が45.7%と，ほぼ半々に分かれた。なお行政評価制度の目的としては（質問12-2），職員の意識改革のためとの回答が26.8%，住民への説明責任を果たすためとの回答が21.5%であった。このことから，行政評価制度は，組織内，組織外の双方向に向いていることが確認される。

部局の課題解決能力，不正をすることの難しさ，そして行政評価の導入，といった組織全体のパフォーマンスに関わる質問に肯定的な答えが出された場合，信頼の認識は向上する傾向が見られた。

ただし，ここで注意が必要なのは，信頼の認識はあくまで質問に答えている職員個人であり，自治体や所属部局への信頼ではない，ということである。しかし組織的パフォーマンスが個人への信頼と正の関係にあるということがある程度まで示唆されたことは意味があろう。すなわち3層モデルでいうところの4や5が3につながっている可能性があるといえるので

表4　信頼の認識と組織パフォーマンスの関係

		貴方の所属する部局は現場の問題や不作為をすみやかに改善できると思いますか	役所の仕事は法令に従って行われているため，職員が不正をすることは難しいと思いますか	行政評価制度を導入していますか
貴方は住民から信頼されていると思いますか	Pearson Correlation	.119 (**)	.078 (*)	.119 (**)
	Sig. (2-tailed)	.002	.046	.002
	N	651	655	655

** 5％水準で有意。** 1％水準で有意。

表5 信頼の認識と参加協働意識の関係

		今後，政策形成のプロセスへの住民参加を増やすべきであると思いますか	今後，住民との良好な関係ないしパートナーシップを築き，それを維持することが重要になってくると思いますか	自治体は市民活動のパートナーとして対等で協力的な関係であると思う
貴方は住民から信頼されていると思いますか	Pearson Correlation	.136 (**)	.098 (*)	.093 (*)
	Sig. (2-tailed)	.001	.012	.026
	N	653	654	579

* 5％水準で有意。** 1％水準で有意。

ある[5]。

　最後に，ここでは，自治体と住民とのかかわりが信頼性とどのように関係するのかを参加やパートナーシップといった観点から検討した結果を見る。「政策形成のプロセスへの住民参加を増やすべきである」「今後，住民との良好なパートナーシップを築き，それを維持することが重要性になってくる」といった将来展望的な認識，および「自治体は市民活動のパートナーとして対等で協力的な関係である」という現状認識において，肯定的な回答をした職員は信頼の認識が高い傾向にある。

5．むすび：地方公務員の信頼性は向上するか？

　前例が乏しかったこともあり，今回の調査には質問の設定などにおいていくつか問題点があった。まず，信頼を精密に議論するためには，「個々の住民への信頼」「当該自治体の住民全体への信頼」「地域住民一般への信頼」といったものと，「あなた（職員個人）への住民の信頼」「所属部局への信頼」「当該自治体への信頼」「地方政府システムへの信頼」などについての指標や設問があることが望ましいが，まず「あなたは住民を信頼していますか」といった前者のグループの質問についてはあきらめ，住民参加への展望などの間接的な設問をいくつか置いたのみであった。また，後者のグループについても，混乱を避けるために直接的な問いは個人レベルでの質問にとどめた。したがって，組織のバイアスを介在させた形でしか推論できない結果が見られたことは既に述べたとおりである。また，この種の調

査では避けられないことではあるが，アンケートに協力して回答するという時点で，ある程度まで意識の高い職員が選抜されてしまい，母集団である地方公務員全体の意識を完全に反映していない可能性は否定しがたい。また，質問の性質上ある種の「建前」が邪魔をして，職員の意識が回答にダイレクトに反映されていないことも考えられる。したがって，全体として，やや優等生的な回答結果となった印象は拭えない。

ただ，職員が個々の能力の向上をはかること，即応性があり不正に強い組織になること，住民との対等な関係を前提に参加を推進すること，などといったデータが示す信頼性向上のための方向性は，新奇さはないものの，一定の説得性を持っていることもまたたしかである。

筆者がよく知るある自治体職員の話である。彼はそれまで財務などの内部管理の仕事を主にやっていたがある日異動で公共トイレの整備担当になる。彼の述懐によれば「良かれと思って造った施設に寄せられる苦情，あるいは乱雑に使われたり壊されたりする現実，そして何よりも周辺に住む人たちから迷惑施設のような扱いを受けるという悲しみ」（リム他2009, p. 116）に悩まされることになる。彼の悩みを解くきっかけは「デザインゲーム」というまちづくりや施設整備における地域住民の参加を触発させる手法を学んだことであった。そしてその実行に不可欠な職員やボランティアのデザイナー，学生などの協力が得られた。さらに，最初は「いっしょにトイレをつくりましょう」と迫る彼を「宇宙人」と呼んで困惑を隠さなかった自治連合会会長が協力して，長期間にわたる設計案作成が開始された。この小さなプロジェクトは成功裡に終わるが，その理由として彼はこのように述べている。「市役所の担当者にとって一番大きかったのは，地域の人たちの底力を知ったことである。失礼を承知で言わせてもらうと，施設づくりなどには素人の，また苦情で行政をやらせるという発想しかない地域住民，という担当者が持っていた固定観念は，完全に覆ったと同時に，市民から信頼される行政云々の理屈をこねる前に，もっと市民を信頼する行政にならなければならないことを猛省させられた」（リム他前掲 p. 162）。

一つの事例ではあるが，今回の結果と重なる部分が少なくないことがわかる。この例にとどまらず，個々の自治体職員の間でこのような意識を持って仕事をしている例は数多くある（稲継2009）。ただ，問題はそれを組織

レベルにまで発展させるか，ということであろう。さきほどの例でも，トイレの成功例はその自治体において多くの波及効果を生み，まちづくり全般について相当広く適用されている。しかし一方で，ごみ処理施設などの大規模・迷惑施設にまで応用することには釘をさされた，とのことであった。そのこと自体の当否はさておき，住民を信頼することから始める地方公務員たちの活動が散発的なエピソードで終わらないことが重要であり，またそのための組織的な課題は少なくないと思われる。

(1) Geert Bouckaert 教授と Christopher Pollitt 教授に対する面接調査。2009年9月24日ベルギー王国・ルーヴェンカトリック大学（Katholieke Universiteit Leuven）Public Management Institute にて。
(2) ベルギーにおける州政府の支援協力で面接調査と2週間ごとの郵便調査を始めた。しかし，州政府はこのプロジェクトを長期に継続することを望まなかった。現在では中央政府レベルに焦点をあてた Trust in Public Sector 調査が続けられている。
(3) なお，一般市民はときに優れた評価者となるが常にそうとは限らない。いい質問やいいトピックを選ばなければならない。たとえば福祉サービス提供における間接経費は何パーセントであるか，一般市民に聞けば，多くの場合は平均40％くらいの答えが返ってくるが実際は一桁である。したがって一般大衆は無知でありしたがって無視すべきであると言えるか。そうではなく，道路はきれいに清掃されているか，病院ではいい治療が行われているか，といった印象評価ではすぐれた判断が出てくる。
(4) 本調査の実施に際しては全国市町村国際文化研修所（JIAM）と行政管理研究センターのご協力をいただいた。菊地端夫（明治大学）武藤桂一（行政管理研究センター）の両氏には研究会にたびたび参加していただき，理論的な検討に加わっていただいた。記して感謝申し上げる。
(5) なお，行政評価を導入していると回答した職員に，住民の反応を尋ねたところ，（質問12-3），良いとの回答が8.5％にとどまり，無関心（43.2％），良くない（25.9％）と否定的なものが多数であった。行政評価制度は多様な展開を見せており，より精密な質問をすべきだったのかもしれないが，行政評価に対する住民の反応についての職員の認識は厳しいものがあり，評価の導入が信頼向上にストレートにつながるという解釈はこれを見ても難しそうである。

参考文献
総務省大臣官房企画課 2005-2009『行政の信頼性確保，向上方策に関する調

査研究報告書』平成17年度－21年度版。

秋月謙吾・尹誠國・城戸英樹・李敏揆 2007「地方公務員における「信頼」：「市町村における信頼性の調査」平成19年度版　pp. 137－156。

城戸英樹・李敏揆 2008「地方公務員の認識にみる住民からの信頼」平成20年度版 pp. 253－262。

稲継裕昭 2009『自治体の人材育成』学陽書房。

リムボン＋まちづくり研究会編 2009『まちづくりコーディネーター』学芸出版会。

Bouckaert, Geert, John Halligan, 2009, Formulating performance system: the role of performance and trust, Paper for the European Group of Public Administration Conference.

Bouckaert, G., StevenVan de Walle, 2003, Quality of public service delivery and trust in government, in Ari Salminen ed., *Governing Network*, IOP Press.

Pharr, S., 2000, "Official's misconduct and public distrust", in Pharr and R. D. Putnam eds., *Disaffected Democracies: What's Toubling the Trilateral Countries*, Princeton University Press.

Pollitt, Chiristopher, 2009, Evidence-based trust: contradiction in terms? Paper for Herbert Simon Institute Workshop "Trust and Confidence," Manchester Business School.

Putnam, R. D., 1993, *Making Democracy Work*, Princeton University Press.

Van de Walle, S., S. Van Roosebroek and G.Bouckaert, 2005, Trust in the Public Sector: Report for the OECD meeting of the Public Governance Committee at ministerial level.

Van de Walle, S., S. Van Roosebroek and G. Bouckaert, 2008, Trust in the public sector: Is there any evidence for a long term decline? *International Review of Administrative Science*, 74(1).

政府間関係, ガバナンス改革と市民の自治体への信頼

菊地端夫 *

はじめに

　本稿は, 政府や行政に対する市民の信頼のうち, もう一つの「政府」である自治体に対する市民の信頼について検討を行う。近年は, 官製談合や長期欠勤職員への給与支給, さらには「ヤミ手当て」の支給や飲酒運転など, 自治体職員による汚職や不祥事が新聞紙上を賑わせることが多くなった。こうした不祥事は, 分権改革を進める"受け皿"である自治体の資質に疑問を投げかける状況を生み出し, さらなる地方分権への足かせとなる気配をみせている。市民がどれほど自治体を信頼するかは, 今後の分権改革と自治体のあり方に重要な影響を与える。その意味で自治体への信頼は, きわめて重要な意味をもつ。

　ただ, 信頼とは多義的な概念で, 多くの要因によって変化する考え方である。汚職や不祥事以外にも, 市民の政治文化や政治・行政に対する意識の変化により市民の信頼は大きく左右される[1]。また, 信頼される側の自治体においても, 中央政府との政府間関係や分権改革などの制度変化によって信頼は変化する。もとより, マスコミ報道による影響なども見逃すことのできない要件である。アメリカ合衆国産み親の一人であるハミルトンは, 政府への信頼はよき行政によって得られると述べているが, 実際には, 行政と信頼の関係は想像以上に複雑である (Thompson 1993, Rainey 1996)。

　本稿はこれら要因のうち, 自治体をめぐる構造変化が市民の信頼に対してどのような影響を与えるのかについて検討を行う。わが国の自治体への信頼は他国に比べ高いことが仮説として指摘される。とはいえ, その詳細

---

*　明治大学経営学部公共経営学科教員　行政学

については一般的には新聞などで報道されるもの以外，包括的な調査は限られている。自治体への信頼の度合い，その変化，そして中央政府への信頼との関係については，いまなお不明な点が多い。こういった研究上の障害を前提としつつ，ここでは研究が充実しているアメリカやヨーロッパの調査事例を参照しながら，政府間関係，ガバナンス改革の視点から検討を行い，わが国の市民の自治体に対する認識や信頼に影響を与える要因の抽出を試みる。特に，2000年の地方分権や近年のさらなる分権改革，市町村合併といった構造変化には格段の関心をはらう。これらの検討により，わが国の自治体への信頼が構造的にどのように制約され，今後の変化によってどのように変わる可能性があるのか，そして自治体のガバナンス改革が市民の認識にどのような影響を及ぼすのかを明らかにしていきたい。なお，「ガバナンス」の概念は多岐にわたるが，本稿中では，行政内部の改革に焦点をあてるNPMと区別された，より社会や市民との関係を意識した改革の意味として用いる（村松・稲継 2003）[2]。

1. 政府への信頼の構造と自治体

わが国では，公務員の汚職や不祥事など，行政や自治体への信頼が大きく問われることが多くなった。特に自治体職員による不祥事や汚職が新聞等で大きく報道されていることもあり，自治体への不信が高まっているとされる。このような状況に対し総務省は，2006年11月に各自治体に対して「地方行政及び地方公務員に対する信頼の回復について」という事務次官通知を発出し，「最近，地方公共団体において，資金の不適正な取扱い，工事発注を巡る不祥事，休暇の不適切な取得，飲酒運転による交通事故など不祥事件が相次いでいる」として，綱紀粛正と不祥事を引き起こす土壌の見直しにより，地方行政および地方公務員に対する信頼回復の努力を促した。

わが国において「行政への信頼」が本格的に取り上げられたのは，1980年代の第二次臨時行政調査会時代である。その後，1990年代後半の高級官僚の汚職事件により，公務員倫理法の制定にいたっている。またこの汚職事件は，その後の中央省庁再編を中心とした行政改革のきっかけの一つとなった。中央省庁再編のきっかけを作った行政改革会議の第1回会合の翌日である1996年11月29日の橋本龍太郎内閣総理大臣の衆議院本会議所信表明演説では，「最近，行政に対する信頼を失墜させる事態が続いたことは慨

愧に耐えません」とし，「本日申し上げました五つの改革は（中略）行政や公務員に対する信頼なくしては実行できません。厳しく反省し，国民の信頼を取り戻すための最大の努力をするよう重ねて求めます」と述べている。さらにごく近年では，国民年金啓発用ポスターに起用された女優が年金未納であったことを発端とした一連の不祥事の結果，社会保険庁が組織としては解体されることが決定するなど，信頼を失った制度や組織は，存亡の危機に立たされる状況になりつつある（西尾 2003）。

　ただ，政府や行政と信頼をめぐる研究の多くは，その対象が中央政府に限定されているため，自治体レベルにおける信頼の構造については不明な点が多い。一般的には，市民により身近な存在である自治体のほうが，市民の信頼は中央政府よりも相対的に高いとも思える。ただし，信頼が高いのは当該地域コミュニティの"Social Capital"の豊富さが反映されているだけかもしれないし，Social Capital 論ではそもそも個人間の信頼がどのようにして制度への信頼に結びつくかが，明らかになっていない（Baron, Field and Schuller 2000）。仮に自治体への信頼が市民間の信頼の反映である場合には，自治体は市民相互の信頼という財にただ乗りしているだけのことになる。また，福祉国家化の進展はサービス供給者としての自治体の責任と権限を拡大させる傾向にあるが，市民と直接接するストリートレベルの職員に対する認識や印象によっても，信頼は大きく変化する。

　さらには，市民の自治体への信頼は不祥事や汚職といった一過性の事件以外にも，様々な要因によって構成されうる。単一主権国家や連邦制国家など，自治体は中央政府との関係が制度的に制約されているため，わが国の市民の自治体に対する認識や信頼を検討する際には，政府間関係の視点から自治体への信頼をめぐる構造的要因の検討が必要である。次節以降では，地方分権の進展による政府間関係の変化と，自治体におけるガバナンス改革が市民の信頼に与える影響について，アメリカとイギリスの事例を基に検討してみたい。

2．自治体への信頼と政府間関係，ガバナンス改革

　パットナムのイタリアでの地方分権改革を対象とした研究は，制度改革と信頼の関係について新たな知見を提供するものであった（Putnam 1994）。この研究に刺激され，欧米を中心に自治体への信頼に関する研究が盛んに

なってきている。わが国の自治体への信頼については，他国に比べ高いことが仮説として指摘されている（中邨 2001）。「政府」を構成する中央政府と自治体の信頼の相関関係については，理論的には自治体にとって正負のインパクトがありうる（秋月 2006）。政府への信頼は中央・地方に共通したものであり，たとえば国の不祥事が地方への不信へとつながる可能性があるし，逆に国に対する不信感が地方への期待へとつながる可能性もある。また地方分権への過大な期待と過大な負荷が，地方への信頼感喪失へとつながっていくことも考えられる。

こういった仮説が指摘できるものの，これらについて実証できるデータは少ない。読売新聞社とアメリカのギャラップ社が共同で実施している「日米合同調査」では，両国の公共組織に対する信頼について2000年から選択肢に地方自治体が加えられている。これによると，日本では国会や中央省庁への信頼よりも自治体へのそれの方が高く，国会，中央省庁のほぼ2倍となっているが，その理由については明らかではない（図1）[3]。

また小林（2006）は，JES Ⅲ調査（Japanese Election Studies Ⅲ）のデータのうち2005年衆議院議員総選挙前後の調査を用いて，公共機関・行政に対する信頼の検討を行っている。小林の分析によれば，都道府県レベルと市区町村レベルの行政に対する市民の信頼は中央官庁より若干高いレベルであるが，その差は有意ではない。さらに市民の認知レベルでは，地方議会と地方行政が峻別されていないと指摘している。これらの研究や調査が限定的に行われているものの，総じて調査期間が短く直前の事象の影響を受けている可能性や，その要因，特に自治体側に内在的な要因について分析が出来ないなどの制約がある。

そのため本稿では，研究が充実している欧米の調査事例を参照することにより，わが国の自治体への信頼にどのような構造的制約が

図1　日本の自治体に対する信頼
（読売・ギャラップ調査）

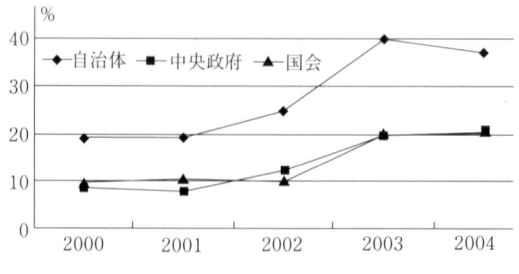

（出典）田中・岡田（2006：49）より作成。データ出所は読売新聞各年

あり，分権改革の進展や自治体におけるガバナンス改革が市民の信頼へ与える影響と変化を検討したい。比較参照の対象とするのは，アメリカの連邦政府，州，自治体への市民の信頼状況と，イギリスにおける自治体への信頼である。また信頼の中身についても，自治体活動の業績に対する信頼（英語圏ではしばしば confidence という言葉があてられる場合が多い）と，政府活動の透明性や開放性（参加の許容度）に対する評価によって構成される信頼をなるべく区別しながら検討していく[4]。中央政府と自治体の政府間関係において，アメリカは連邦制国家を採用している[5]。アメリカの事例は，単一主権国家であるわが国の自治体への市民の信頼が，政府体系構造上どのように制約され，また集権・融合型から分権・分離型の政府間関係に移行しようとした場合，どのように変化するかを検討するには適切な事例であろう。イギリスはわが国と同様に単一主権国家を採用し，ブレア政権下で自治体と市民や非営利団体との関係を見直す改革が進められ，わが国の「協働」を目指す改革の模範としてしばしば指摘されている。これらの改革が市民の自治体に対する認識にどのような影響を与えるか，わが国の自治体のガバナンス改革の行方について何らかの示唆が得られるはずである。

(1) 連邦政府，州・自治体への信頼

アメリカの連邦政府，州・自治体への信頼についてまとめた調査（Pew Research Center 1998）によると，1970年代から90年代にかけて連邦政府への信頼が低下したのに対し，州政府や自治体に対する市民の信頼は高まってきているとする（表1）。1972年時点で連邦政府を信頼すると答えた割合は70％で，州政府（63％）や自治体（63％）を上回っていたが，1997年の調査では信頼の度合いが逆転し，州政府に対する信頼（81％），自治体に対す

表1　アメリカの各層政府に対する信頼

	連邦政府		州政府		自治体	
	信頼	不信頼	信頼	不信頼	信頼	不信頼
1972年	70％	29％	63％	33％	63％	33％
1974年	51％	44％	75％	20％	71％	24％
1976年	49％	49％	72％	26％	65％	32％
1997年	60％	40％	81％	18％	78％	21％

(出典) Pew Research Center (1998) を基に作成。
(注)「信頼」は「(各) 政府は諸問題にどれほど取り組んでいるか」という問いに対し，「とても」，「まあまあ (fair amount)」と答えた割合を合計した値。「不信頼」は「そうでもない (not very much)」，「まったく」と答えた割合を合計した値。1972〜1976年のデータはギャラップ (Gallup) による。

る信頼(78%)を下回るようになった。なお,この調査では「(各)政府は諸問題にどれほど取り組んでいるか」という質問に対する回答であるため,ここで計測される信頼とは,政府の解決能力に対する信頼であるといえる。

自治体に対する信頼が連邦政府を上回る傾向は,政府間関係諮問委員会(ACIR：Advisory Commission on Intergovernmental Relations)による自治体への信頼度調査と,その後の追跡調査にも明らかである。1980年代後半,1990年代,2000年代ともに自治体,州政府への信頼が連邦政府への信頼を上回っている(図2)。

2002年の調査では,前年の9.11テロの影響によって連邦政府への信頼度が高まっているが,それでも1970年代の水準にまでは戻っていない。2006年には各層政府とも前回調査より信頼が低下しているが,これはハリケーン・カトリーナの影響によるものと推測されている。特に連邦政府への信頼低下が一番激しいが,これはハリケーン・カトリーナに対して連邦政府内に新しく設置された国土安全保障省(Department of Homeland Security)の対応が遅れたためとされる。また連邦政府や自治体に比べ州政府に対する信頼が低いが,その理由として市民は州政府が過去数十年間に行ってきた様々な改革や知事の三選禁止運動といった変化を理解していないか,もしくは支持していない可能性があるとされる(Cole and Kincaid 2006)。アメリカでは,州知事は大統領へのステップアップのための政治ポストとして位置づけられてきた。州政府への信頼が低いのは,党派性や政治イデオロギー,さらに連邦政府による介入の影響も考えられる。

図2 連邦政府,州,自治体に対する信頼
(ACIR,追跡調査)

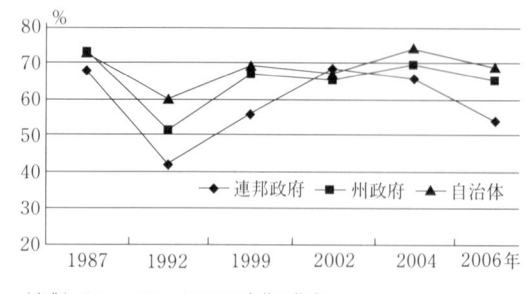

(出典) Cole and Kincaid (2006)を基に作成。
(注) 各層政府に対する信頼を聞いた質問のうち,「great deal」,「fair amount」と答えた割合を合計した値。

政府間関係諮問委員会の調査では,直接自治体への信頼を聞いているほかに,各層政府の税金の使途に対する評価を聞き,納税者の立場からの政府への支持を調べている(図3)。これによると,連邦政

図3 連邦政府，州，自治体に対する支持（ACIR，追跡調査）

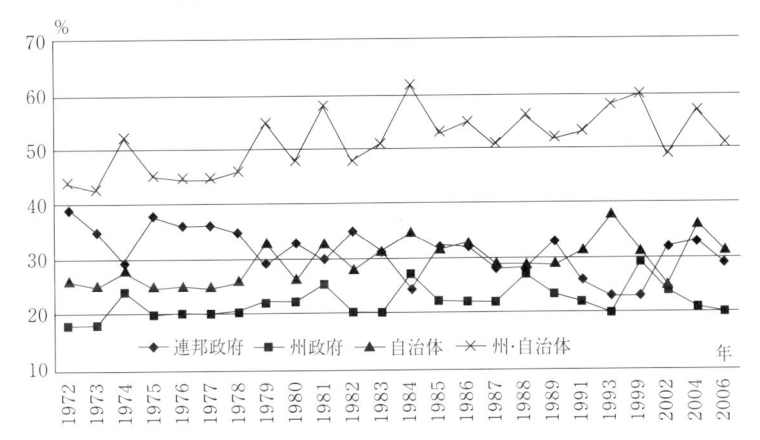

(出典) Cole and Kincaid (2006)を基に作成。
(注) 「which level of government gives you the most of your money」の質問に対し，それぞれの政府層を答えた割合。

府に対する支持が1970年代から緩やかに低下してきているのに対し，州と自治体に対する支持が上昇してきている。1972年の調査では，州・自治体双方に対する支持の合計が44％であったのに対し連邦政府に対する支持が39％と，ほぼ拮抗していた。近年では，連邦政府に対する支持が30％を切っているが，州・自治体双方に対する支持の合計は50％を上回っている[6]。調査の質問が収めた税金の"Value for Money"について聞いていることから，ここで計測されているのは，政府の業績，もしくは効率的・有効的な活動に対する信頼であるといえる。

連邦政府に対する支持は変動を繰り返しつつ徐々に低下しているが，いくつか，政治・社会上の出来事が影響していると思われる時期がある。1972年から74年の間の低下は，いわゆるウォーターゲート事件の時期と一致し，1982年から84年の間はレーガン政権期であり，「政府は問題の解決ではなく，政府自体が問題なのだ (Government is not the solution to the problem, government is the problem)」と，連邦政府官僚へのネガティブキャンペーンが行われた時期に合致する。2002年から2004年の間の上昇は，9.11テロの影響によると推測できる。

この二つの調査からは，アメリカにおける市民の自治体への信頼につい

て，いくつかの特徴が明らかである。第一に，連邦政府に対する信頼が過去数十年の間低下しているのに対して，州政府・自治体に対する信頼が上昇してきていることである。アメリカ国民は，建国の経緯もあり，連邦政府や州政府よりも自治体を信用する傾向があるとされる (Thompson 1993)。ただし，他の調査では1960年代まで連邦政府に対する信頼が上回っているデータもあり，連邦政府に不信を抱くアメリカ独自の政治文化が常に反映されているとは限らない。Jennings (1998) は，州や自治体への信頼が高まっているのは連邦政府への信頼が失われた裏面の現象であり，市民の自治体に対する認識が良くなっているわけではないとし，連邦政府は州や自治体よりメディアの影響を受けやすく，報道によっては信頼が急激に高まる可能性もあるとしている。さらに，連邦政府への信頼は政策のパフォーマンスに対する満足度を反映しているのに対し，州・自治体への信頼は代表機能 (representational function) の度合いを反映しているとする。州・自治体への信頼は，市民との近さから生じる市民の親しみやすさ，イメージのしやすさに根ざしているのである。自治体への信頼は原理的なものであるため強固であるのに対し，連邦政府への信頼は業績に対する評価をもとにしているため，不安定になりやすいということであろう。ただし，Pew Research Center 調査(1998)と政府間関係諮問委員会の両調査とも，自治体の業績に対する評価が高まっており，自治体ではもともと市民との近接性を基に連邦政府よりも信頼が高く，さらに近年はパフォーマンスに対する評価も高まっているとの解釈が可能である。

　また，州・自治体が連邦政府よりも身近な存在であるということ以外にも，政府の公選職の多さや住民投票といった民主的統制制度の存在の影響も大きい。アメリカの自治体では，首長のみならず，議会（カウンシル制の場合には首長も含む)，検事，教育委員会，保安官など選挙によって選ばれるポストが「長い投票用紙 (long ballot)」と呼ばれるように数多い。行政部内の部局長ポストも議員に割り当てられるなど，選挙を通じた行政の民主的統制手段が多い。さらにカリフォルニア州の「提案13号 (Proposition 13)」による「納税者反乱」に象徴されるように，税制に関する住民投票の存在は，州・自治体に対する市民のコントロールのしやすさ (controllability) をつくりあげている。このコントロール感の高さは，市民の政治的有効感覚と市民と行政の一体性を高め，「関係的信頼」に貢献しているも

のと思われる。

第二に，連邦政府，州，自治体それぞれの役割分担と信頼の関係である。中邨 (2003) は，アメリカの自治体の仕事は都市開発や産業誘致など経済的活動がもっぱらである一方，福祉や環境保全など社会的活動は連邦政府が担っていると指摘している (表2)。

テリー・ニコラス・クラークと小林 (2001：261-263) の研究でも，アメリカの自治体は日本よりも経済動向を体系的に把握している割合が圧倒的に高く，自治体の関心は地域の経済開発が中心である。同様に，連邦政府の役割に対する期待に関する Pew Research Center (1998) の調査では，食料，被服，避難所 (shelter) を持たない貧困層に対し連邦政府の関与が必要と答えた割合は72%にのぼり，自然環境の保護に関与が必要と答えた割合も52%であった。この割合は1960年代の調査と比べてもほとんど変化がない。市民の多くは，連邦政府が社会の課題に対応する必要性を認めているのである。先の政府間関係諮問委員会の調査では，各層政府に対する人種別の信頼状況を分析しているが，調査機関全体を通じて，アフリカ系市民は連邦政府を，アングロ・サクソン系市民は自治体を信頼する傾向が明らかになっている。アファーマティブアクションなどの社会的課題解決のための政策が，連邦政府によって行われていることを反映しているものと思われる。

ただし，上記の機能分担の議論は，第二次世界大戦後の連邦政府，州，自治体の政府間関係の歴史的展開を考慮に入れる必要があるだろう (Wright 1988; 村松 1988)。Wright (1988) によれば，アメリカの連邦政府，州，自治体の役割分担は，1930年代までの各々の事務を各自が担う分離モデル，1930年代以降，各々の役割分担を維持しつつも各政府レベル間の協力が活発に行われる下位包含モデル，そして連邦政府の個別補助金を通じて連邦政府の関与が盛んになる相互依存モデルに分かれるとする。この歴史的展開に沿って，連邦制の姿もレイヤーケーキ，マーブルケーキ，そして1960・70年代の「住民参加」によるコミュニティ開発の盛隆にともない，ピケットフ

表2　中央政府，自治体の役割分担に関する日米比較

	中央政府		自治体	
	日本	アメリカ	日本	アメリカ
経済開発			○	○
社会問題	○	○	○	

(出典) 中邨 (2003：236)

ェンス型と変化してきた（西尾 1975；小池 1990）。今日では，各政策は連邦政府，州，自治体の「三位一体」の取り組みによって行われているのが現実の姿であろう。アメリカでは，わが国の旧自治省に該当する政府間関係を所管する省庁を長い間持たなかったが，1959年に連邦政府内に政府間関係諮問委員会（ACIR：Advisory Commission on Intergovernmental Relations）が設置されたという経緯も，それだけ政府間関係が複雑化したことの証左であり，上記の歴史分類に整合的である。そのため各層政府の役割分担と信頼の関係は，実際にはかなり複雑である。

とはいえ，Pew Research Center 調査の連邦政府に対する期待に明らかなように，市民が持つ連邦政府，州，自治体に対する役割認識は，ある意味で素朴な連邦制の姿（レイヤーケーキ）のままであり，州，自治体に対する不信を連邦政府が吸収しているといえるかもしれない[7]。アメリカの場合，現実の姿は別にしても，連邦政府に対する信頼の低下は，社会の課題に対する能力や業績に対する低い評価が反映されていると思われる。市民の日常から遠い連邦政府の活動はもともと信頼が低いうえ，業績に対する評価が下がって信頼が低下しているということであろう。対して州・自治体への信頼については，もともと市民のコントロール感の高さに根ざしているうえ，業績に対する評価とともに全体の信頼が向上してきているのである。

(2) イギリスの自治体ガバナンス改革

行政改革やガバナンス改革の多くは，納税者の負託に応えるためサービス供給の効率性や有効性を高めたり，市民により積極的に活動に関与してもらうことにより自治体に対する認識を高め，最終的に信頼を向上させることを目的としている。たとえばカラ超勤手当ての支給や職員厚遇問題により市民の厳しい批判にさらされた大阪市では，市会の「市政の信頼回復に関する決議」（2005年3月29日）を受け市政改革本部を設置し改革に乗り出したところであるし，「市政の信頼確保」や「住民の信頼回復」を行政運営の基本姿勢として掲げる自治体は数多い。

イギリスは，1980年代から90年代にかけてニュージーランドと並びNPM型行政改革の「先進国」であった。国有企業の民営化にはじまり，エージェンシー化による組織の分離による業績の向上と競争環境の確保，公

務員への業績給の導入,政策評価制度など様々な取組みが実践された。しかし,改革の結果,イギリスでは政府に対する信頼が低下したとされる(Pollitt and Bouckaert 2004)[8]。近年のイギリスの改革では,こういったNPMの「逆機能」の反省を活かし,市民の信頼向上を目的とした改革が行われるようになった。このうち,自治体に対する市民の信頼回復を目的の一つとした改革が,自治体現代化アジェンダ（LGMA：Local Government Modernization Agenda）である。自治体現代化アジェンダは,1998年,2001年と順次着手された自治体のガバナンス改革の総称であり,かつての行政内部の改革にとどまらず,より社会や市民との関係を意識した取組みである。この自治体現代化アジェンダの特徴は,改革の直接的な成果のみならず,改革の中長期的な成果（アウトカム）を把握しようとしている点である。そこでは,現代化の取組みによりサービスの向上（service improvement）,アカウンタビリティの向上（accountability）,コミュニティ内のリーダーシップの向上（community leadership）,市民など利害関係者の参加（stakeholder engagement）,そしてこれらの取組みによる市民の自治体への信頼の向上（public confidence）を行政機関と大学（カーディフ大学）が評価パートナーシップを策定し,長期的に測定を行うこととされている。このうち市民の自治体への信頼に関して2005年に改革の成果を検証するための初の調査が行われている。

　自治体現代化アジェンダの取組みのうち検証の対象となった施策は,自治体の議員と職員の行動規範を定めた新倫理規定（New Ethical Framework）の策定である。これは各自治体で議員と職員の行動規範を定め,市民からの苦情や申し立てを審査する第三者機関を設置して汚職や不祥事を防止しようというものであり,サービスへの満足度,誠実性,政治的有効性感覚によって構成される市民の自治体への信頼のうち,特に自治体職員と議員の誠実性に対する評価を高め,自治体への信頼を向上させることを目的としている（Office of the Deputy Prime Minister 2005）。2005年時点での取組み成果に対する評価によれば,新倫理規定の策定によって自治体への信頼が向上したかどうかを判断するのは難しいが,少なくとも市民の自治体に対する認知を変更する可能性があるという。

　判断が難しい理由としては,新倫理規定の策定自体が市民にほとんど知られていないため自治体に対する認識を変更するような影響はまだ見られ

ず,さらに新倫理規定の策定が実際に職員や議員の活動に影響を与えているかどうかが,不明であるという。しかし少なくとも,この規定の存在が市民に知られるようになると,自治体職員や議員が自身の行動を規律することにより透明性と誠実性に対する評価が高まり,市民の選挙や政策決定過程への参加意欲が高まり,「誠実性に対する評価⇒信頼が高まる⇒参加への意欲が増す⇒さらに信頼が高まる」という好循環を生み出す契機となりうるとする。

また,市民側ではなく,自治体職員の側がこの取組みにより市民の信頼向上を強く意識するようになったという効果が見られるという。自治体職員への質問では,「市民の信頼向上は当該自治体にとっての優先事項である」という問いに対し「そう思う」と答えた割合が91.1%であり,さらに「市民の信頼向上は3年前よりもより高い優先事項となっている」という問いに対しては,77.9%が「そう思う」と答えている (Office of the Deputy Prime Minister 2005: 35-43)。

政府によるこの自己評価は楽観的すぎるきらいがあり,取組みの成果が現れるまでにはまだ時間が必要と思われる。della Porta (2000) によるイタリアの事例分析によれば,汚職防止や綱紀粛正の取組みの当初は,摘発の強化により不祥事の認知件数が増え,一時的に信頼が低下するという。自治体に対する信頼の低下が自治体現代化アジェンダの取組みの効果となることもありえるため,今後時間を置いた分析が必要である。しかし,自治体現代化アジェンダによる自治体のガバナンス改革と市民の信頼の関係,そして取組みの方向性と姿勢については,わが国の自治体ガバナンス改革の行方を占う上で,一定の示唆を含んでいる。自治体の信頼向上のための取組みが市民の参加を促し,また市民参加が信頼を向上させるという自治体現代化アジェンダの考えは,実際に議員や行政職員の接触経験と政治家や政治・行政制度への信頼には,弱いながらも一定の相関関係があることに裏付けられている。Van de Walle, Baker and Skelcher (2006) によるヨーロッパ社会調査 (European Social Survey:対象22カ国) を用いた分析によれば,過去1年間の政治家,政府職員,自治体職員との接触割合と政治家への信頼の関係には一定の相関がみられるという。

また,自治体の職員や議員に対し市民の信頼が自己の活動にとって重要な要素であると認識させることは,市民の信頼向上には,信頼される側か

らの問いかけが必要であるということも示唆している（Yang 2005）。自治体現代化アジェンダによる自治体ガバナンス改革への取組みは，単に議員や公務員の清廉性を高めたり汚職を防止するにとどまらず，それにより自治体に携わる者との接触機会を増やし，自治体の活動に対する市民の認知と理解を向上させようという意図にもとづいている[9]。

3. 分権改革，自治体ガバナンス改革と信頼：わが国への示唆

ここまで，アメリカとイギリスの状況を題材に市民の自治体への信頼の構造的要因と自治体のガバナンス改革がもたらす影響を検討してきた。両国の事例は，わが国の自治体の市民の信頼状況と今後の変化の行方について，どのような示唆を持っているのだろうか。地方分権の推進や市町村合併，さらには三位一体改革といった自治体をめぐる構造変化についてはアメリカの事例，自治体のガバナンス改革がもたらす影響はイギリスの事例を参照すると，わが国の自治体に対する市民の信頼について，次のような影響を予測することが可能である（表3）。

表3　制度改革，ガバナンス改革と市民の信頼

	制度改革（分権・合併・三位一体改革）	自治体内のガバナンス改革
参照対象	アメリカ（連邦制国家）の自治体への信頼と役割 ・連邦政府より州・自治体を信頼 ・市民のコントロール感（公選職・住民投票） ・連邦政府：市民に期待される社会的課題の解決能力に対する低評価。マスコミの影響 ・自治体は経済開発志向	イギリス自治体のガバナンス改革 ・80年代のNPM型改革により市民の信頼が低下しガバナンス改革にシフト ・行動規範の策定により自治体議員，職員の誠実性を高め，信頼の向上を企図 ・取り組み自体の認知が低いため信頼向上にはいたっていない
わが国の自治体の信頼への示唆	・自治体は社会的課題解決への期待に広範な役割と規模によって対応 ・融合的な政府間関係により国への信頼の側面も ・分権・分離型への移行により自治体への信頼が高まる可能性 ・市町村合併は市民のコントロール感を弱め ・三位一体改革は自治体間に信頼の格差	・自治体は総合行政体制を維持 ・NPM型改革による組織や主体の多様化は自治体の存在感，役割，責任関係をあいまいに ・市民協働，パートナーシップの促進は市民の信頼向上を目指す一方，同時並行のNPM型改革は信頼回復の努力を打ち消す方向に働く可能性

（出典）筆者作成

(1) 制度改革が与える影響

　わが国の自治体への信頼度合いが他国に比べ高いと言われる根拠のひとつが，自治体の担う役割の大きさである。自治体の役割の重要性を測る指標として，政府全体の財政規模に対する地方財政支出の割合が一般的に用いられるが，わが国の自治体の財政は，社会保障基金を除く一般政府支出の80％を占めるなど，カナダやドイツといった連邦制の国に匹敵する重要な地位を占めている。そのためわが国の自治体は，市民の日常生活の中で，政府や行政としては最も目につきやすい存在となっている。人事院が行った調査によると，「公務員」と聞いて思い浮かべる対象をモニターに聞いたところ，「国家公務員」と回答したものが14％であるのに対し，「地方公務員」と回答したものが約36％となっており，一般的に行政や公務員は，中央政府や中央政府官僚ではなく，自治体や地方公務員をイメージしていることが分かる（人事院 2005）。

　アメリカでは社会的課題は州や自治体ではなく連邦政府に委ねられ，その活動に対する評価が低く信頼が低下しているのに対し，わが国では社会的課題の解決について中央政府よりも自治体の役割に対する期待が高く，財政規模からも市民の期待に応える能力を有しているといえる。ただし，福祉国家化の進展の中で国の業務が自治体によって融合的に行われてきた側面もあるため，自治体への信頼は，国が行う福祉政策への信頼が反映されている面も否定できない（西尾 2001）。その意味では，地方分権により政府間関係が集権・融合型から分権・分離型に移行し，福祉政策の責任主体としての自治体のイメージが中央政府から切り離され確立されることにより，自治体の役割に対する期待と信頼は一層高まるという予想も可能であろう。またアメリカのように中央政府に対する信頼低下や幻滅が市民の目を自治体に向かわせ，その結果，補完的に信頼が向上することもありうる。

　地方分権改革以外に，今日では財政的な自治権を拡充するという名目で三位一体改革が行われ，その「受け皿整備」として市町村合併や地方行政改革が進められているが，これらは逆に自治体への信頼を低下させる要因ともなりうる。アメリカの事例では，自治体が信頼される理由として市民のコントロール感が重要であった。市町村合併により首長や議員数が削減されると，「住民自治」の理念や民主的統制が弱まり，地域への帰属意識や統制意識が低下してしまうと予測される。住民投票条例の策定や議会改革

の動き，そして行政よる市民参加への取組みは，市町村合併による市民のコントロール感低下に対する，歯止め策としても捉えることができるだろう。

　また，わが国の自治体の広範な役割は，地方交付税や様々な国庫補助金を通じた財政移転によって支えられてきた。国の関与とともに自治体への財政移転も減少すれば，自治体が今まで担ってきた役割を自己の歳入で維持できるかどうかが，今後の自治体への信頼にとって重要になる。小規模自治体の多くが危惧している自治体間格差の発生は，そのまま各自治体に対する市民の信頼格差にもなりうる。さらに Peterson（1981）によれば，自治体は住民の流出入を国のように制限できないため，過度の福祉政策は受益者を磁石のように引き付けることになり，財政を悪化させるという。仮に自治体への信頼が福祉の提供者という恩顧的な立場に対する依存のみを指すことになれば，自治体に対する過度の信頼は，財政状況を一層悪化させることにもなるだろう（秋月 2001）。

(2) 自治体のガバナンス改革が与える影響

　イギリスの事例と同様に，わが国の自治体でも市民協働や市民とのパートナーシップの推進といった自治体のガバナンス改革が盛んに行われるようになった。内閣府が2003年に実施した自治体と NPO との連携や協働事業に関する調査によれば，全都道府県，そして市区町村のうち66％ですでに協働事業やパートナーシップ事業を実施しているという（内閣府 2004）。人口が30万人超の自治体に限っては98％がすでに協働事業を実施している。自治体の協働事業やパートナーシップ事業の相手は法人格を持つ NPO 法人に限らず自治体などの地域組織やボランティア団体，さらに民間企業なども含まれることから，実際の協働やパートナーシップの範囲はこれよりもはるかに広範囲になる。これらの進展は，自治体が地域の様々な公共的課題の唯一の解決主体ではなく地域内に存在する様々な資源や能力を活用して解決を図っていくという意味においては，自治体現代化アジェンダの考え方と同じく，市民の自治体に対する近接性と市民参加を高めるための自治体側の問いかけとして理解が可能であろう。

　ただしわが国の状況がイギリスと異なるのは，現在多くの自治体では指定管理者制度，地方独立行政法人の導入，PFI の活用など，NPM 型の行政

改革と,市民協働などガバナンス改革が同時並行的に進められている点である(村松・稲継 2003)。イギリスでは,1980年代に徹底的に自治体の NPM 型改革が進められ,その後1990年代後半からは NPM の逆機能の反省をもとに,信頼回復を目的としたガバナンス改革に移行してきたという歴史的経緯を持つ(Dunleavy 2005)。

わが国の自治体は,フルセット型の総合行政体制を敷き,サービスの供給にあたっては長らく自前主義を貫いてきた。地方公務員の数が圧倒的に多いのはそのためであり,中央省庁のセクショナリズムが国民生活に重大な影響を与えることを防止する役割も果たしてきた(姜 2003)。中央省庁に比して自治体はその役割,範囲が明確で一枚岩として捉えられ,さらに自治体と市民の関係は,職員自身によるサービスの供給によって,直線的に捉えられてきた。指定管理者制度のように公共サービスが民間企業,NPO,市民を媒介に間接的に提供されるようになると,少なくとも一般市民の目には自治体の存在や役割は以前に比べあいまいに映り,自治体とは表面上関係ないように見える主体によって提供されるサービスの中に,自治体の関与や責任関係を見出すことは難しくなる。自治体組織の多様化と公共サービスへの多様な主体の参加は,公共サービスの改善を目指すという意味では業績に対する評価と近接性に対する評価の双方の向上を企図したものであるが,行政責任の複雑化と複線化を招き,過去に比べ「何をやっているかわからない」という市民の可視性を低下させる可能性をあわせ持つ。そのため,各自治体で進められている NPM 型行政改革は,ガバナンス改革による信頼向上のための努力を打ち消す方向性を有している。しかも,多くの自治体では双方の内容が「市民の信頼回復」や「信頼される自治体」という大くくりの目的達成のための手段としてあいまいに位置づけられ,実際に信頼が向上したかどうかという検証もほとんど行われていない。結局のところ,自治体の「市政への信頼の回復」や「市民に信頼される自治体」といった言説は,いまだスローガン以上の意味を持っていないということであろう[10]。

おわりに

本稿では,政府への信頼のうち自治体への信頼に焦点をあて,地方分権やガバナンス改革といった改革が自治体に対する信頼にどのような影響と

変化もたらすかを検討してきた。もとより，調査やデータ上の制約のため，大雑把な見取り図と仮説を述べたに過ぎないが，アメリカとイギリスの事例から，今後わが国の自治体が直面する信頼の状況について，分権改革やガバナンス改革がそれぞれ「政府への信頼」にどのような影響を与える可能性があるのかについて整理を試みた。

　政府間関係の制度改革がもたらす影響については，地方分権は自治体の役割を一層先鋭化させることによって業績に対する評価を高めるが，市町村合併は市民の自治体に対するコントロール感を弱め，さらに三位一体改革による財政分権は財政力の強さがそのまま自治体が行う活動に対する信頼に影響することが示唆される。また自治体の行政改革やガバナンス上の改革については，NPMによる改革は業績に対する評価を高めるであろうが，自治体の供給責任と実際のサービス供給主体の関係の複線化と複雑化は，提供されるサービスに市民が自治体の姿を見出すのが困難となるため外面的な透明性を弱め，また協働事業やパートナーシップ事業の展開は市民参加の拡大により市民と自治体の一体性を強め信頼を向上させる可能性をもつが，NPM型改革と同様にそこに自治体の明確な存在を意識するのが困難となるため透明性を低下させるという，トレードオフの形で作用する可能性が高いことを示している。ほかにも地方分権は市民の自治体に対する信頼を向上させるであろうが，自治体の「受け皿整備」が不完全な場合には，自治体の能力に対する評価を下げることによって信頼はまた低下する，ということも考えられる。信頼の度合いとは，こういった様々な信頼概念の合計として最終的に表現されるものであるから，その内実を今後明らかにすることにより，制度変化やガバナンス形態の変化が市民の自治体に対する信頼に与える影響と変化を，より詳しく検討することが可能となる。

　また信頼の中身や概念の分類以外にも，信頼が形成されるメカニズムの変化にも今後注目する必要がある。今日は，インターネットを通じた情報提供や様々な「自治体ランキング」などにより，ある自治体が行う公共サービスに対する評価について，より間接的な情報に基づいた判断が可能となっている（ただしこれは必ずしも信頼を高める方向に作用する訳ではない）。自治体の議員や職員との接触以外の方法で提供される情報が増えることが，市民の判断にどのような影響を与えるのかについては今後の検討

課題である。NPM 型の改革は，政策評価や行政評価の導入により自治体が実施するサービスの業績情報を積極的に市民に提供しようとする。また協働事業やパートナーシップ事業による市民の参加は，市民が行政の活動に関するより直接的な情報を得ることを可能とする。これらは双方とも市民の行政の活動に対する知識を高めることにより信頼向上に寄与することが可能と思われるが，一方で，情報公開などの制度はこれまで市民の目に触れられなかった行政の失政を明らかにすることにもなる。また，一般的に市民は情報が提供されればされるほどその情報を信用しなくなるというプロパガンダ・パラドックスの問題や，さらに市民の情報に対する処理能力や意欲によっても影響を受けるだろう（城山 1998）。これら信頼が形成されるメカニズムの解明については諸外国においても研究が緒に就いたばかりであるが，政府と市民の間の信頼形成のダイナミクスを理解するためには，今後の重要な研究テーマである（Moyniham 2008; Van Dooren and Van de Walle 2008）。

（1） 信頼には大別して個人間の信頼（一般的信頼感）と制度への信頼がある。自治体の活動において信頼が着目された一つの契機は，ロバート・パットナムによる Social Capital の研究であるが，パットナムの議論は住民間の個人間の信頼が政治行政制度のパフォーマンスに与える影響を扱っている。反面，本稿で扱う「信頼」は，政治・行政といった制度への信頼であり，本稿中，断りがある場合を除いて，制度への信頼の意味として用いる。
（2） 本稿で用いる意味合いは，"modernization"，もしくは Hood（1991）が指摘する行政のシータ価値，ラムダ価値をめぐる改革に近い用法として用いている。なお，NPM 型改革が信頼に与える影響については菊地（2009）で検討をしている。
（3） 田中・岡田（2006）はこの点について，自治体への高信頼は信頼ではなくイメージの不確かさや印象の薄さに起因すると指摘している。
（4） この分類については，Rainey (1996), Bovaird and Loeffler (2005), 田中・岡田（2006），菊地（2007）を参照。
（5） 連邦政府国家の政府間関係は，連邦制度（連邦と州等）と地方自治制度（州等と府県・市町村等の関係）の二段構造になっている。そのため厳密には単一主権国家の地方自治制度と同列に比較対照できるのは州政府以下の政府体系だけである（西尾 1990）。しかしアメリカの場合は第二次世界大戦後に連邦政府への権限集中が進み，現在州政府は主権国家というよ

りもむしろ自治体に限りなく近い存在である。自治体（municipality）が設置されていない地域は州の下部機関である郡（county）が設置され実質的に自治体の事務を行っており，さらに大都市では郡と市の結合（city county consolidation）が進んでいる。
（6） ただし，連邦政府に対する評価が州や自治体を上回る時期がある。これは，景気対策のため連邦所得税の減税による効果と，地価の上昇による自治体の固定資産税の増加が影響しているとされる。
（7） 西尾（1975：198）は，市民の側の行政不信の根源として，行政機関相互間の複雑な権限分化について理解せず，行政を一枚岩の存在としてとらえている，と市民の側の誤解を指摘している。
（8） イギリスの改革と信頼の関係については菊地（2009）で詳しく検討している。
（9） ただし，接触機会の増大は「互酬性（reciprocity）」の規範を作り出し両者間の関係を強固にするが，自治体と市民の関係が企業間のように特殊利益関係にまで強まれば，逆に汚職の蓋然性と機会が増えて信頼は再び低下することも考えられる。
（10） なお，現在わが国の自治体の多くは信頼ではなく「市民満足度」の向上をめざし満足度調査を実施しているが，満足度と信頼は基本的には異なる概念であると思われる。経営学における顧客満足度は，CRM（Customer Relations Management）の一環であり，顧客の囲い込みを行うことを目的としている。民間企業と違い，自治体は顧客が固定されていて，行政活動の最も重要な原理の一つである衡平性により，顧客を選別することができない。さらに，もともと公共サービスは受益者と負担者が一致することを前提としていない。市民満足度向上は，市民をより福祉依存的にし，行政需要を掘り起こしてしまう可能性を持ち，究極的にはニューヨーク市の事例のように自治体を破産させることに注意が必要である（Peterson 1981，秋月 2001）。

参考文献

秋月謙吾 2001『行政　地方自治』（東京大学出版会）。
秋月謙吾 2006「地方分権と自治体への信頼について」総務省大臣官房企画課『行政の信頼性確保，向上方策に関する調査研究報告書（平成17年度）』155－159頁。
姜光洙 2003「日本の地方制度における区域問題と地方総合行政体制－区域問題への既存の接近法の再検討とその含意（上）」『季刊行政管理研究第102号』25－40頁。
菊地端夫 2007「行政の信頼性に関する研究の論点と意義－既存研究・調査を

中心に」『季刊行政管理研究第118号』67-78頁
菊地端夫 2009「イギリス行政改革における信頼回復への取組み-ブレア政権『政府の現代化』を中心に」『会計検査研究』第39号69-83頁。
小池治 1990『アメリカの政策過程と政府間関係』第一法規。
小林哲郎 2006「行政に対する信頼の規定因とその促進要因- JES Ⅲ データ (2005年衆院選前後調査) から」総務省大臣官房企画課『行政の信頼性確保,向上方策に関する調査研究報告書(平成17年度)』87-109頁。
城山英明「情報活動」森田朗編 1998『行政学の基礎』東京大学出版会。
人事院 2005『国家公務員に関するモニター アンケート調査結果』。
田中一昭・岡田彰編著 2006『信頼のガバナンス-国民の信頼はどうすれば獲得できるか』ぎょうせい。
内閣府 2004『コミュニティ再興に向けた協働のあり方に関する調査』。
中邨章 2001「行政学の新潮流-『ガバナンス』概念の台頭と『市民社会』」『季刊行政管理研究』96号財団法人行政管理研究センター。
中邨章 2003『自治体主権のシナリオ』芦書房。
ナイ,ジョセフ他著(嶋本恵美訳) 2002『なぜ政府は信頼されないのか』英知出版。
西尾勝 1975『権力と参加』東京大学出版会。
西尾勝 1990『行政学の基礎概念』東京大学出版会。
西尾勝 2001『行政学(新版)』有斐閣。
西尾勝 2003「公務員制度改革と「霞ヶ関文化」」日本行政学会編『年報行政研究』通号38ぎょうせい, 22~43頁。
村松岐夫 1988『地方自治(現代政治学叢書)』東京大学出版会。
村松岐夫・稲継裕昭編著 2003『包括的地方自治体ガバナンス改革』東洋経済新報社。
テリー・ニコラス・クラーク,小林良彰編著 2001『地方自治の国際比較』慶応義塾大学出版会。
ルーマン,ニコラス(大庭健・正村俊之訳) 1990『信頼』勁草書房。
山岸俊男 1998『信頼の構造-こころと社会の進化ゲーム』東京大学出版会。
山岸俊男 1999『安心社会から信頼社会へ』中央公論新社。
Baron, Stephen, John Field and Tom Schuller (eds.). (2000). *Social Capital. Critical Perspectives*. Oxford: Oxford University Press.
Bovaird, Tony and Elke Loeffler. (2005). "Communities, Trust and Organizational Responses to Local Governance Failure." in Sean Watson and Anthony Moran. (eds.). *Trust, Risk and Uncertainty.* New York: Palgrave. pp. 143-162.
Cole, Richard L. and John Kincaid. (2006). "Public Opinion on U.S. Federal and Intergovernmental Issues in 2006: Continuity and Change" *The Journal of*

Federalism. Vol. 36, No. 3. pp. 443-459.
della Porta, Donatella. (2000). "Social Capital, Belifes in Govenrment and Political Corruption." in Susan J. Pharr and Robert D. Putnam (eds.). (2000). *Disaffected Democracies: What's Troubling the Trilateral Countries?*. Princeton: Princeton University Press. pp. 202-228.
Dunleavy, Patrick, Helen Margetts, Simon Bastow and Jane Tinkler (2005). "New Public Management Is Dead-Long Live Digital-Era Governance" *Journal of Public Administration Research and Theory Advance Access 2006* 16(3) pp. 1-28.
Fukuyama, Francis (1996). *Trust: The Social Virtues and the Creation of Prosperity*. New York: Free Press.
Hood, Christopher (1991). "'A Public Management for all Seasons?" *Public Administration*. 69(1). pp. 3-19.
Jennings, M. Kent (1998). "Political Trust and the Roots of Devolution" in Valerie Braithwaite and Margaret Levi (eds.). (1998). *Trust and Governance*. (Russell Sage Foundation Series on Trust, Vol. 1) New York: Russell Sage. pp. 218-244.
Klingemann, Hans-Dieter and Dieter Fuchs, (eds.). (1995). *Citizens and the State*. Oxford: Oxford University Press.
Moynihan, Donald P. (2008). *The Dynamics of Peformance Management*. Georgetown: Georgetown University Press.
Norris, Pippa (ed.). (1999). *Critical Citizens: Global Support for Democratic Government*. Oxford: Oxford University Press.
Office of the Deputy Prime Minister (2005). *Meta- Evaluation of the Local Government Modernisation Agenda: Progress Report on Public Confidence in Local Government*. London.
Organisation for Economic Co-operation and Development (2000). *Building Public Trust: Ethics Measures in OECD Countries (OECD Public Management Policy Brief)*. Paris.
Organisation for Economic Co-operation and Development (2005a). *Modernising Government: The Way Forward*. Paris.
Organisation for Economic Co-operation and Development. (2005b) *Main Issue for Discussion Annex: Data on Trust in the public sector*. Meeting of the Public Governance Committee at Ministerial Level (Rotterdam, The Netherlands 27-28 November 2005).
Peterson, Paul (1981). *City Limits*. Chicago: University of Chicago Press.
Pew Research Center for the People and the Press (1998). *How American View*

Government: Deconstructing Distrust. Washington D.C.

Pharr, Susan J. (2000). "Official's Misconduct and Public Distrust: Japan and the Trilateral Democracies" in Susan J. Pharr and Robert D. Putnam (eds.) (2000). *Disaffected Democracies: What's Troubling the Trilateral Countries?*. Princeton: Princeton University Press. pp. 173-201.

Pollitt, Christopher and Geert Bouckaert. (2004). *Public Management Reform Second Edition*. Oxford: Oxford University Press.

Putnam, Robert D. (1994). *Making Democracy Work: Civic Traditions in Modern Italy*. Princeton: Princeton University Press.

Putnam, Robert D. (ed.). (2002). *Democracies in Flux-The Evolution of Social Capital in Contemporary Society*. Oxford: Oxford University Press.

Rainey, Hal G. (1996). "*Public Opinion toward the Civil Service*" in Hans A.G.M. Bekke, James L. Perry and Theo A.J. Toonen (eds.). *Civil Service in Comparative Perspective*. Bloomington: Indiana University Press. pp. 180-203.

State Services Commission (New Zealand), (February 2000). *Declining Government Performance? Why Citizens Don't Trust Government*. Working Paper No. 9 (Authors: Cheryl Barnes & Derek Gill).

Suleiman, Ezra (2005). *Dismantling Democratic State*. Princeton: Princeton University Press.

Thompson, Frank J. (1993). "Critical Challenges to State and Local Public Service" in Frank J. Thompson (ed.). *Revitalizing State and Local Public Service*. San Francisco: Jossey-Bass Publishers. pp. 1-38.

Van De Walle, Steven (2004). *Perceptions of Administrative Performance: The Key to Trust in Government?* (diss. Doct. Leuven. Institute voor de Overheid). Leuven.: Katholieke Universiteit Leuven.

Van de Walle, Steven, Keith Baker and Chris Skelcher (2006). *Empowerment, Trust and Local Government Powers: A Report for the ESRC Knowledge Transfer Team*. Birmingham: University of Birmingham.

Van Dooren, Wouter and Steven Van de Walle (2008). *Performance Information in the Public Sector*. Hampshire: Palagrave Macmillan.

Wright, Deil, S. (1988). *Understanding Intergovernmental Relations*. Pacific Grove: Brooks/Cole.

Yang, Kaifeng. (2005). "Public Administrator's Trust in Citizens: A Missing Link in Citizen Involvement Efforts." *Public Administration Review Vol. 65, No. 3* pp. 273-285.

最高裁における「信頼」の文脈

―『裁判所時報』における最高裁長官訓示・あいさつにみる―

西川伸一＊

はじめに

　政府の信頼といった場合，それは通常，国や地方自治体の政府に対する信頼を意味している。たとえば，人びとは政府を信頼しているからこそ，納税という財産権の一種の「侵害」を甘受するのであろう。しかし，考えてみれば，納税は拒否すれば法令により罰せられる，法律に根拠づけられた行為である。それゆえ，法の支配への信頼がそこに潜んでいることは見落とせない。

　法の支配への信頼は，もちろん司法府への信頼に直結している。慰謝料の支払いであれ懲役であれ，裁判所の判決に人びとをたとえ不承不承にでも従わせるには，彼らの裁判所に寄せる信頼がやはり重要になる。裁判所に対する国民の信頼なしには，法治国家は成り立たない。司法府，煎じ詰めれば裁判所は，国民の信頼を担保に法治国家の屋台骨を支えているのである。最高裁初代長官の三淵忠彦は最高裁発足直後の訓示で，「国家の存立は，裁判の公正に対する国民の信頼にかかつている」と述べた[1]。

　実際に，わが国の裁判所は国民からどれくらい信頼されているのか。一例として，朝日新聞社が2008年に全国3000人を対象に実施した全国世論調査（政治・社会意識基本調査）を挙げる。そこでは表1の結果となった。

　このデータをみる限り，三権のうちで裁判所への信頼は突出して高い。裁判所は「国家の存立」の守護者として，安定した地位を確立しているといえそうである。ところが，当の裁判所ははた目からは気弱と思われるくらい，国民からの信頼の維持・向上に気を遣っている。立法府や行政府で

　＊　明治大学政治経済学部教授　国家論

表1　三権の信頼度

(%)	信用している	ある程度信用している	あまり信用していない	信用していない
裁判	11	61	23	3
政治家	1	17	50	30
官僚	1	17	45	35

作成参照：『朝日新聞』2008年3月21日。

あれば，議員や首長を周期的な選挙の洗礼にかけることで，国民の信頼を更新することが絶えずできる。よって，民主的正当性を定期的に証明できる。

一方，司法府の場合，「虚構の信任票システム[2]」と化している最高裁裁判官の国民審査を除けば，民主的正当性を公的に調達できるルートはない。従って，裁判所は国民からの信頼という漠然とした根拠にすがって，その存在を正当化するほかないのである。同時に，国民からの厚い信頼が，わが国の統治構造における裁判所の自律性と影響力を裏付けることになる[3]。

このように，信頼が常に念頭に置かれる裁判所の組織心理を，本稿では『裁判所時報』に掲載された最高裁長官の訓示・あいさつなどにおける「信頼」の使用頻度とそれが用いられる文脈から，明らかにしていく（引用文中の下線および〔　〕内の補足はすべて引用者による。また，旧字は新字に改めた）。

1. 歴代最高裁長官の「信頼」の使用頻度

『裁判所時報』とは裁判所の内部広報誌である。最高裁事務総局によって毎月1日と15日の2回定期発行されている。最高裁の規則，告示，通達，通知，裁判例，人事異動などの記事が載る。いわば裁判所版『官報』である。これは裁判官と裁判所の一般職員に配布され，最高裁の意向を全国の裁判官に周知する媒体として大きな役割を果たしている。とりわけ，「ここにしめされる最高裁長官のあいさつや訓示は，しばしば司法行政上の方向をしめすものとして重要である[4]。」

年に2回，最高裁長官のことばが必ず『裁判所時報』の巻頭を飾る。1月1日号と7月1日号（1996年以前は6月15日号の場合が多く，6月1日号のときもある）である。前者には最高裁長官による年頭のあいさつが掲載される。これは1951年1月1日号から続いており，最初の10年間はタイトルが一定していなかった[5]が，1962年1月1日号からは「新年のことば」で統一されている（例外は1968年の「新年に思う」）。かつては，「人間の奴

隷化においてナチズムやファシズムに勝るとも劣らない赤色インペリアリズムは，その発祥の領域を越えて，世界制覇の野望を露骨にあらわし始めた」[6]など，時の最高裁長官のイデオロギー色を前面に押し出した文章も見受けられた。

これに対して，後者には毎年1回6月中下旬に開催される，高等裁判所長官，地方裁判所長及び家庭裁判所長会同（以下，長官・所長会同）における最高裁長官の「あいさつ」（1999年までは「訓示」）が収録される。長官・所長会同は最高裁発足に続き高裁長官と地裁所長の任命が完了した1947年12月に，すでに招集されている。家庭裁判所制度発足により，家裁所長を加えた現行の長官・所長会同となったのは1949年5月からであり，以降毎年5月ないし6月に開催されていく（1949年〜1951年には秋冬にも1日だけの長官・所長会同を開催，また1961年には2日間の長官・所長会同を2月に開催し，10月にも1日だけの長官・所長会同を開催。同年10月1日に「法の日」記念式典が挙行されたためであろう）。

この長官・所長会同は，全国の高裁長官，地裁所長，家裁所長が一堂に集まり，当面の司法行政上の諸問題について協議する年1回の定例の機会である。決まって2日間の日程で初日は最高裁長官のあいさつではじまり，二日目の午後には皇居宮殿での拝謁がある。

表2は，これら年2回の最高裁長官名の記事に加えて，『裁判所時報』に掲載された新任長官のあいさつ，最高裁周年行事での長官あいさつなどにおける「信頼」の使用頻度を歴代長官ごとにまとめたものである[7]。

初代長官の三淵は「信頼」を合計で5回用いている。そのうち，三淵がはじめて招集した長官・所長会同（1947年12月）における訓示で4回も使っている。これは，裁判所が新憲法の下で再出発したことを象徴的に示していよう。しかも，「信頼」が最初に登場するのは，「〔新憲法により〕裁判官は，その官僚的性格を否定せられ，国民の信頼を基礎としてその職務を行うべきことが明らかにされたのであります[8]」というくだりにおいてである。すなわち，それまでの「天皇の裁判所」から「国民の裁判所」への質的大転換には，「国民の信頼」が不可欠であると唱えている。それ以来，1966年8月15日号の横田正俊による「就任のことば」まで，「信頼」を4回使った長官記事は現れなかった。

また，長官在任中に執筆した『裁判所時報』記事で，「信頼」を最も使っ

表2 『裁判所時報』記事における歴代最高裁長官の「信頼」使用頻度

代	氏 名	任命年月日	退官年月日	記事回数(a)	「信頼」使用回数(b)	(b)/(a)	備 考
1	三淵 忠彦	1947.8.4	1950.3.2	2	5	2.50	
2	田中耕太郎	1950.3.3	1960.10.24	28	28	1.00	荒れる法廷
3	横田喜三郎	1960.10.25	1966.8.5	15	5	0.20	
4	横田 正俊	1966.8.6	1969.1.10	8	9	1.13	
5	石田 和外	1969.1.11	1973.5.19	10	19	1.90	「司法の危機」、ブルーパージ
6	村上 朝一	1973.5.21	1976.5.24	8	4	0.50	
7	藤林 益三	1976.5.25	1977.8.25	3	5	1.70	
8	岡原 昌男	1977.8.26	1979.3.31	3	4	1.30	
9	服部 高顯	1979.4.2	1982.9.30	8	17	2.13	裁判官不祥事の続発
10	寺田 治郎	1982.10.1	1985.11.3	6	10	1.67	
11	矢口 洪一	1985.11.5	1990.2.19	9	10	1.11	
12	草場 良八	1990.2.20	1995.11.7	11	13	1.18	
13	三好 達	1995.11.7	1997.10.30	5	2	0.40	
14	山口 繁	1997.10.31	2002.11.3	10	13	1.30	司法制度改革審議会設置
15	町田 顯	2002.11.6	2006.10.15	8	13	1.63	下級裁判官指名諮問委員会設置
16	島田 仁郎	2006.10.16	2008.11.21	4	12	3.00	司法制度改革の諸施策の施行
17	竹﨑 博允	2008.11.25	○	3	7	2.33	裁判員制度施行
	(合計)			141	176	1.25	

注:「記事回数」は長官・所長会同訓示や「新年のことば」などの執筆回数、「(b).(a)」は1記事あたりの「信頼」使用回数。
氏名がゴチック体になっているのは、「信頼」を訴訟の迅速化の文脈で用いた記事のある長官。
作成参照:『裁判所時報』各号。

たのは28回の田中耕太郎である。しかし,これは田中の在任期間が長かったためで,1記事あたりの平均使用回数でみると前長官の島田仁郎(3回),現長官の竹﨑博允(2.33回)の順となり,服部高顯(2.13回),石田和外(1.9回)と続く(最高裁草創期の三淵は除外)。対照的に,ほとんど「信頼」を記事に使わなかったのが横田喜三郎(0.2回)と三好達(0.4回)である。全体でならせば,1長官あたりで1記事につき1.25回は「信頼」を使っていることになる。

2. 裁判の迅速化に腐心した田中耕太郎

それでは,「信頼」ということばは,歴代最高裁長官によって,いかなる

文脈で用いられてきたのだろうか。比較的コンスタントにみられるその文脈は，裁判の迅速化である。表2の長官氏名欄のゴチック体が示すように，「迅速」による「信頼」の確保を主張した長官は3分の2近くに達する。

とりわけ第2代長官の田中耕太郎は，在職中の28本の記事のうち20本での合計28回「信頼」ということばを使っているが，その20本のうち12本で裁判の迅速化を訴えている。たとえば，1957年10月1日に挙行された最高裁判所10周年記念式典では，「適正迅速な裁判を通じて司法の崇高な使命を実現し，もつて国民の信頼に応えなければならぬと固く決意するものであります」と田中は式辞に意欲を込めた[9]。

田中が訴訟促進をしきりに求める事情には，いわば「慢性」と「急性」の二側面がある。「慢性」的事情とは，「わが裁判制度における慢性の病理的現象」と田中を嘆かせた事件の滞留である。その「病状」は，連合国軍最高司令官総司令部（GHQ/SCAP）の担当官が「審理促進」の所信を記者会見で明らかにする[10]ほど，深刻さを極めていた。ちなみに，裁判迅速化法が施行されるのはようやく2003年7月のことである。

「急性」的事情はいわゆる「荒れる法廷」である。田中は「『荒れる法廷』の問題は，慢性化した訴訟遅延とちがった意味をもつ疾患である。〔中略〕意図されているのは，裁判の結果のみでなく，根本的には司法の権威を失墜させ，その機能を麻痺させることである[11]」と述懐する。

当時の公安・労働事件で被告側が「法廷闘争」を目指して計画的に傍聴人席を押さえ，被告と呼号して審理の進行を妨害したことで，「荒れる法廷」が出来した。弁護士すら裁判長の訴訟指揮に従わず，傍聴席から裁判長および陪席裁判官に暴力的言辞が浴びせられることもしばしばであった。田中はすでに1951年6月の長官・所長会同で，「法廷の神聖を蹂躙し，司法の権威を傷けつつあること」を憂慮し，「法廷の神聖を守る精神と意図とを勇敢に貫徹」せよと訓示している[12]。この事態を重くみた与党が「法廷等の秩序維持に関する法律」を議員立法として成立させ，それが1952年9月に施行される。

にもかかわらず，法廷の状況はあまり好転しなかった。田中は在任中「荒れる法廷」に手を焼き続けることになる。田中が主宰した最後の長官・所長会同となった1960年の会同訓示には，「裁判所が未曾有の困難に直面する現状」「訴訟指揮権の一層厳正な行使が要望される」「公務執行妨害罪,

審理妨害罪の規定または法廷秩序維持に関する法律を適用審理の妨害を排除することに，いささかも躊躇してはならない」と激しいことばが並んでいる13。会同訓示は通常は『裁判所時報』1頁の分量であるが，このときは異例の2頁の長さになっている。

ところで，田中の長官時代のことばのうち最も有名なものは，1955年5月の長官・所長会同訓示で示された「裁判官としては，世間の雑音に耳をかさず」であろう。作家の広津和郎の松川事件，弁護士の正木ひろしの八海事件など在野からの裁判批判にさらされ，田中はこれらに対して「司法に対する国民の信頼に影響を及ぼすおそれがあるような言説14」と厳しく警告した。ここでも「国民の信頼」が主張の立脚点になっている。

3．「司法の危機」乗り切りに辣腕ふるった石田和外

さて，1記事あたり「信頼」の使用頻度が4番目に高い石田和外の場合，いわゆる「司法の危機」が時代背景として指摘できる。自民党や保守系ジャーナリズムなどが「青法協（青年法律家協会）問題」を取り上げ，「偏向裁判」キャンペーン15を展開する中，1969年1月11日に最高裁長官に就任した石田は，「就任のことば」で「信頼」と「毅然」を繰り返し用いている。

> 「旧憲法の時代，日本の裁判官はややもするとその独立を脅かしがちな政府筋に対しいつも<u>毅然</u>とした態度でその立場を守り抜いて，<u>国民の絶大な信頼を得て来た</u>のであります。〔中略〕現在の様な時勢が激しく動揺しようとしている時には，裁判所は自らの姿勢を正して，<u>激流の中に毅然として突っ立つ厳の様な姿勢</u>を堅持して司法の機能を確保するのでなければ<u>国民の信頼をつなぐ</u>ことは出来ないと思います。<u>訴訟の適正迅速処理</u>によって国民の為の裁判所として<u>その信頼を保つ</u>ことの必要なことは改めて申すまでもありませんが，この際は裁判所の<u>毅然たる姿勢</u>を正すことが一層の急務であろうかと存ずる次第です16。」

戦前と同様に現在も，政権からの裁判所批判に対する最大の防壁は「国民の信頼」である。それを確保するために「適正迅速」な訴訟指揮を行い，「毅然たる姿勢」を貫くよう全国の裁判官に求めたのである。一方，自民党の田中角栄幹事長は1969年4月の総務会で，党内に「裁判制度調査特別委

員会」を設置すると言明した。そのねらいは，「偏向」を疑われる判決をここで精査して，裁判官人事の参考にすることにあった。その直前には，都教組事件[17]の最高裁大法廷判決で全員に無罪判決が言い渡されていた。

実際に自民党は同年5月に司法制度調査会を党内に設置し，最高裁への牽制を強めていく。「司法の危機」とよばれる時代の到来である[18]。最高裁は自民党や保守系ジャーナリズムに「偏向」の口実を与えない理論武装に取り組み，それに依拠した官僚的内部統制を強化することになる。

そのためのイデオロギーが「公正らしさ論」であった。最高裁の公式見解として，岸盛一事務総長がそれを1970年4月8日に発表している。すなわち，「裁判は，その内容自体において公正でなければならぬばかりでなく，国民一般から公正であると信頼される姿勢が必要である[19]。」裁判所に対する国民の信頼をつなぎとめるためには，裁判官は公正に裁判を運営するのは当然として，さらに外形的な公正さも求められるとしたのである。同年5月8日の衆院法務委員会でこの公式見解の拘束力を問われた岸は，「これは裁判官会議を経て発表されたもので〔中略〕当然全国の裁判官がそれを尊重し，その線に沿った態度をとらなければならない」と答弁した。

すでに「公正らしさ論」の原型は，石田による1970年1月1日の「新年のことば」にみられる。ここで石田は「薄氷を踏む」という比喩で「公正らしさ」を力説している。

> 「裁判のこの公正は単に公正であるというばかりでなく国民がこれを信じて疑わないものであることが必要である。そのためには，われわれ裁判所に職を奉ずる者は，均しく，それこそ薄氷を踏むような思いを以て，私生活のはしに至るまで一切の行動を慎み，いかなる点においても世の疑惑を招くことのないよう心がけねばならないのである。このような細かいこころ遣いと，山のように動かない信念とを以て，正々堂々とした裁判所の姿勢を強く堅持し，国民の信頼を失わないよう努めたい[20]。」

実は石田のこの文章の前提として，1969年8月にはじまるいわゆる「平賀書簡問題」がある。当初は，自衛隊の合憲性が争われた長沼訴訟をめぐる，札幌地裁所長・平賀健太による事件担当裁判長・福島重雄への裁判干渉事件であった。「些か越権の沙汰」と自覚しながら平賀は福島に私信を送

り，判決では違憲立法審査権の行使を控えるよう福島に懇請した[21]。

意外なところから事件は変質する。同年10月に，鹿児島地裁所長・飯守重任が，福島は青法協に所属していると自民党の政治資金団体である国民協会の機関誌上で明らかにした。「平賀書簡事件の背景」と題されたこの所信は，3700字にものぼった。飯守の「内部告発」をきっかけに，裁判官の青法協加入を疑問視する方向へと事件はすりかえられていく。ついでながら，飯盛は田中耕太郎・元最高裁長官の実弟であった。11月には，青法協会員裁判官のリストを掲載した『恐るべき裁判』（思想運動研究会編，全貌社）が刊行される。

これらを奇貨として，最高裁は青法協会員裁判官の脱会を執拗に画策した。その「粛清」の徹底ぶりは，レッドパージと「青」法協をかけて「ブルーパージ」とさえ形容されるほどであった[22]。マスコミの論調も当初は「公正らしさ論」を支持したことが，最高裁に脱会勧奨の口実を与えた[23]。

そのさなかの1970年6月に開催された長官・所長会同で，石田は「公正らしさ論」に依りながら「国民の信頼」保持を理由に，ブルーパージを正当化する訓示を行った。

> 「裁判が公正であるというについては，裁判の内容自体が公正であるばかりではなく，<u>その公正が国民一般から信頼され，いささかも疑惑を持たれない姿勢を堅持する</u>ことも，きわめて重要であります。〔中略〕政治的色彩を帯びた団体の構成員としてその傘下にある以上，その裁判官の裁判がいかに公正なものであっても，<u>政治的色彩をもったものと国民からうけとられるおそれ</u>があるのであります。〔中略〕今日ほど，政治的中立性に対する配慮が強く裁判官に要請されるときはなく，ことがらの重要性に思いをいたしますならば，<u>裁判の公正に対する国民の信頼を保持すること</u>にいかに配慮を加えても過ぎることはないといえましょう[24]。」

そして，1971年3月の宮本判事補再任拒否事件は，ブルーパージの総仕上げの意味がこめられていた。10年の再任期を迎えた熊本地裁判事補・宮本康昭の判事への再任を，最高裁が拒否したのである。宮本が青法協会員裁判官であったことが事の真相ではないかと取りざたされたが，最高裁はいっさい口をつぐんだままであった[25]。再任拒否後の長官・所長会同にお

ける訓示で，石田は事件に直接言及していないが，ここでも「国民の信頼」の源泉を裁判の公正中立に求める自説を繰り返している。

> 「裁判官は，その一挙手一投足に至るまで社会の注目を浴び，さまざまに評価されるのであります。<u>今日ほど裁判の公正と中立に対する国民の信頼を確保することが必要とされる時代はありません</u>。裁判官は，高い識見をもって社会の動向を省察すべきでありますが，軽々に時流に先き走るごときことは厳にこれを自戒して，常に中庸の道を歩むべきであり，<u>国民の全体から公正中立を信頼される姿勢を堅持し，堅忍不抜の気概を持つ</u>ことこそ肝要と信ずるしだいであります[26]。」

石田の「司法の危機」乗り切りの切り札は，「国民の信頼」を論拠とした「公正らしさ論」であった。それは確かに組織防衛の観点では功を奏したに違いないが，反面で憲法が保障する個々の裁判官の職権の独立を著しく侵害したことも否定できない。石田が強調した「公正らしさ」と「信頼」の内実は，政権与党[27]からみた「公正らしさ」であり「信頼」ではなかったのか。

4．不祥事続発に綱紀粛正を訴えた服部高顕

服部高顕に「信頼」の使用頻度が多いのはまったく別の文脈からである。服部の長官在任中，裁判官の不祥事が相次いで発覚した。就任1年目の1980年にはいわゆる「職権セックス事件」が最高裁を揺るがすことになる。

この事件は，福岡県小倉簡裁の簡裁判事が裁判を担当した女性被告人に，減刑をちらつかせて情交に及んだ事件である。最高裁は当該簡裁判事の辞表を受理せず，弾劾裁判による罷免を望んだ。罷免を避けたい当該簡裁判事は，同年10月に告示された福岡県久山町の町長選挙に立候補するという奇策に打って出た。公選法の規定により，この簡裁判事は立候補と同時に公務員の身分を失った。弾劾による罷免ではないので，退職金1040万円あまりが支払われるという噴飯ものの決着となった[28]。

折悪しく，判事の飲酒暴行事件も重なったことから，服部は最高裁裁判官会議の議に基づき，1980年10月27日に訓示を行った。不祥事をめぐる長官自らの訓示は，最高裁史上はじめてのきわめて異例の措置であった。

> 「今般，簡易裁判所判事による職務に関連した非違行為があったの

に続き，判事が飲酒の上暴行を働くという事件が発生した。〔改行〕極めてまれな事例であるとはいえ，これらの相次ぐ不祥事は，<u>裁判官全体に対する国民の信頼と裁判所の威信を損なう</u>ものであって，国民に対し誠に申し訳なく，遺憾に堪えない。〔中略〕裁判に携わる者に対する<u>信望なくして裁判に対する信頼は望むべくもない</u>。我々は，この際襟を正し，改めてその責任の重大さを自覚するとともに，自由闊達な気風の中にも<u>品位と節度ある態度を堅持し，国民の信頼を回復する</u>よう努めなければならない[29]。」

3回も「信頼」を登場させているところに，服部の危機感がうかがわれる。翌年の「新年のことば」においても，服部はこの悲痛な思いを引きずっている。ただ，服部は裁判官および職員に自信を失い萎縮するなと励まし，粛々たる職務遂行こそ「我々の名誉を回復し，国民の信頼にこたえる唯一の道」だと結んだのであった。ところが，まさにその舌の根が乾かないうちに，現職裁判官の収賄事件が発覚するのである。東京地裁判事補が1981年4月に東京地検特捜部に逮捕された。現職裁判官の逮捕はそれまで例がなかった。

東京地裁破産部に配属していたこの判事補は，倒産したゴルフ場の破産管財人をしていた弁護士から外国製のゴルフセットやスーツの生地を受け取ったばかりか，弁護士に誘われて接待ゴルフに興じていた。そして，この事件は一判事補に魔が差したという次元にとどまらなかった。当該弁護士が筆頭株主になって設立されたゴルフ会社の設立に，宇都宮地裁所長が30万円，司法研修所教官が10万円の祝儀を贈っていたことが判明する。東京地裁破産部に巣くう構造汚職であったことが露見したのである。

くだんの判事補は罷免訴追され，1981年11月に弾劾裁判所は罷免の判決を言い渡した（1986年12月資格回復）。東京地裁所長は引責辞任に追い込まれ，祝儀を提供した2人の裁判官には「厳重注意」処分が科された[30]。

1981年6月の長官・所長会同で，服部は再び頭を垂れるほかなかった。

「この度，現職の裁判官が収賄の容疑で逮捕される等前例のない事態が発生しました。〔中略〕これら一連の不祥事のために，永年にわたり築き上げられた<u>裁判官に対する国民の信頼が損なわれ</u>，名誉ある裁判所の伝統が傷つけられるに至ったことは，痛恨の極みであります。

〔中略〕最高裁判所においては，これら喫緊の課題〔不祥事の構造的原因解明〕について，最善の努力を尽くす所存であります。各位におかれても，裁判所に対する国民の信頼の回復のため，全力を傾けられるよう切望いたします[31]。」

さらに服部は，翌1982年の「新年のことば」でも「前例を見ない不祥事件」によって「裁判所全体に対する国民の信頼が著しく損なわれたこと」を深く嘆いている。ではどうすれば信頼を回復することができるのか。それを目指して服部が打ち出した対策が，裁判官の研修の強化であった。服部は事件処理能力のみを肥大化させた裁判官の人間としてのいびつさに思い至ったのである。そこに正邪を誤らせる芽があると。服部は1982年の長官・所長会同でその方針を表明する。

「これら一連の不祥事は，改めて<u>裁判官の研鑽修養の重要性</u>を認識させるものでありました。裁判官は，単に事件処理のための実務能力を備えれば足りるものではありません。<u>優れた人格識見</u>を備えてこそ，その実務能力を事案の適正かつ妥当な解決のために生かし得るのであります[32]。」

その目玉はマスコミ研修の導入であった。それまでは海外留学はあったものの，法曹界以外からなにかを吸収しようという発想に裁判所は乏しかった。この反省から，最高裁事務総局事務総長として事件の処理に追われた矢口洪一[33]がマスコミ研修を発案した。実はこれには，前述の宮本判事補再任拒否事件が絡んでいる。宮本事件当時，矢口は事務総局人事局長として，国会答弁に当たると同時に，連日連夜新聞記者の取材攻勢にさらされた。「その時各社の記者と知り合ったことが，後に新聞社での研修を私に思い立たせてくれた[34]。」

すでに論じたように，歴代最高裁長官は裁判の「適正」と「迅速」を裁判所に求めてきた。それが裁判所に対する「国民の信頼」を担保するというわけである。ただ，「迅速」な裁判は思うに任せなかった。田中耕太郎がそれをしきりに憂えていた。そこで，矢口はマスコミ研修で裁判官の目を「迅速」に開かせようとしたのであった。「締切り時間に追われながらニュースを追い，毎日定時に正確な紙面を作っている記者の姿を知るのが，裁

表3　裁判所の不祥事と『裁判所時報』における記載

	不祥事	長官	『時報』	当該記事の表現
1	判事補謀略電話事件（1976年8月）	藤林益三	1977.1.1	裁判官の中立公正さに対する国民の信頼に，一まつの影を落としたことは，誠に遺憾に堪えない。
2	判事飲酒暴行事件（1980年10月）	服部高顯	1980.11.1	裁判官全体に対する国民の信頼と裁判所の威信を損なうものであって，国民に対し誠に申し訳なく，遺憾に堪えない。
3	裁判官らの水増し出張（1991年11月）	草場良八	1992.1.1	裁判所職員，ひいては裁判所全体に対する国民の信頼が損なわれたことを思うとき，まことに残念と申すほかはありません。
4	職員の公金横領事件（1992年9月/10月）	草場良八	1993.1.1	裁判所職員ひいては裁判所全体に対する国民の信頼が損なわれたことを思うとき，まことに残念と申すほかはありません。
5	裁判所の手続きミスで窃盗事件が公訴棄却（1996年9月）	三好　達	1997.1.1	関係者に多大な迷惑を掛け，国民の裁判所に対する信頼をそこなうことにもなりかねないものです。
6	高裁判事の妻の捜査関係書類を地裁がコピーして高裁に提供していた問題（2001年2月）・判事児童買春事件（2001年5月）	山口　繁	2001.7.1	いずれも社会に大きな衝撃を与え，司法あるいは裁判官に対する国民の信頼を著しく損なったもので，遺憾の極みといわざるを得ません。
7	判事ストーカー事件（2008年2月）・判事準強制わいせつ事件（2009年2月）	竹﨑博允	2009.7.1	国民の信頼を損なう事態が続いて発生したことは，誠に遺憾です

注・「『時報』」は当該事件が言及された『裁判所時報』の日付。筆者作成。

判官にとって大きな刺激となると考えたのである[35]。」

　いずれにせよ，裁判官の不祥事が発覚すると，最高裁長官は必ず『裁判所時報』の「新年のことば」ないしは長官・所長会同あいさつで言及する。そして，「国民の信頼」を持ち出して綱紀粛正を訴えるパターンができあがっている。上で述べた2事件以外の不祥事について，このパターンを表にしたものが表3[36]である。

5．司法制度改革と不可分の「信頼」

　なぜ直近の島田仁郎，竹﨑博允が「信頼」に多く言及しているかは容易に理解できる。端的にいえば，裁判員制度施行直前，直後であったからである。裁判員法（裁判員の参加する刑事裁判に関する法律）第1条は，裁判員制度の趣旨を「司法に対する国民の理解の増進とその信頼の向上に資

する」ためと謳っている。裁判員制度施行を最高裁長官として迎えた竹﨑は，施行直後の長官・所長会同で，「裁判員制度の導入は，刑事裁判に国民の意見を反映させ，司法に対する国民の理解と信頼を深めるものとして，大きな意義を有する歴史的な改革です37」とその趣旨を強調している。

陪審制研究に乗り出した矢口長官38の命で，その調査のため最初にアメリカに派遣されたのが竹﨑であった。1988年のことである。帰国後，竹﨑は陪審制に反対する報告書を矢口に上げている。しかし，2004年に裁判員法が成立すると，竹﨑は事務総長の立場から制度の推進を唱えるようになる。以下は竹﨑による幹部に向けた非公開の覚書である。

> 「刑事裁判は，今後ますます複雑な力学の中に置かれる。被害者サイドの声がさらに強まり，被告人の利益との調整はこれまで以上に深刻になる。キャリア裁判官による詳細な判決だけで国民の信頼をつなぎとめていけるかという問題が必ず生じる39」

竹﨑の前任の島田も2007年の長官・所長会同あいさつで，裁判員制度を「信頼」と結びつけて意義づけている40。さらに島田の前任の町田顯も使用頻度が比較的多い。すでに裁判員制度が検討されはじめていたことと併せて，下級裁判官指名諮問委員会が設置されたことも影響している。町田は「裁判官に対する国民の信頼をより強固なものとする」ためと，その設置目的を『裁判所時報』に3記事連続で説明した41。

加えて，興味深いのは町田の前任の山口繁の場合である。表4のとおり，山口は任期前半にはまったく「信頼」を用いなかったのに対して，2000年7月からは各記事に複数回このことばを登場させている。

司法制度改革審議会が設置されたのが1999年7月である。その審議経過42をみると，最初の半年は有識者からの意見交換に費やされている。ようやく2000年に

表4 山口繁長官の「信頼」使用頻度

『裁判所時報』日付	「信頼」使用頻度	記事名
1998.1.1	0	「新年のことば」
1998.7.1	0	長官・所長会同「訓示」
1999.1.1	0	「新年のことば」
1999.7.1	0	長官・所長会同「訓示」
2000.1.1	0	「新年のことば」
2000.7.1	3	長官・所長会同「あいさつ」
2001.1.1	2	「新年のことば」
2001.7.1	4	長官・所長会同「あいさつ」
2002.1.1	2	「新年のことば」
2002.7.1	2	長官・所長会同「あいさつ」

作成参照：『裁判所時報』各号。

入って,「国民がより利用しやすい司法の実現」,「法曹養成制度の在り方」,「国民の司法参加」といった具体的な,しかも最高裁として身構えざるをえないようなテーマの報告や意見交換が行われるに至る。これこそ山口が急に「信頼」を使い出した背景であろう。山口は「時代の要請」に応えることが,裁判所に対する「国民の信頼」をより確かにすると繰り返し述べることになる。同時に山口の記事では,「国民の期待」が「信頼」とセットで多用された[43]。

一連の司法制度改革に臨んで,最高裁は裁判所に対する「国民の信頼」を一層確かなものにすることを言い分にして,これを推し進めた。すなわち最高裁は裁判所全体から諸改革への納得を調達するマジックワードとして「信頼」を駆使したのである。

むすびにかえて

以上で検討した『裁判所時報』における最高裁長官の「信頼」使用の文脈から,裁判所の組織心理は「国民の信頼」を自己評価の原点としていると指摘できよう。選挙という他律的評価にさらされない以上,この原点と現状との距離を常に意識して,最高裁は裁判所の運営を自律的に軌道修正していかなければならない。それは裁判所の自律性と影響力を確保するために不可避であった。

だからこそ,田中耕太郎ならば訴訟の遅延解消,石田和外ならば「司法の危機」乗り切り,服部高顯ならば続発する不祥事の根絶,そして竹崎博允ならば裁判員制度の円滑な運営を「国民の信頼」確保に訴えて達成しようとした。要するに,裁判所が危機や大改革に直面したとき最高裁は必ず「国民の信頼」の文脈にそれらを配置してブレイクスルーを図るのである。

とはいえ,「信頼」それ自体の中身はブラックボックスである。最高裁当局,つまり長官および事務総局幹部が「信頼」言説を支配し,そのことばを隠れ蓑にして最高裁の方針を強行していく免罪符にもなりかねない。すでに述べたように,石田の「公正らしさ論」にはその傾向が顕著であった。強弱はあるにせよ,他の長官にも同様の底意があることは否定できまい[44]。

それでも,裁判員制度導入により国民の司法参加が大きく前進したことは,「信頼」のブラックボックスをこじ開ける一歩として評価したい。最高裁は裁判員裁判を通じて,具体的な個々の裁判員から裁判所に対する直接

的な「信頼」を常に獲得しなければならない。そこにおいて，「薄氷を踏む」は大げさにしても，瀬踏みを重ねながら「国民の信頼」を積み上げられれば，初代長官・三淵が目指した「国民の裁判所[45]」の実質化に大いに寄与することになろう。

（１）　三淵忠彦「最高裁判所長官訓示（昭和22年10月15日高等裁判所長官会同における）」『裁判所時報』1948年1月1日号。のちに横田正俊長官も，その就任あいさつで「国民の信頼をつなぐという点において，裁判所こそは，わが国政における大黒柱である」と述べている。『裁判所時報』1966年8月15日。
（２）　長嶺超輝〔2007〕『サイコーですか？最高裁！』光文社，191頁。
（３）　ジョン・ヘイリー，浅香吉幹訳〔1995〕「日本における司法の独立・再考」石井紫郎・樋口範雄編『外から見た日本法』東大出版会，24頁。
（４）　潮見俊隆〔1987〕『司法の法社会学』勁草書房，11－12頁。
（５）　1951年は「昭和26年年頭の辞」，1952年は「新年の詞」，1953－1954年は「年頭の辞」，1955－1956年は「新年所感」，1957年は「憲法に対する信念」，1958年は「新年所感」，1959－1960年は「年頭の辞」，そして，1961年は「新年の言葉」。
（６）　田中耕太郎「新年の詞」『裁判所時報』1952年1月1日号。
（７）　最高裁長官は長官・所長会同以外にも，たとえば，民事裁判官会同，刑事裁判官会同，家裁家事審判官会同など最高裁で開催される様々な全国会同で訓示を述べている。『裁判所時報』には1973年までそれが掲載されているが，煩雑になるので本稿では省略した。一方，新任長官の就任あいさつが記事となっていたのは1973年6月1日号の村上朝一までで，それ以後はこの記事はなくなってしまった。
（８）　『裁判所時報』1948年1月15日号。
（９）　『裁判所時報』1957年10月15日号。
（10）　「◎「審理促進」（昭和26年2月28日最高裁判所渉第33号高等裁判所長官，地方裁判所長及び家庭裁判所長宛事務総局渉外課長通知）総司令部法務局アップルトン氏は，1950年12月18日法務局並びに民間情報教育局の連合記者会見において，民刑事事件の審理促進に関し別添のような所信を明らかにしたので，当課仮訳文を添付の上参考のため通知致します。〔改行〕『審理の促進』（法務局並びに民間情報教育局共同記者会見。〔改行〕1950年12月18日午前11時発表）〔改行〕戦後この方，日本裁判所に於て処理すべき民事及び刑事事件数は驚くべき程増加した。しかしてその増加は戦前以来の裁判官の員数の増加と全く均衡のとれぬものである。この現象は殊

に刑事事件に関して真実である。〔後略〕」『裁判所時報』1951年3月1日号。
(11) 田中耕太郎〔1961〕『私の履歴書』春秋社，145−146頁。
(12) 『裁判所時報』1951年6月15日号。
(13) 『裁判所時報』1960年6月1日号。
(14) 『裁判所時報』1955年6月1日号。
(15) 保守系雑誌『全貌』の1967年10月号は，「裁判所の共産党員──その後この人たちは何をしているのか──」という特集記事を掲載した。そこには「青法協裁判官名簿」が掲載され，「青法協裁判官」の氏名・現任地が明らかにされていた。その後，『経済往来』1957年10月号，『日経連タイムス』1967年9月28日号，『週刊時事』1968年4月27日号，自民党機関誌『自由新報』1968年8月7日号と，保守系ジャーナリズムによる青法協批判，すなわち裁判官の左翼偏向批判が続けられた。

　背景には，当時の行政事件や公安・労働事件で，国側・企業側に不利な判決が相次いだことがある。中でも，全逓中郵事件の最高裁大法廷判決（1966年10月26日）は決定的であった。三公社五現業の公務員の争議権が争われたこの裁判で，禁止された争議行為に刑事免責は及ばないとした2審判決を最高裁大法廷判決は破棄差戻した。「全体の奉仕者論」とよばれる，全体の奉仕者であることを争議行為禁止の根拠にしていた従来の判例の考え方を否定したのである。
(16) 『裁判所時報』1969年1月15日号。
(17) 都教組委員長らが勤務評定に反対して，1958年4月に東京都の教職員約3万人に休暇闘争の指令を流したり，そのためのオルグ活動を行ったりした。これらが地方公務員法第37条の「あおり行為」として刑事処分の対象になるかが争われた。1審は全員無罪，2審は「あおり行為にあたる」と判断した。
(18) 「司法の危機」について，石田は退職後に次のように語っている。「"司法の危機"という表現を最初に使ったのは右翼系の雑誌です。それは，言いすぎであり，困ったものだと思っていました。それから政治家のごく一部です。われわれは，そんなものはない，という立場であったわけです。〔改行〕しかし，そういうことが裁判所の外で言われ出すと，裁判所の責任者として，心配はないという立場を明らかにしなければなりません。放っておけば，認めてしまう結果になる。そういう意味の対処はしました。」野村二郎〔1978〕『法曹あの頃　上』日本評論社，40頁。また，最高裁事務総局人事局長だった矢口洪一は「自民党が『司法の危機』とかなんとかいうようなことを言うと，裁判所としては，案外気になる。そのとき，自民党は『司法の危機』と言って，司法制度調査会なんかをつくって，何かやろうとした。牽制ですね」と当時を振り返っている。C.O.E.オーラル・

政策研究プロジェクト〔2004〕『矢口洪一オーラル・ヒストリー』政策研究大学院大学，178頁。
(19) 『裁判所時報』1970年5月1日号。
(20) 『裁判所時報』1970年1月1日号。この直前の1969年末に，石田の後輩の鈴木忠一司法研修所長は，「裁判官は職務以外の私生活に於いても独立のための欠くべからざる支柱である中立を維持すべきであり」と主張していた。鈴木忠一〔1969〕「裁判官の独立とその問題」小山昇・中島一郎編『裁判所法の諸問題　中』有斐閣，57頁。
(21) 書簡全文は，福島重雄・大出良知・水島朝穂編著〔2009〕『長沼事件　平賀書簡　35年目の証言』日本評論社，160－162頁に再録されている。
(22) 1969年11月中旬から最高裁は青法協会員裁判官に対する脱会勧告を行っていく。翌年1月には，おひざ元である事務総局の局付判事補を全員脱会させたのを皮切りに，全国各地の裁判所をブルーパージは席捲していく。その結果，350名を超えていた青法協会員裁判官は，ブルーパージ発動1年で200名台に落ち込んだのである。青年法律家協会弁護士学者合同部会編〔1990〕『青法協』日本評論社，117－119頁。
(23) 『朝日新聞』1969年10月13日社説，および『毎日新聞』1969年10月16日社説。いずれも飯守のとった行動を批判しつつも，「〔裁判官は〕公正であると同時に，公正であると国民に受取られるような姿勢を堅持することが，その職責の一つではあるまいか。」（朝日）「その団体〔青法協〕が，もし，不当に政治的色彩を濃くするようなことがあれば，たとえ，会員である裁判官が，政治的中立を堅持したとしても〔中略〕中立性と，公正性を要求される裁判官にとって，好ましいことではないであろう。」（毎日）と「公正らしさ論」を支持した。これらの社説について，平賀書簡をめぐる座談会で，当時青法協会員裁判官だった宮本康昭（1971年3月再任拒否）は次のように指摘している。「これが非常に痛かったですね。一般の裁判官も黙ってしまうし，それから世論もこれまで『平賀書簡』，福島問題で，圧倒的に支持してくれていたと思ったのが，何となくそうではないような空気が出てくる。実はこの朝日，毎日の社説は，このときの情勢のターニングポイントの一つだったと思います。」前掲，福島ほか〔2009〕229頁。
(24) 『裁判所時報』1970年7月1日号。続く『裁判所時報』1971年1月1日号の「新年のことば」では，石田はブルーパージを次のように説明している。「昨年，一部少壮裁判官の政治的色彩の強い団体への加盟をめぐって，裁判の公正について世間の危惧と批判を受けるような事態が生じ，最高裁判所裁判官会議においてもこれを放置するわけにはゆかず，裁判官倫理の問題として，裁判官各自の自粛自戒を要望せねばならないことになったのである。」

(25) 当時の人事局長であった矢口は2006年7月25日に死去するが，その直前の7月2日に「裁判所の派閥抗争の表れだった。宮本さん個人の問題ではない」と機微に触れる事情について「遺言」した。『朝日新聞』2006年9月4日夕刊。
(26) 『裁判所時報』1971年6月1日号。
(27) 当時の佐藤栄作首相も裁判の現状に相当の危機意識をもっていた。たとえば，佐藤は1969年9月1日に石田長官に面会した模様を，次のように記している。「長官とは最近の学生裁判にともすれば法廷を乱る一部の弁護士連中に強い態度を示す事，もって法廷の権威を維持する様注意を喚起し，併せて研修所制度改善につき意見を徴する。これも困ったもの。」佐藤栄作〔1998〕『佐藤栄作日記　第三巻』朝日新聞社，497頁。
(28) 山本祐司〔1997〕『最高裁物語（下）』講談社＋α文庫，284－287頁。この簡裁判事は起訴され，一審の福岡地裁で1982年3月に懲役1年の実刑判決を受けた。高裁，最高裁と争われたが，結局実刑1年で確定した。
(29) 『裁判所時報』1980年11月1日号。
(30) 前掲，山本〔1997〕288－292頁。
(31) 『裁判所時報』1981年6月15日号。
(32) 『裁判所時報』1982年6月15日号。
(33) 矢口は不祥事続発の背景をこう語る。「こうした不祥事が続発するのは，裁判官の社会的視野や常識の形成に問題があるからではないか。どれもが比較的有能な裁判官と思われている人々の行いであるだけに，私たちの受けた打撃は深刻なものがあった。」「度重なる不祥事を経験しながら，裁判官である前に『善良な社会人』であることの大切さが，改めて思い起こされた。」矢口洪一〔1993〕『最高裁判所とともに』有斐閣，86，88頁。
(34) 同上，70頁。　(35) 同上，88頁。
(36) 表4で取り上げた裁判所の不祥事の概要は次のとおり。
・判事補謀略電話事件：1976年8月に京都地裁の判事補が検事総長の名を騙って三木武夫首相に電話をかけ，首相からロッキード事件捜査への政治介入の言質を引き出そうとした事件。しかも，判事補はその録音テープを新聞記者に聞かせる挙に及んだ。弾劾裁判所は1977年3月に罷免を判決した。
・判事飲酒暴行事件：1980年10月，旭川地・家裁判事が泥酔して宿泊先のホテルの夜警員や宿泊客に暴力行為を働いた。同判事は分限裁判の結果，戒告処分となったが，辞表を提出し依願退官した。
・裁判官らの水増し出張：会計検査院の調査により，1990年度に7つの裁判所の裁判官や職員が出張費用など合計約1970万円を不正に受け取っていたことが1991年11月に判明した。出張が予定より早く終わったことを

精算せずに出張費用を不正に受給していた。最高裁は内部調査を進め，受給者から返済を受けるなどして全額を国庫に返納した。
・職員の公金横領事件：福岡地裁小倉支部の経理担当事務官が，架空の法廷通訳費用などの領収書を作って約1千万円を横領していたことが，1992年9月に発覚した。および，浦和地裁保管金係長が予納金約130万円を横領して浦和地検に逮捕され，1992年8月に有罪判決を受けていたことが，同年10月に報じられた。
・裁判所の手続きミスで窃盗事件が公訴棄却：1996年9月，和歌山地裁が和歌山簡裁あての窃盗事件の起訴状を誤って受理した。そのまま裁判手続きが進められ書記官も担当裁判官もミスに気づかなかった。初公判の10日前になって和歌山区検がミスを指摘したが，刑事訴訟法上簡裁への審理の変更はすでに不可能であった。和歌山地裁の初公判で公訴無効の判決が言い渡され，窃盗事件は不問となった。
・高裁判事の妻の捜査関係書類を地裁がコピーして高裁に提供していた問題：福岡高裁判事の妻による脅迫事件をめぐって，警察が妻の捜査差し押さえ許可状を福岡地裁に請求した際，捜査対象が高裁関係者と気づいた地裁側が警察の内偵中にもかかわらず，関係書類をコピーして福岡高裁に提供していたことが，2001年2月に明らかになった。地裁事務局長が地裁所長の指示で，高裁事務局長に報告を上げ，高裁事務局長は福岡高裁長官や最高裁事務総局に内容を伝えていた。
・判事児童買春事件：東京高裁判事が少女を買春するなどした児童買春禁止法違反容疑で2001年5月に逮捕された事件。東京地裁は同年8月，懲役2年，執行猶予5年を言い渡した。また，弾劾裁判所は同年11月に罷免を判決した。
・判事ストーカー事件：宇都宮地裁下館支部の判事が2008年2月に部下の裁判所女性職員にわいせつな内容を含むストーカーメールを16回送りつけ，ストーカー規制法違反に問われた事件。甲府地裁は懲役6月，執行猶予2年を言い渡した。また，弾劾裁判所は同年12月に罷免を判決した。
・判事準強制わいせつ事件：福岡高裁宮崎支部の判事が，2009年2月，乗り合わせた高速バスの隣席で眠っていた女性の下半身を触ったなどの事件。当該判事は同年4月に任期満了退官した。退職手当は放棄。同年7月，宮崎地裁は懲役2年，執行猶予5年の判決を言い渡した。

(37) 『裁判所時報』2009年7月1日号。
(38) 矢口は常々職業裁判官だけに依存した裁判所の「キャリア・システム」に疑問を感じ，「キャリア・システムの長所を保ちながら裁判に直接国民の意思を反映する制度」として陪審制・参審制に注目していた。そして，長官時代に「欧米の運用の実態を徹底的に探り，わが国への適用の可否を検

討しようと，最高裁発足四〇年を経て初めて調査，研究が始まった。」前掲，矢口〔1993〕115頁。その後のオーラル・ヒストリーでも，矢口は同様の見解を述べている。「国民というものが〔裁判に〕入って行かなければいけない。そして，国民を馬鹿にしてはいけない。何でも，『俺たちはプロだから，プロに任せておけ』というのは一番悪い。大部分の国民は大丈夫なんだから，国民にやらせなければいけない。そういう意味で，裁判に対する国民の『収まり』の問題が，陪審・参審の問題です。」前掲，C.O.E. オーラル・政策研究プロジェクト〔2004〕158頁。

(39) 『朝日新聞』2009年7月6日。

(40) 「裁判員制度の実施まで2年足らずになりました。刑事裁判に直接国民が参加するこの制度は，司法に対する国民の理解と信頼を深める上で大きな意義を有するものであり，私たちは，それが円滑に実施されるよう，全力を挙げて取り組まなければなりません。」『裁判所時報』2007年7月1日号。

(41) 『裁判所時報』2004年1月1日号，同年7月1日号，2005年1月1日号。

(42) 「司法制度改革審議会審議経過」
http://www.kantei.go.jp/jp/sihouseido/report/ikensyo/singikeika.html

(43) たとえば「私たちは，裁判制度の担い手として，裁判の運営が時代の要請と国民の期待に十分こたえているかを常に検証し，<u>国民のより高い信頼を勝ち得る</u>よう絶えず制度や運営の改革に取り組んでいく必要があります。」「新年のことば」『裁判所時報』2001年1月1日号。

(44) 映画『それでもボクはやってない』(2007) の監督・脚本を手掛けた周防正行は，裁判員制度について次のような危惧を表明している。「最高裁はずっと反対していたのにあるとき賛成に転じるというのは，この制度を利用して，いまよりももっと自分たちの思いどおりになる裁判システムを作れる，と思ったからでしょう。いままでの職業裁判官による裁判を批判せず，要するに自分たちの存在を顧みることなく，<u>いまの自分たちが推し進めている裁判をもっともっと国民の信頼を得るかたちで実現していきたい</u>。裁判官の都合のために，この制度を利用できるルールづくりが行われている。」周防正行・五十嵐二葉〔2009〕「対談『裁判員制度』を日本の刑事裁判を良くする方向に」『法と民主主義』第435号，7頁。

(45) 三淵は最高裁長官の就任式があった1947年8月4日，記者との共同会見の席上でこう語った。「ことに民主的憲法の下にあつては，裁判所は，<u>真実に国民の裁判所</u>になりきらねばならぬ。国民各自が，裁判所は国民の裁判所であると信じて，<u>裁判所を信用し，信頼する</u>のでなければ，裁判所の使命の達成は到底望み得ないのであります。」三淵忠彦〔1950〕『世間と人間』朝日新聞社，244-245頁。

政府への信頼と投票参加

―信頼の継続効果と投影効果―

善教将大 *

1. はじめに

　政府への信頼が低下することの何が問題か。信頼の低下はどのような帰結をもたらすのか。本稿では，日本を事例に，投票参加との関連から，政府への信頼の低下ないしその帰結について明らかにしようと思う。

　信頼という概念に，近年，多くの注目が集まりつつある。とりわけ，政治学や行政学においては，政府への信頼が低下しつつある現状を背景に，民主主義という政治システムが機能不全を起こしているとの認識が広がりつつある。また，この現状を打開するためには，人々の信頼を獲得しなければならないとも主張されている。しかし，政府への信頼の低下の何が問題かについては，それほど明らかになっているわけではない。本稿は，投票参加との関連から，信頼の効果について検討するものである。

　政府への信頼と投票参加の関連については，今日に至るまで数多くの知見がもたらされてきた。そこで明らかになったのは，政府への信頼と投票参加の間には弱い関連しかないというものであった。しかし，先行研究の多くは静態的な視点から信頼の効果を推定しており，その意味で必ずしも適切な分析であるとはいえない。信頼の効果を明らかにするには，態度の継続と変容という動態的な視点も必要である。

　政府への信頼は，過去における認識がいかなるものかによりその機能を大きく変化させる。この特徴を踏まえた上で推論を行わない限り，信頼の効果を正しく推定することは難しい。逆にいえば，現在の認識と過去の認識を組み合わせることで，信頼の効果はより明瞭に示されるのではないか。

---

　*　立命館大学大学院政策科学研究科博士後期課程　政治意識論

本稿では，大規模パネル調査を用いた計量分析からこの仮説が支持されることを明らかにする。

本稿の論述は以下のとおりである。まず，2. で本稿の問いと政府への信頼の定義に関して説明する。次に，3. で先行研究に検討をくわえ，それらの問題点を指摘する。4. では，態度の継続と変容という視点に基づく本稿の仮説を提示する。そして，5. で，大規模パネル調査を用いた計量分析から本稿の仮説が支持されることを示す。最後に，6. で結論と含意を述べる。

2. 民主主義の機能不全と政府への信頼

2.1 政府への信頼の低下の何が問題か

近年，政府への信頼の低下が民主主義の機能不全を示しているとして，多くの論者から問題視されている。政府への信頼の低下は，民主主義の機能不全を示すバロメータとしてだけではなく，それ自身が原因となって機能不全を生じさせる可能性もある。信頼の低下をいかに防ぐかは，多くの国において現実的な課題となりつつある。

政府への信頼の重要性については，信頼が民主主義における取引費用 (transaction costs) を減少させるといった点や，政治システムの正統性を担保するといった点から説明されている (Hetherington 1998; Warren 1999)。それゆえに，多くの論者は，近年における政府への信頼の低下を背景に，信頼を構築する必要があることを主張する (Blind 2007; 田中・岡田 2006) [1]。

政府への信頼の変動のパターンについては国ごとに差異が見受けられるが (Norris 1999)，先進諸国に共通してみられる現象ということもあり，なぜ政府への信頼が低下してきたのかについては多くの知見が蓄積されている[2]。しかし，信頼の低下の何が問題かについては，Hetherington (2005) や投票参加研究を除いて印象論的な指摘を述べるに留まっているものが多いように思われる。さらにいえば，政府への信頼と投票参加との関連についても，疑義を呈する論者は多い。結局のところ，政府への信頼の低下の何が問題かについては不明瞭な状態にある。

もちろん，政府への信頼の低下はそれ自身が問題だという指摘もありえ

よう。しかし，この主張は信頼の低下の何が問題かという問いに答えているわけではない。信頼の低下の何が問題かを理解するには，その帰結，すなわち信頼の効果を明らかにする必要がある。本稿では，政治行動，具体的には投票参加との関連から信頼の効果を検討する。

2.2 政府への信頼と政治的信頼

信頼の定義の多義性に象徴されるように政府への信頼の定義は論者によって様々であり，統一された見解は存在しない。しかし，政治意識論上では政府への信頼が政治的疎外（political alienation）を構成する一要素として位置づけられてきたこともあり，1970年頃からこの問題について検討がなされてきた。ここでは，政治不信の多次元論を参考に，政府への信頼をどのように捉えるかを検討する。

政治的疎外（政治不信）とは政治や行政など「公的」な対象に対する否定的な態度を総称した概念であり，政治関心など，人々の認知的志向性（intensity of preference）を意味する概念の1つである（Chen 1992）[3]。ただし，政治不信は広義な概念であり，それゆえに一次元ではなく多次元的な概念であると通常は考えられている。その次元の区分としては，入力に対する不信と出力に対する不信がある。

入力に対する不信とは，「我々は政策決定者に影響を与えることができるか否か」に関わる認識である。一方，出力に対する不信とは，「届いた声が政策決定に反映されるか否か」に関わる認識である。この入力と出力の次元の区別は，実証的にも妥当な区分であることがFinifter (1970)などの分析結果より明らかにされている。ここでの区別から明らかなように，政府への信頼は出力への不信と考えられる。

ただし，出力への不信には，さらに「現職者（incumbent）」への不信と「システム」への不信の下位次元があるとされ（Easton 1975），政府への信頼がいずれに属するかは，きわめて論争的な主題となっている（Citrin 1974; Citrin and Green 1983; Citrin and Luks 2001; Miller 1974; Miller and Borrelli 1991）。この論争を解決する試みはいくつかなされてきたが，現状においても解決されたとはいえない状態にある（Bautista and Palmer 2005; Erber and Lau 1990）。

一方，日本における政治不信の次元に関する研究も，1980年頃より本格

的に進められ，今日に至るまで多くの知見の蓄積がみられる。そこでは，出力への不信には上述した2つの下位次元にくわえ，政治（的）信頼と呼ばれる第3の下位次元も存在することが明らかにされている（三宅 1986；綿貫 1997；善教 2009)[4]。

政治的信頼は，特定の政治家とシステムの中間に位置する抽象的な「政治」に対する信頼である。この政治的信頼の曖昧さは，政府への信頼の位置づけを検討する際，重要となる。上での論争からも明らかなように，政府への信頼は，現職者ベースかシステムベースかを一義的に定めることが難しい。そこに，政治的信頼を政府への信頼と近似する概念として捉えられる素地がある。

もちろん，政治的信頼の対象はあくまで政治であって，政府ではない。しかし，認識の対象に大きな差異はなく，近似的な概念として捉えることは十分可能である。したがって，本稿では，政府への信頼を政治的信頼と近似する概念として捉えたうえで，以下での議論を進めていく。

3. 先行研究の整理と検討

3.1 政府への信頼と投票参加

投票参加を説明するアプローチには，大きく分けて2つの異なるアプローチがある。1つはDowns (1957=1980)に代表される合理的選択論に基づくアプローチである。もう1つは，Cambellら(1960)に代表される社会心理学的（態度論）アプローチである。政府への信頼と投票参加の関係についての研究の多くは，態度論アプローチに基づくものである。

政治的疎外と投票参加の関係についての実証分析は，古くは1960年頃より行われていたが（Levin 1960），政府への信頼と投票参加の関係が本格的に分析され始めたのは70年代に入ってからである。アメリカにおいては，1960年代頃より政府への信頼が低下し，投票率も低下した。それゆえに，多くの政治学者は，政府への信頼の低下が棄権者の増加をもたらしたのではないかと考え(Aberbach 1969; Abramson and Aldrich 1982; Cassel and Hill 1981)，そして，この仮説を検証するべく様々な分析が行われた。しかし，実証分析の結果は意外にも，両者の間にはそれほど強い関係はないというものであった（Citrin et al. 1975; Conway 1981; Hill and Luttbeg 1983)。

Chen (1992) のように信頼の低下と棄権者の増加の関連の強さを示す研究は少なく，それゆえに，動員といったその他の要因が，今日においては注目されつつある (Green and Gerber 2004; Rosenstone and Hansen 1993)。

日本においても，政府への信頼（政治的信頼）と投票参加の関係について，今日に至るまで数多くの分析が行われ続けてきたが，アメリカにおける結果と同じく，両者の関連に疑義を呈する論者は多い。たとえば，小林（1987）は，信頼と投票参加の関係は疑似的な相関関係であると論じている。同様に，三宅と西澤（1997）や，三船（2005）の分析結果も，信頼の影響力がそれほど強くないことを明らかにしている[5]。

以上の整理から明らかなように，政府への信頼と投票参加の関連について，多くの先行研究は否定的な見解を示している。もちろん，投票参加は政治的態度のみによって規定されているわけではなく，その意味で，政府への信頼の影響力を過大視することは誤りである。しかし，その他の変数が従属変数の分散化を説明することと，政府への信頼の効果がみられないこととは別次元の問題である。問われなければならないのは，何が投票参加を規定しているのかではなく，既存の研究にどのような問題があるのか，である。

3.2　先行研究の問題点

先行研究における問題点としては，2点ほど指摘できる。1つは，方法論的な問題であり，もう1つは理論的な問題である。いずれも問題であることに相違はないが，本稿は，後者を重視する立場にある。

一方での方法論的な問題としては，過小評価バイアスの問題を指摘することができる。通常，信頼の効果を推定する方法としては回帰分析が用いられるが，検証目的の変数がその他の独立変数の原因になっている場合，当該変数の推定値を過小評価するバイアスがかかる（星野 2009:119）。先行研究の多くは，様々な変数を強制的に「独立」しているとみなして推定作業を行っており，それゆえに，信頼の効果は過小評価されている可能性が高いと考えられる[6]。

他方，理論的な問題としては，政治的態度の中・長期的な安定性が先験的に仮定されているといった点が挙げられる。態度論に基づく研究の多くは，政治的態度の中・長期的な安定性を先験的に仮定してきたため，態度

の変動可能性を考慮の枠外においてきた[7]。しかし，政府への信頼を中・長期的に安定的な態度とみなすのは適切ではない。なぜなら，政府への信頼は，日々変動するシステムからの出力を認識の対象としているからである。認識の対象が容易に変化する以上，政府への信頼も，理論的には変容するものと仮定しなければならない[8]。

政府への信頼の効果は，態度変容という時間次元を考慮した動態的な視点から把握することでより明瞭に示される。本稿は，現在の志向性の強弱だけではなく，過去からの態度の継続や変容が，信頼の効果を議論する際に重要になると考える。

4. 本稿の仮説

4.1 政府への信頼を捉える基本枠組み

本稿では，政府への信頼を，先験的に安定的な態度とみなさず，変容しうる態度であると捉える。そのため，本稿は，学習という情報処理の枠組みから政府への信頼を捉える。

心理学における学習理論は，人々の態度形成あるいは意思決定を，情報のコード化，保全，検索（再認）の3段階から成る情報処理の過程から捉える（篠原 2008）。このアプローチは，態度の継続と変容を説明することができるため，政治学においても，近年多くの論者に用いられている（Delli Carpini and Keeter 1996; Zaller 1992; 岡田 2008；境家 2006）。

情報処理の観点から政治行動を捉える議論の多くは，人々が有する情報の量的側面に注目する。投票参加研究においては，情報量と投票参加の関係について分析がなされる傾向にある。そこでは，いくつかの異なる見解が提出されているものの，情報量の多さと投票参加の間には関連があることが示されている（境家 2008）。

この情報量との関連から投票参加を捉えるアプローチは，情報のコード化の側面に注目するものといえる。しかし，情報のコード化だけが人々の志向性を高めるわけではないだろう[9]。短期的にしか記憶されない情報は，いかに蓄積されようとも志向性を高めることに繋がらないだろうし[10]，また，保全された記憶がいかに多くても記憶を再認することがなければ志向性が高まるとは考えられないからである。

本稿が注目するのは，情報のコード化ではなく，記憶の保全および検索である。政治的態度の継続と変容という動態的な視点から政府への信頼の効果を推論するには，記憶の保全や検索が重要になると考えるからである。

4.2 信頼の継続効果と投影効果

信頼であれ不信であれ，ある種の態度や行動は継続することで，次にもその態度ないし行動を継続する確率が高まる[11]。言い換えれば，政府への信頼といった抽象的な認識ないし態度は，変容するかしないかに関わらず継続しやすい。フレーミング論はこの現象を「固定観念（stereotype）」から説明し（Cappella and Jamieson 1997=2005），古典的な態度論は「政治的社会化（political socialization）」の帰結として説明してきた（Easton and Dennis 1969）。本稿では，これらの議論とは異なる情報処理の観点から，態度の継続を捉える。

人々の有する政治的情報量は基本的に少なく（Converse 1964, 1990），それゆえに多くの人々は意思決定を行う際「手がかり（cues）」を用いるとされる（Lupia and McCubbins 1998=2005）。政治的意思決定に用いられる手がかりは，当然，個人をとりまく環境や状況によって異なる。しかし，情報の検索にはコストがかかり，低いコストの情報の方が再認されやすい点や（Anderson and Bower 1972），具体的な事実よりも認識といった態度の方が検索のコストが低い点を勘案するなら（Mandler 1980），過去における認識は，人々の意思決定の際の手がかりとして重要な役割を果たすものと考えられる。

人々がある種の態度を継続させる理由は，おそらくこの点に求められる。フレーミング論は偏った情報の継続的な入手から態度の継続を説明するが，これは人々が有する情報量は少ないという知見と相容れない見解である。その意味で，態度の継続をフレーミング論から説明することは難しい。そうではなく，過去における認識が手がかりとして継続的に使用されていると考える方が適切であろう。この捉え方は，過去における認識の継続という意味で政治的社会化による説明と親和性を有するが，態度変容を仮定するという点で大きく異なる。

政府への信頼の効果を議論する際，この継続の捉え方は重要な意味をもつ。手がかりとしての記憶の繰り返しの使用は，記憶の保全確率を高め，

かつ，検索のコストを低下させるため，再認の確率をより高める。つまり，態度の継続は「変わっていない」のではなく，「より変わりにくくなった」ことを意味しているのである。言い換えれば，態度の継続は志向性がより強くなったものと解釈できるわけである。ここより，過去に政府を信頼し，現在においても信頼している人の場合さらに認知的志向性が強くなり，逆に，過去から現在に至るまで不信を抱き続けている人はさらに志向性を弱めるという仮説が導き出される。本稿では，この仮説を継続効果仮説と呼ぶ。

しかし，過去における認識が常に手がかりとして使用されるわけではない。対立する新しい情報がコード化されたとき，それは手がかりとしての機能を大きく損なうし，場合によっては忘却される。情報処理の理論は，このように対立する情報のコード化などから態度変容を議論する。

情報処理の枠組みから態度変容を捉える代表的なモデルとしては，Zaller (1992) の「受容－承認」モデルがある。このモデルは，態度変容を，現在の認識が過去における認識に干渉し，その結果，過去の考え方が更新されたものとして解釈する[12]。ここで明らかなように，このモデルの根底には，学習理論における忘却の理論，具体的には情報の逆向干渉説がある (McGeoch 1952)。逆向干渉説とは，新しい情報が過去の情報に干渉する点から記憶の忘却を説明する理論である。「受容－承認」モデルは，過去における認識が現在の認識によってリセットされることを想定しており，そこから逆向干渉説を応用したものと考えられる。

しかしながら，記憶の忘却は，逆向干渉のみによって生じるわけではない。実は，記憶の忘却は過去にどのような情報が記憶されていたかによっても生じる (Underwood 1957)。この説は，過去における異なる認識が現在の認識に影響を与える点から順向干渉説と呼ばれており，逆向干渉説では説明することができない忘却を説明する議論として注目されてきた。

くわえて，逆向干渉説の忘却の仮定についても，潜在記憶 (implicit memory) の議論などいくらかの疑義が呈されている[13]。たしかに，幼少期の記憶など再認不可能な記憶もあるため，すべての記憶が忘却されていないわけではない。けれども，すべての記憶が瞬時に忘却されるとする仮定は非現実的である。少なくとも，比較的近い過去での記憶については，検索されていないだけで残存しているものと考えられる。

態度変容が生じている場合であっても比較的近い過去における認識は残存していること，そして，過去における認識が異なる場合現在の認識の忘却を生じさせやすいことの2点より，比較的近い過去における認識が異なる場合，現在の認識に「負」の影響を与えると考えることができる。すなわち，態度が変容している場合，過去における認識が「投影」されることで現在の志向性の効果が減じられるのである。本稿では，この仮説を投影効果仮説と呼ぶ。

以上の2つの仮説を分かりやすく示したものが図1である。この図では横軸（参加か棄権か）を従属変数，縦軸（信頼か不信か）を独立変数，中心の棒グラフを仮想的な効果の量として示している。また，既存の議論と本稿の議論の相違を分かりやすく示すために，現在の認識のみを考慮する場合と，過去と現在の認識を考慮する場合を対比するかたちで示している。なお，黒枠の点線で囲われた部分は，過去における認識が現在の認識に与える仮想的な効果の量（継続効果と投影効果）である。

この図は，「態度の継続が投票参加確率をさらに増加させたり減じさせたりする」こと，そして「態度変容が生じている場合，現在の認識の効果が減じられる」ことを示している（作業仮説1・2）。そして，これらの説が支持されるなら「現在の認識が異なっていても態度変容が生じている場合効果に差は生じない」し，「現在の認識が同一でも過去における認識が異なることで効果に差が生じる」ことになろう（作業仮説3・4）。

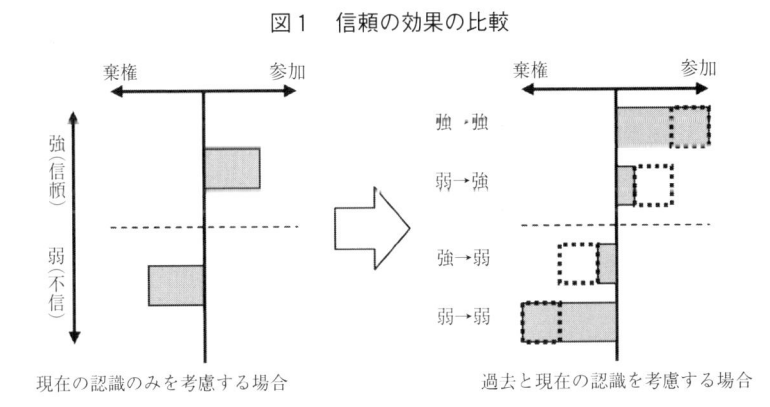

図1　信頼の効果の比較

5. 実証分析

5．1 使用データと検証方法

仮説の検証には，大規模パネルデータであるJES, JES Ⅱ, JES Ⅲを用いる[14]。なお，本稿では調査時期によって信頼の効果が異なることを仮定していないため，すべてのデータをプールした状態で信頼の効果の推定を行う。以下では，分析に使用する従属変数および推定方法，独立変数，検証方法の順に説明する。

分析に用いる従属変数は投票参加である。本稿は，投票したか棄権したかに焦点をあてているため，従属変数は投票参加か棄権かの2値変数である[15]。このため，推定方法としてはロジットを用いる。

次に，政府への信頼の操作定義に関して説明する。2．で述べたように，本稿は，政府への信頼を政治的信頼に近似する概念として捉えている。したがって，「国政への信頼感」に関する質問を，信頼の効果を測定するための独立変数として使用する[16]。ただし，この質問は現状における認識を尋ねているものなので，本稿の仮説を検証するには，異なる時期の回答を組み合わせた新しい変数を作成する必要がある。その際，過去をいつの時点に設定するかが問題となるが，ここでは，できるだけ近い過去での認識が現在の認識に影響を与えると想定している点とデータ上の制約という2点を考慮し，その当時の回答とその回答時期に一番近い過去での回答を組み合わせ，態度の継続と変容変数を作成することにした[17]。

しかし，「国政への信頼感」の回答は4点尺度であり，単純に組み合わせると16ものカテゴリをもつ変数となる。このように独立変数のカテゴリが多すぎると解釈に支障をきたしてしまい，誤った推定結果を示すことにも繋がる。したがって，高信頼と低信頼を「信頼」カテゴリ，低不信と高不信を「不信」カテゴリとしてそれぞれリコードしたうえで[18]，4つの名義尺度からなる独立変数を作成した。

さらに，統制変数として年齢，教育程度，居住年数，都市規模，政治関心，調査年ダミーも分析モデルに投入する[19]。もちろん，これら以外にも変数を統制しなければならないという指摘もあるだろうが，多くの変数を投入すると欠損サンプルが多くなり有効な推定結果が得られなくなる[20]。

くわえて，信頼の従属変数と考えられる変数を投入した場合，信頼の因果効果は過小評価されてしまう。したがって，これら6つの統制変数に限定し分析を行うことにしたい。

最後に，仮説の検証方法について説明する。本稿の仮説は，統計的に有意な結果が示されたか否かを示すだけでは検証することが難しい。そこで，統制変数の値を平均値に固定したうえで，当該独立変数を最小値から最大値まで変化させた場合，投票参加確率がどの程度変化するかという「効果量」を事後シミュレーションから推定することで，「継続効果量」と「投影効果量」を算出する。具体的には以下の方法から両者の効果量を算出する。

まず，現在の認識を用いた分析を行い，現在の認識が投票参加確率に与える効果量を推定する（Model Ⅰ）。次に，基準カテゴリを Model Ⅰ と同一にしたうえで，過去での認識を考慮した場合の効果量を推定する（Model Ⅱ・Ⅲ）。そして，過去において認識を考慮した場合の効果量から現在の認識の効果量を減ずることで，継続効果量と投影効果量を算出する。本稿の仮説が支持されるものであれば，先の差分は0とならないだろう。

以上の方法から，作業仮説1および2については検証することが可能だが，作業仮説3および4について検証することはできない。したがって，さらなる分析として基準カテゴリを「信頼→不信」および「不信→信頼」とした分析を行う（Model Ⅳ・Ⅴ）。本稿の仮説が支持されるものであれば，Model Ⅳ では「不信→不信」カテゴリの係数が統計的に有意な結果を示す一方で，「不信→信頼」カテゴリは有意な結果を示さないだろう。また，Model Ⅴ では，「信頼→信頼」カテゴリの係数は統計的に有意な結果を示す一方，「不信→信頼」カテゴリは有意な結果を示さないだろう。

5.2 ロジット推定とシミュレーション結果

表1　仮説の検証方法

作業仮説1と2の検証方法	継続効果量と投影効果量の算出
継続効果量の算出方法	①「信頼→信頼」の効果量－信頼の効果量（Model Ⅰ と Model Ⅱ の比較） ②「不信→不信」の効果量－不信の効果量（Model Ⅰ と Model Ⅲ の比較）
投影効果量の算出方法	①信頼の効果量－「不信→信頼」の効果量（Model Ⅰ と Model Ⅱ の比較） ②不信の効果量－「信頼→不信」の効果量（Model Ⅰ と Model Ⅲ の比較）
作業仮説3と4の検証方法	「信頼→不信」「不信→信頼」カテゴリとの差の検討
カテゴリ間の差の検証方法	「信頼→不信」「不信→信頼」を基準とした推定（Model Ⅳ・Ⅴ）

表2は従属変数を投票参加とするロジット推定の結果である。分析の結果を先取りすれば，本稿の仮説は概ね支持されるものであった。まずは，推定結果から直接的に確認することができる作業仮説3と4から検証していくことにする。

　Model Ⅳの推定結果は，「不信→不信」カテゴリの係数が統計的に有意であることを示す一方，「不信→信頼」カテゴリが有意ではないことを示している。Model Ⅴの結果も，Model Ⅳの結果とほぼ同様の結果を示しており，「信頼→信頼」カテゴリと「不信→信頼」カテゴリの差は10％水準だが統計的に有意である（有意確率0.054）。これらの結果は，現在の認識が異なっていても，過去において認識が異なっている場合効果に差はみられないこと，そして現在の認識が同じ場合でも過去において認識が異なることで効果に差が生じることを示している。したがって，作業仮説3と4は支持されるということになる。ただし，これらが継続効果と投影効果によってもたらされたものであるか否かを判断するにはさらなる分析が必要である。

表2　ロジット推定の結果

		Model Ⅰ	Model Ⅱ	Model Ⅲ	Model Ⅳ	Model Ⅴ
独立変数						
	信頼→信頼	—	0.776**	reference	0.515**	0.377†
	不信→信頼	—	0.399*	reference	0.137	reference
	信頼→不信	—	reference	−0.362*	reference	−0.137
	不信→不信	—	reference	−0.712**	−0.350*	−0.487**
	信頼	0.591**	—	—	—	—
	不信	reference	—	—	—	—
統制変数						
	年齢	0.002	0.004	0.004	0.004	0.004
	教育程度	0.068	0.087	0.090	0.092	0.092
	居住年数	0.101*	0.129*	0.122*	0.124*	0.124*
	都市規模	−0.032	−0.007	−0.005	−0.004	−0.004
	政治関心	0.102*	0.122†	0.125*	0.125*	0.125*
term 1 (JES 第3波)		−0.440*	−0.317	−0.335	−0.332	−0.332
term 2 (JES Ⅱ第5波)		−1.535**	−1.516**	−1.532**	−1.531**	−1.531**
term 3 (JES Ⅱ第7波)		−0.682**	−0.681**	−0.665**	−0.683**	−0.683**
term 4 (JES Ⅲ第7波)		−0.394*	−0.160	−0.153	−0.144	−0.144
term 5 (JES Ⅲ第9波)		reference	reference	reference	reference	reference
	定数	1.483**	1.113**	1.757**	1.382**	1.382**
	N	4538	3068	3068	3068	3068
	擬似決定係数	0.058	0.075	0.076	0.077	0.077

注）数値は回帰係数　†：p<0.1　＊：p<0.05　＊＊：p<0.01で統計的に有意

以下では，事後シミュレーションより継続効果量と投影効果量を算出する。

まずは，継続効果量の推定から行うことにしよう[21]。Model Ⅰの推定結果に従えば，現在信頼を抱いている人は，不信を抱いている人に比して6.75％ほど投票に参加する確率が高くなる。逆にいえば，不信を抱いている人は信頼を抱いている人より6.75％ほど棄権する確率が高くなる。ここより，現在の認識の効果量は6.75ポイントである。

次に，Model Ⅱの推定結果に従えば，「信頼→信頼」カテゴリは，不信カテゴリに比して，投票参加確率を7.41％ほど増加させる。一方，Model Ⅲの推定結果によれば，「不信→不信」カテゴリは，信頼カテゴリに比して，投票参加確率を8.11％ほど減じさせる。これらの結果より，信頼の継続効果量は0.66ポイント，不信の継続効果量は1.36ポイントとなる。

最後に，投影効果量の推定作業を行う。Model Ⅱの推定結果に従えば，「不信→信頼」カテゴリは，不信カテゴリに比して，4.34％ほど投票参加確率を高める。一方，Model Ⅲの推定結果に従えば，「信頼→不信」カテゴリは信頼カテゴリに比して，3.92％ほど投票参加確率を減じさせる。これらの結果より，信頼の投影効果量は2.41ポイント，不信の投影効果量は2.83ポイントとなる。

以上の継続効果量と投影効果量の推定結果をまとめたものが，図2である。この図は，継続効果と投影効果が存在することを明らかにしている。ただし，継続効果仮説については，全面的に支持されたとはいえない。不信に関しては1.36ポイントとそれなりの値が示されているが，信頼に関しては0.66ポイントと小さな値が示されているに留まっているからである。継続効果仮説は「やや」支持されたということになるだろう[22]。

継続効果量とは異なり，投影効果量につい

図2　信頼・不信の継続効果量と投影効果量

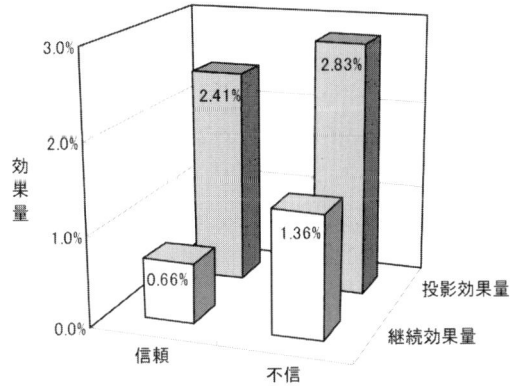

ては，信頼，不信ともに比較的大きな値が示されている。信頼の投影効果量は2.41ポイントであり，この値は継続効果量のおよそ3.7倍である。また，不信の投影効果量に関しては，継続効果量のおよそ2.1倍である。この推定結果は，投影効果が存在することを明確に示している。投影効果仮説は支持されるものと考えられる[23]。

6. おわりに－結語に代えて－

本稿では政府への信頼の効果について検討してきた。既存の研究の多くは，信頼と投票参加の関係を明瞭に示しえなかった。その1つの原因としては，信頼の継続効果や投影効果を考慮してこなかったことが挙げられる。本稿の推定結果は，信頼には継続効果と投影効果があることを示している。今後は，これらを踏まえた上で信頼の効果について検討していく必要があるだろう。

また，ここでの分析結果は，クロスセクショナルな調査における回答の機能的等価性について，再検討していく必要があることも示している。信頼のように，継続効果や投影効果が存在すると考えられる態度を分析に用いる場合，現時点で同じ回答をした人でもその機能が異なる可能性は十分にある。本稿の分析は，そのような新たな二次分析の可能性も示している。

本稿の分析結果から導き出される含意は，政府への信頼の低下それ自身が「政治離れ」をもたらすとは限らないというものである。逆にいえば，信頼が構築されたからといって，投票参加者が増加するわけでもない。過去に不信を抱いていた場合，過去において認識が現在に反映され，結果として投票参加率は増加しないからである。したがって，信頼を構築するだけではなく，その状態をいかに安定させていくかが今後の課題となるだろう。

もっとも，信頼に基づく投票参加が，必ずしも良い結果をもたらすわけではない。信頼の継続は確かに人々の参加を促すだろう。しかし，参加の質まで保証している訳ではない。感情的な高信頼にもとづく参加も民主主義の機能不全を生じさせる可能性があることには注意を喚起しておきたい。

とはいえ，棄権者の増加は，専制的な政治を行いやすくするという意味で楽観視できるものではない。また，それは「ガバナンス」という観点からも歓迎されるべきことではない。そのような問題を防ぐためにも，政府

への信頼の低下を食い止めるのみならず，高信頼な状態を持続させていくことが今後の課題となるだろう。もっとも，本稿の分析は限定的なものであるため，さらに信頼の低下の帰結を検討していくことも今後の課題である。

【謝辞】 本稿を執筆するにあたり，木村高宏先生（金沢大学），坂本治也先生（関西大学）ならびに匿名の2名の査読者より大変有益かつ懇切なご指摘をいただいた。ここに記して感謝申し上げる次第である。無論，残された誤りについては筆者の責にある。

【付記】 本稿は財団法人松下国際財団による研究助成をうけた研究成果の一部である。

（1） 信頼という概念が注目されるに至った背景には，社会関係資本（social capital）論の隆盛がある（Putnam 1993=2001）。ただし，本稿では，社会関係資本論における一般的信頼（generalized trust）と政府への信頼を，概念的に異なるものとして区別しているため一般的信頼を議論の対象に含めていない。なお，社会関係資本の現状や理論的背景については坂本（2010）に詳しい。

（2） 政府への信頼の低下の原因としては，政府の規模の変化，経済状況の変化，価値観の変動，マスメディアの発達などがあると考えられている（Nye Jr., Zelikow and King 1997=2002; 大山 2007）。

（3） 政治的疎外は，態度の3要素論に従えば，認知的あるいは行動意欲的態度に属する政治的態度である（Oskamp and Schultz 2005）。Uslaner（2002: 23）は信頼を「戦略的信頼（strategic trust [I will]）」と「道徳的信頼（moralistic trust [I should]）」に区別しているが，ここでいう認知的志向性は「道徳的信頼」の志向性に近い。政府への信頼をこのように捉えることには異論もあろうが，出力志向と政治参加の関連は実証的にも明らかにされている（村山 1994）。ただし，慣習的参加か非慣習的参加かで，効果の方向は大きく異なる（Barnes et al. 1979）。

（4） 後の操作定義からも明らかなように，ここでいう政治的信頼は国政や府県政への信頼感である。しかし，西澤（2008）のように多くの公的な対象への志向性として政治的信頼を捉える場合もあるなど定まった見解があるわけではない。

（5） ただし，西澤と三宅の分析は内的および外的有効性感覚の効果を検証するものであり，政府への信頼の効果を直接的に検証しているわけではな

い。なお，例外的に不信や不満と投票参加の関連を強調するものとして，山田（2002）や木村（2000）がある。
（6）たとえば，政府への信頼と動員を「独立」変数とみなして分析モデルに投入した場合，政府への信頼の因果効果には過小評価バイアスがかかることになる。なぜなら動員は，より政治に参加しやすい人に対して戦略的に行われるものであり，それゆえに政府への信頼の従属変数であると考えられるからである。
（7）たとえば西澤（2007）は，政治的信頼を中・長期的に安定的な態度として位置づけている。
（8）事実，多くの社会心理学を中心とする信頼論も，態度変容を考慮に入れた上で議論を展開している。もっとも，認識対象への評価の反映とみなすことを重視する場合もあれば（Hardin 2002; Levi and Stoker 2000），ゲームのルールの変化を重視する場合もある（山岸 1998）。しかし，信頼が変容することを仮定しているという点ではいずれの議論も共通している。
（9）情報がなぜ投票参加を促すかについては2つの説がある。1つは，情報を得ることで有権者の「不確実性」が減少するという説である。もう1つは，情報を得ることで政治関心や有効性感覚が増し，参加するようになるという説である（Delli Carpini and Keeter 1996）。ただ，後者の説に関しては因果の方向が不明瞭であるように思われる。
（10）記憶を短期および長期に区分する考えは，古くは19世紀末頃より提唱されていたが，学習が情報処理の一環とみなされるようになった1950年代末頃より，具体的にはBroadbent (1958)の情報処理モデルが提唱されて以降，共通認識として定着している。
（11）以下では，分りやすさを優先し，信頼か不信かと単純化したうえで議論を進めていく。前者は認知的志向性の強度が強い状態であり，後者は弱い状態を意味している。
（12）「受容－承認」モデルに関しては飯田（2009：136－8）に詳しい。
（13）たとえば再認の文脈依存論は過去の記憶が残存していることを仮定している（篠原 2008）。
（14）これらの調査はいずれも全国の有権者を対象とした大規模パネル調査である。JES調査はレヴァイアサン・データバンクより，JESⅡ調査はKH's HPより（URL: http://www.kh-web.org/），JESⅢ調査は慶応義塾大学21世紀COEプログラム「多文化多世代交差世界の政治社会秩序形成－多文化世界における市民意識の動態－」HPより（URL: http://www.coe-ccc.keio.ac.jp/）それぞれ入手した。データの収集ならびに公開に尽力された方々に感謝と敬意を表する。
（15）使用した質問はそれぞれ以下のとおり。JES：第3波問13，JESⅡ：第

5波問6；第7波問10，JES Ⅲ：第7波問1；第9波問1。なお，これら質問の回答は2値ではないため，すべて投票政党等は問わず投票した場合を1，棄権した場合を0にリコードしている。

(16) 具体的な質問文は「あなたは国の政治をどれくらい信頼できるとお考えでしょうか。この中ではどれにあたりますか」というものである。この質問文はすべての調査において共通しているが，回答は調査によって若干異なる。具体的には，JESとJES Ⅱの回答は「1：いつも信頼できる，2：大体信頼できる，3：時々信頼できる，4：全く信頼できない」であるのに対し，JES Ⅲの回答は「1：かなり信頼できる，2：やや信頼できる，3：あまり信頼できない，4：ほとんど信頼できない」である。しかし，機能的等価性は担保されているとする分析結果があり（善教2009），同一の回答とみなすことに問題はないと考えられる。なお，政治的信頼を構成する要素としては「国政への信頼感」以外にも「都道府県政治への信頼感」と「市町村政治への信頼感」がある。これらの質問を使用しない理由は，本稿の従属変数が国政選挙における投票参加だからである。

(17) 具体的な質問文の組み合わせは以下のとおり。JES：第1波問24［過去］×第3波問24［現在］，JES Ⅱ：第2波問29［過去］×第5波問25［現在］；第5波問25［過去］×第7波問18［現在］，JES Ⅲ：第5波問15（1）［過去］×第7波問22（1）［現在］；第7波問22（1）［過去］×第9波問20（1）［現在］。

(18) 高信頼は1，低信頼は2，低不信は3，高不信は4と回答したサンプルである。回答のワーディングが調査によって異なるためこのような呼称を用いている。

(19) 年齢は間隔尺度，教育は3点尺度（1：中卒程度，2：高卒程度，3：大卒以上），居住年数は5点尺度（1：3年以下，2：4－9年，3：10－14年，4：15年以上，5：生まれてからずっと），都市規模は4点尺度（1：町村，2：10万未満市，3：10万以上の市，4：政令市以上），政治関心は4点尺度（1：関心なし，2：たまに関心あり，3：時々関心あり，4：いつも関心あり）である。すべてIESを基準に値をリコードしている。質問No.等については紙幅の都合上割愛する。

(20) 本稿の分析にはパネル落ちサンプルを含めることができないため，できるだけ有効サンプルを確保する必要がある。収入や情報量など資源として重要な変数を投入しない理由は，有効サンプル数の減少を防ぐためである（たとえば世帯収入を投入した場合，有効サンプル数は1000以上少なくなる）。

(21) 以下での効果量は，すべて推定結果を用いた事後シミュレーションより算出している。

(22) やや違った見方をすれば，図2の結果は，因果効果の非対称性ないし「否定的効果（negative effect）」の存在を示唆しているとも考えられる。この点については，より精緻な分析から明らかにしていく必要があるだろう。
(23) 擬似決定係数の値がもっとも大きいのはModel Ⅳであり，もっとも小さいものはModel Ⅰである（Model Ⅰ：0.058, Model Ⅳ：0.077）。これは，継続効果と投影効果を考慮することが従属変数の分散を説明するうえで重要であることを意味している。なお，変数統合前の4点尺度変数で推定を行ってもこの傾向は変わらない（擬似決定係数は0.060）。

参考文献

Aberbach, J. D. 1969. "Alienation and Political Behavior," *American Political Science Review*, Vol. 63, No. 1.

Abramson, P. R. and J. H. Aldrich. 1982. "The Decline of Electoral Participation in America," *American Political Science Review*, Vol. 76, No. 3.

Anderson, J. R. and G. H. Bower. 1972. "Recognition and Retrieval Processes in Free Recall," *Psychological Review*, Vol. 79, No. 2.

Barnes, S. H. et al. 1979. *Political Action*, California: Sage Publications.

Bautista, R. and D. Palmer. 2005. "Some Elements Behind Trust in Government: Toward an Explanatory Model," Paper presented at the 60th Annual Conference of the American Association for Public Opinion Research, Miami.

Blind, P. K. 2007. "Building Trust in Government in the Twenty-first Century: Review of Literature and Emerging Issues," Paper presented at the 7th Global Forum on Reinventing Government, Vienna.

Broadbent, D. E. 1958. *Perception and Communication*, New York: Pergamon Press.

Cambell, A. et al. 1960. *The American Voter*, New York: J. Wiley.

Cappella, J. N. and K. H. Jamieson. 1997. *Spiral of Cynicism: The Press and The Public Good*, New York: Oxford University Press（＝平林紀子・山田一成監訳．2005.『政治報道とシニシズム：戦略型フレーミングの影響過程』ミネルヴァ書房）.

Cassel, C. A. and D. B. Hill. 1981. "Explanations of Turnout Decline," *American Politics Quarterly*, Vol. 9, No. 2.

Chen, K. 1992. *Political Alienation and Voting Turnout in the United States, 1960-1988*, San Francisco: Edwin Mellen Press.

Citrin, J. 1974. "Comment: The Political Relevance of Trust in Government," *American Political Science Review*, Vol. 68, No. 3.

—— et al. 1975. "Personal and Political Sources of Political Alienation," *British*

Journal of Political Science, Vol. 5, No. 1.
—— and D. P. Green. 1986. "Presidential Leadership and the Resurgence of Trust in Government," *British Journal of Political Science*, Vol. 16, No. 4.
—— and S. Luks. 2001. "Political Trust Revisited: Deja Vu All Over Again?" in J. R. Hibbing and E. Theiss-Morse eds. *What is it about Government that Americans Dislike?*, Cambridge: Cambridge University Press.
Converse, P. E. 1964. "The Nature of Belief System in Mass Publics," in D. E. Apter ed. *Ideology and Discontent*, New York: Free Press.
——. 1990. "Popular Representation and the Distribution of Information," in J. A. Ferejohn and J. H. Kuklinski eds. *Information and Democratic Process*, Urbana and Chicago: University of Illinois Press.
Conway, M. M. 1981. "Political Participation in Midterm Congressional Elections: Attitudinal and Social Characteristics During the 1970's," *American Politics Quarterly*, Vol. 9, No. 2.
Delli Carpini, M. X. and S. Keeter. 1996. *What American Know and Why It Matters*, New Haven: Yale University Press.
Downs, A. 1957. *An Economic Theory of Democracy*, New York: Harper & Row（＝古田精司訳［1980］『民主主義の経済理論』成文堂）.
Easton, D. 1975. "A Re-Assessment of the Concept of Political Support," *British Journal of Political Science*, Vol. 5, No. 4.
—— and J. Dennis. 1969. *Children in the Political System: Origins of Political Legitimacy*, New York: McGraw-Hill.
Erber, R. and R. R. Lau. 1990. "Political Cynicism Revisited: An Information-processing Reconciliation of Policy-based and Incumbency-based Interpretations of Changes in Trust in Government," *American Journal of Political Science*, Vol. 34, No. 1.
Finifter, A. W. 1970. "Dimensions of Political Alienation," *American Political Science Review*, Vol. 64, No. 2.
Green, D. P. and A. S. Gerber. 2004. *Get Out the Vote: How to Increase Voter Turnout*, Washington, D.C.: Brookings Institution Press.
Hardin, R. ed. 2002. *Trust and Trustworthiness*, New York: Russell Sage Foundation.
Hetherington, M. J. 1998. "The Political Relevance of Political Trust," *American Political Science Review*, Vol. 92, No. 4.
——. 2005. *Why Trust Matters: Declining Political Trust and the Demise of American Liberalism*, Princeton: Princeton University Press.
Hill, D. B. and N. R. Luttbeg. 1983. *Trends in American Electoral Behavior (2nd*

ed.), Itasca, IL: F E Peacock Publishers, Inc.

Levi, M. and L. Stoker. 2000. "Political Trust and Trustworthines," *Annual Review of Political Science*, Vol. 3, No. 1.

Levin, M. B. 1960. *The Alienated Voter: Politics in Boston*, New York: Holt, Rinehart and Winston.

Lupia, A. and M. D. McCubbins. 1998. *The Democratic Dilemma: Can Citizens Learn What They Need to Know?*, Cambridge: Cambridge University Press (=山田真裕訳 [2005]『民主制のディレンマ：市民は知る必要のあることを学習できるか？』木鐸社).

Mandler, G. 1980. "Recognizing: The Judgment of a Previous Occurrence," *Psychological Review*, Vol. 87, No. 3.

McGeoch, J. A. 1952. *The Psychology of Human Learning (2nd ed.)*, New York: Longmans.

Miller, A. H. 1974. "Political Issues and Trust in Government: 1964-1970," *American Political Science Review*, Vol. 68, No. 3.

―― and S. A. Borrelli. 1991. "Confidence in Government during the 1980s," *American Politics Research*, Vol. 19, No. 2.

Norris, P. ed. 1999. *Critical Citizens: Global Support for Democratic Government*, Oxford: Oxford University Press.

Nye, J. S. Jr., P. D. Zelikow and, D. C. King eds. 1997. *Why People Don't Trust Government*, Cambridge: Harvard University Press (=嶋本恵美訳. 2002.『なぜ政府は信頼されないのか』英知出版).

Oskamp, S. and P. W. Schultz. 2005. *Attitude and Opinion (3rd ed.)*, New York: L. Erlbaum Associates.

Putnam, R. D. 1993. *Making Democracy Work: Civic Traditions in Modern Italy*, Princeton, N.J.: Princeton University Press (=河田潤一訳. 2001.『哲学する民主主義：伝統と改革の市民的構造』NTT 出版).

Rosenstone, S. J. and J. M. Hansen. 1993. *Mobilization, Participation, and Democracy in America*, New York: Macmillan Pub. Co.

Underwood, B. J. 1957. "Interference and Forgetting," *Psychological Review*, Vol. 64, No. 1.

Uslaner, E. M. 2002. *The Moral Foundation of Trust*, Cambridge: Cambridge University Press.

Warren, M. E. ed. 1999. *Democracy and Trust*, Cambridge: Cambridge University Press.

Zaller, J. R. 1992. *The Nature and Origin of Mass Opinion*, New York: Cambridge University Press.

飯田健．2009．「有権者の情報処理」飯田健・山田真裕編『投票行動研究のフロンティア』おうふう．
大山耕輔．2007．「政府への信頼低下の要因とガバナンス」『季刊行政管理研究』第120号．
岡田陽介．2008．「投票参加のエピソード記憶が後の投票参加に与える影響」『政治学論集』第21号．
木村高宏．2000．「「退出」としての棄権の分析」『政策科学』第7巻，第2号．
小林良彰．1987．「投票行動と政治意識に関する計量分析」『選挙研究』No. 2．
境家史郎．2006．『政治的情報と選挙過程』木鐸社．
——．2008．「政治的情報と選挙行動」飯田健・山田真裕編『投票行動研究のフロンティア』おうふう．
坂本治也．2010．「日本のソーシャル・キャピタルの現状と理論的背景」関西大学経済・政治研究所市民参加研究班『ソーシャル・キャピタルと市民参加』関西大学経済・政治研究所研究双書，第150冊．
篠原彰一．2008．『学習心理学への招待：学習・記憶の仕組みを探る[改訂版]』サイエンス社．
善教将大．2009．「政治不信・制度改革・行政サービス－制度改革は政治不信を払拭させたのか」『政策科学』第17巻，第2号．
田中一昭・岡田彰編．2006．『信頼のガバナンス－国民の信頼はどうすれば獲得できるのか－』ぎょうせい．
西澤由隆．2007．「世論調査に見る『格差』：格差問題と政治的格差」2007年度日本政治学会報告論文（於：明治学院大学）．
——．2008．「政治的信頼の測定に関する一考察」『早稲田政治經濟學雜誌』第370号．
星野崇宏．2009．『調査観察データの統計科学：因果推論・選択バイアス・データ融合』岩波書店．
三船毅．2005．「投票参加の低下－90年代における衆議院選挙投票率の低下－」『年報政治学2005 Ⅰ 市民社会における参加と代表』木鐸社．
三宅一郎．1986．「政党支持と政治シニシズム」綿貫譲治他『日本人の選挙行動』東京大学出版会．
——・西澤由隆．1997．「日本の投票参加モデル」綿貫譲治・三宅一郎『環境変動と態度変容』木鐸社．
村山皓．1994．「日本人の政治不信の構造的特質」『選挙研究』第9号．
山岸俊男．1998．『信頼の構造－こころと社会の進化ゲーム－』東京大学出版会．

山田真裕. 2002.「2000年選挙における棄権と政治不信」『選挙研究』No. 17。
綿貫譲治. 1997.「制度信頼と政治家不信」綿貫譲治・三宅一郎『環境変動と態度変容』木鐸社。

現代政治理論の方法に関する一考察

松元雅和＊

1. はじめに

　現代政治理論がJ・ロールズ『正義論』(1971年)から多大な影響を受けていることは良く知られている (Kukathas and Pettit 1990: ch. 1)。かつて1960年代には、その現存すら疑問の対象になった政治理論であるが、同書の出版が新たな活力となって再び活況を呈するようになった。直接的・間接的にロールズに応答する形で、リバタリアニズム、コミュニタリアニズム、市民共和主義、多文化主義、熟議民主主義等々の潮流が現れ、政治理論の布置を次々に塗り替えていった。この意味で、B・バリーが言うように、「『正義論』が過去と現在を隔てる分水嶺であることに疑問の余地はない」(Barry 1990: lxix)。

　同時に良く知られているのは、ロールズ以降の英米圏の政治理論の多くが、哲学分野における分析哲学の流れを汲む「分析的」政治理論として特徴づけられることである (山岡 2005)。ここでいう分析哲学とは、J・L・オースティンらオックスフォード日常言語学派など、論理学や言語学、科学哲学等の他分野と関係しつつ、20世紀に発展した英米圏の哲学部門である。現代政治理論においては、B・バリー、G・A・コーエン、D・ミラーといったオックスフォード大学出身者のほか、R・ノージック、D・ブーティア、R・ドゥオーキンといった論者が、大まかに「分析系」の範疇に含まれる (Braybrooke 2006: 115)。

　しかし、この二つの良く知られた事実を結合するような検討は、実は国内外でほとんど存在しない[1]。一方で、ロールズ正義論の方法に関する文

＊　島根大学教育学部教員　政治哲学・政治理論

献は膨大に存在するし,他方で,現代政治理論の内容に関する文献も膨大に存在する。これらと比べて,現代政治理論の方法に関する考察はあまりにも少ない。それゆえ,現代政治理論は一方でロールズの影響を受け,他方で分析哲学の影響を受けていると言われながら,これら二つの関係が定かでないのである。

本稿の目的は,現代政治理論の方法——内容ではなく——に焦点を当てることで,ロールズ以降の政治理論家の多くが携わっている分析的政治理論の概要を明らかにすることである。第一に,哲学分野における分析哲学の特徴を明らかにし,第二に,ロールズ正義論の特徴を,その方法の観点から概観する。第三に,ロールズ正義論の影響下にある政治理論の方法を「方法論的ロールズ主義」と名づけたうえで,その特徴をノージックの分配的正義論を素材として検討する。

本論に入る前に,次の二点を確認しておきたい。第一に本稿の対象について。政治理論ないし政治哲学(本稿では両者を区別しない)とは,何らかの政治的事柄に関して何らかの価値判断を提示することを目的とする学問分野である。価値判断を提示することを目的とするという意味で,政治理論は道徳哲学あるいは倫理学と共通している (McDermott 2008: 12; Pettit 2007: 6)。両者を隔てるのは目的ではなく対象である。すなわち,道徳哲学が私的な行為や性質を対象とするのに対して,政治理論は制度を対象とするという意味で,政治理論は社会科学ないし政治学の一部門である (Norman 1998: 280)[2]。

第二に本稿の射程について。本稿では,分析哲学の影響の強い英米圏の政治理論にもっぱら焦点を合わせる。そしてもちろん,哲学分野には,ほかにも大陸哲学を中心に複数の系譜がある——現象学,実存主義,解釈学,構造主義,脱構築主義など。これらの系譜に立脚した政治理論は,本稿では扱わない。本稿で以降単に「現代政治理論」と呼ぶものは,以上の意味で限定されたタイプであることをはじめに明記しておく。また,本稿の目的は複数の政治理論の間の違いや優劣の比較を行うものでもない。

2. 論証と正当化

先述したように,現代政治理論の多くはしばしば「分析的」政治理論として特徴づけられる。しかし,政治理論が「分析的」と呼ばれる場合,そ

こにはどのような意味が含まれるのであろうか。はじめに，J・ウルフと W・キムリッカが著した英米圏の代表的な政治理論のテキストから，その実践に関する箇所を抜粋してみよう。政治理論家は，その著作のなかで一体何を行っているのであろうか。

> 概して哲学者たちは他の哲学的問題の場合とまさに同じ仕方で政治について推論する。かれらは区別を設け，命題が自己矛盾的かどうかとか，二つあるいはより多くの命題が論理的に一貫しているかどうかを検討するし，驚くべきテーゼがより明白なテーゼから演繹できることを示そうとする。要するに，かれらは論証（argument）を提出するのだ。(Wolff 2006: 3/4)

> 政治哲学とは，私の理解では，道徳的論証（moral argument）を旨とする営みであって，道徳的論証とは，われわれの熟慮された確信に訴えかけることを旨とする営みである。……政治哲学の中心的目的は，正義に関して競合する諸理論を評価することにほかならず，具体的にはそれらの観点の正しさを示すために持ちだされる論証の強みと整合性とを評価することである。(Kymlicka 2002: 6/10-1)

以上の引用から，分析的政治理論は広い意味での「論証」に携わっていることが分かる[3]。この点について，主にD・フェレスダールの議論を参照しながら，分析哲学の特徴を本稿の主題に関わるかぎりで概観してみよう。

分析哲学（analytic/analytical philosophy）とは，広く大陸哲学——現象学，実存主義，解釈学，構造主義，脱構築主義など——と対照される英米哲学の一部門として考えられることが多い。具体的には，G・E・ムーアの観念論批判（1903年）を契機として，またウィーンからの亡命知識人も交えながら，主に論理学や言語学，科学哲学といった分野と関係して発展していった。1940年代からは，オースティンやウィトゲンシュタインを中心にイギリスで「言語分析の哲学」の一団が登場するが，分析哲学はその名称が省略されたものとも言われている。

それゆえ，発展史的に見れば，言語への関心が分析哲学の特徴のひとつ

であることは明白である。実際，一部の論者によれば，分析哲学を他の哲学から区別するものは「言語の思想に対する優先性」という想定であり，分析哲学の誕生は「言語論的転回」と同義でさえあるという (Dummett 1996: ch. 2)。とはいえ，分析哲学全体をより広く捉えるならば，この点を過度に強調すべきではない。後述のロールズのように，言語の概念分析に副次的役割しか与えないながら，分析哲学者として数えられる論者もいるからである (Føllesdal 1997: 3-7/19-27)。分析哲学の広範な著作を包含する，より幅広い特徴を見つけ出す必要がある。

この点で示唆的なのは，分析哲学の主たる特徴は論証 (argument) と正当化 (justification) への関心にあるとするフェレスダールの指摘である。「私には，論証と正当化の強調が，概念分析に対する関心よりもいっそう分析哲学に特徴的なことであるように思われる。概念分析は，分析哲学の一部を形成しているにすぎない」(Føllesdal 1997: 9/30)。確かにこの指摘には異論がないわけではない。論証と正当化への関心は20世紀以降の分析哲学に特有であるどころか，啓蒙思想期から一貫した哲学的傾向であるかもしれない (Glock 2008: 190-1)[4]。回顧的に見れば，20世紀以前の思想家は分析哲学の特徴を多かれ少なかれ分有していたというのが実情であろう (Pettit 2007: 5; Searle 2003: 2)。ともあれ，先のウルフとキムリッカの引用にも合致する以上，上の指摘が（少なくとも）分析哲学に共通する特徴のひとつであることに同意しておこう。

論証と正当化とは，第一に，ひとつの哲学的な立場を提示し，第二に，この立場を認めたり，あるいは拒絶したりする理由を提示するという一連のプロセスである (Føllesdal 1997: 7/27)。しかし，そもそも哲学者はなぜ論証と正当化に従事するのであろうか。論証と正当化は独白でない。そこには，自分とは立場が異なるが自分に耳を傾ける（仮想的な）相手が存在するのである。それゆえフェレスダールによれば，分析哲学者が論証と正当化に関心を寄せる理由は，最終的には以下のような個人的・社会的な倫理に根ざすものである。

> われわれは，仲間にわれわれ自身の観点を採用させようとするとき，強制やレトリックのいずれによってもしてはならない。その代わりに，われわれは，ほかのひとがそのひと自身の考察に基づいてわれわれの

観点を受け入れたり，拒絶したりするようにすべきである。これは合理的論証を通してはじめて達成することができる。(Føllesdal 1997: 15/41)

このように，論証と正当化には，立場を示し，さらにその理由を示すことによって，相手を理性的に説得するプロセスが含まれる。ある立場が示されてもその理由が示されなければ，論証と正当化が果たされたとはいえない（それは「論証 argue」ではなく「断定 assert」である）。さらに，「強制やレトリックのいずれ」もなしに相手を説得するためには，示される理由は「そのひと自身の考察」に基づくものであるべきである。すなわち，説得的理由とは自分と相手が共有可能な理由のことである。無神論者に対して神の存在を説得するために聖典の記述を引き合いに出すことは，論証と正当化の一種ではあるが良いそれであるとはいえない。

ここで，分析哲学者が一般に言語に関心を寄せる理由が明らかになる。すなわち，概念分析によって言語を明晰化することは，論証と正当化に大いに資するということである。「言語分析は，あいまいさとか不明瞭さとかを避けるために必要であり，それは一連の論証の妥当性にとって不可欠かもしれない」(Føllesdal 1997: 8/28)。この意味から，分析哲学者は概念分析を含む様々な方法を発展させてきた。この点については，次節でより詳細に考察してみよう。

3.「分水嶺」としての『正義論』

以上見てきたように，分析哲学は論証と正当化——立場を示し，その理由を示し，理性的に説得する一連のプロセス——に強い関心を寄せる。しばしば分析哲学者の一人に数えられるロールズも，この点で例外ではない(Daniels 2001)。『正義論』に付された最終節「正当化に関する結論的考察」のなかで，彼は次のように述べている。「正当化はわれわれと意見を異にする人々に……向けられた論証である」(Rawls 1971: 580/452)。それは原理的にいって，自分とは立場の異なる相手を，強制やレトリックによってではなく理性や推論によって説得する試みである。そこで「理想的には，ある人に対してある正義の構想を正当化することは，われわれが共に受け入れる前提に基づいてその諸原理を彼に証明することである」(Rawls

1971: 580-1/452)。ロールズが他の分析哲学者と共有しているものは，この「われわれが共に受け入れる前提」に基づいた論証と正当化への強い関心である。

ただし，この引用中には，従来の分析哲学との連続性と共に，そこからのある種の断絶も示されていることに注意したい。すなわち，「ある正義の構想を正当化すること」への直接的関心のことである。この関心があるからこそ，本稿冒頭に示したように，『正義論』は「過去と現在を隔てる分水嶺である」と言われるのである。本節では，ロールズの試みがなぜ現代政治理論上の分水嶺になるに至ったのかを，『正義論』出版以前の分析的政治理論の状況と照らし合わせながら確認してみたい5。

「分水嶺」以前の分析的政治理論で一時優勢であったのが，哲学の営みから価値判断を放逐しようとする論理実証主義である。その考えによれば，有意味な言明とは，論理によって分析可能な言明と経験によって検証可能な言明の二つしかない。そのどちらにも含まれない価値判断は，真でも偽でもありえない情緒——単なる主観的選好——の表現にすぎない。この考えを政治理論に導入しようとした論者として，T・D・ウェルドンがいる。彼は「哲学の目的は，言語的混乱を明確にし，解明することである」と宣言したうえで，「政治哲学者には，立法案の現実の計画……に助言を与えたり有益な批判を行ったりする資格があるはずだ」などという見方を「馬鹿げた見方」と一蹴した（Weldon 1956: 22, 24）。

もっとも，以上の試みがそれほど長続きしたわけではない。H・L・A・ハートの弟子に当たる前述のバリーは，1965年の『政治的論証』においてすでに，ウェルドンの試みを論理実証主義の素朴な適用として斥けつつ，プラトン以来の政治哲学の課題を「制度と価値を合致させる」という問題であると明言している（Barry [1965] 1990: 290）。分析哲学の影響下にあってさえ，政治理論家は何らかの価値判断を提示しうるし，そうすべきだとバリーは考えたのである。しかし，その主たる方法は依然として，政治的言語の概念分析であった。言い換えれば，「分析的であると同時に指令的な政治理論」（Miller 1976: 340）を展開するための方法が，当時は概念分析を除いてはまだ十分に発展していなかったのである6。

もちろんロールズも，以上の意味での概念分析の有意性を否定はしないし，実際にある種の概念分析に着手してもいる（Rawls [1958, 1971] 1999:

chs. 3, 10)。何らかの価値判断を正当化するためには，その出発点として，そこで用いられている言語の意味を確定させる必要がある。例えば，ロールズが「ある正義の構想を正当化」したいのであれば，はじめに「正義」の概念を分析し，その意味を確定させる必要がある。そこで，「健全な分析とは，十分満足な代用物を提供することであると理解するのが一番良い。十分満足な代用物とは，必要不可欠な要素を満たす一方で，ある種の不明瞭さや混乱を回避するようなもののことである。言い換えれば，解明とは消去に他ならない」(Rawls 1971: 111/84)。

しかし，同時にロールズが強調するのは，概念分析を行うだけで特定の価値判断を正当化することはできないという点である。「いずれにせよ，論理と定義の真理だけにもとづいた実質的な正義論を展開することは，明らかに不可能である」(Rawls 1971: 51/36)。ロールズが展開する正義論において，意味や分析性の観念は何ら本質的な役割を演じていない。彼は『正義論』の序文で，このことをW・V・クワインから間接的に学んだと述べている (Rawls 1971: xi/xiii)。こうしてロールズは，従来の(狭い)分析哲学の伝統から離れて，「意味と定義の問題を棚上げし，実質的な正義論を展開する仕事に取りかかる」のである (Rawls 1971: 579/451)[7]。

バリーはここに，現代政治理論上の決定的な「分水嶺」を見出す。すなわち，一方で『政治的議論』を含む従来の分析的政治理論の著作が，政治的言語の概念分析の厳密性に固執していたのに比べて，他方で『正義論』には，何らかの価値判断を提示するという「政治哲学的営為のグランド・マナー」への回帰が見出されるという点である (Barry 1990: lxx)。とくに画期的であるといえるのは，「実質的な正義論を展開する」にあたり，その価値判断が単なる主観的選好ではなく説得的理由に基づいていることを示すため，ロールズが『正義論』中で採用した論証と正当化の方法であった。すなわち，彼が正義の二原理を正当化する際に用いる「原初状態」と「反照的均衡」の二つの観念である。本稿ではこれら両者を，それぞれ科学方法論における演繹法と帰納法の一種として考察してみたい。

例えば数学の場合，「三角形の内角の和は180度である」という命題を真であると証明する方法には二通りある。ひとつは，この命題を，自明の公理系(例えば，ユークリッド幾何学の平行線公理)から導出することである。もうひとつは，この命題を，無数の経験的事実(例えば，任意に描い

た三角形）と照らし合わせて吟味することである。後述するように，原初状態と反照的均衡は上の意味での演繹法や帰納法と厳密には同一でない。しかし差し当たりは，後段の議論のために，それらを演繹的・帰納的論証として区別しておくのが有益である（Scanlon 2003: 139）。本稿では以降，正義の二原理のなかでもとくに格差原理に焦点を合わせながら，この二つを順に確認してみよう。

4. 演繹的論証——道徳幾何学

『正義論』中で「原初状態」が論じられた箇所（第3章）の冒頭には，「正義の構想の論証の性質」と題された一節（第20節）が置かれている。そのなかでロールズは，後に社会契約説の復権として捉えられることになる原初状態からの正義の二原理の正当化を，はっきりと演繹法の一種と位置づけている。

> 論証は，最終的には，厳密に演繹的であることを目指す。……われわれは，その名が意味する如く，全くの厳密性を備えた一種の道徳幾何学（moral geometry）を求めて努力すべきなのである。不幸にして，私が与えようとしている推論は，全体にわたって高度に直観的であるから，それには遠く及ばないであろう。だが，これを達成したいという理想を心に抱くことは絶対に欠かせない。（Rawls 1971: 121/95）

ここでのロールズの理想は，数学的命題をユークリッド幾何学を用いて証明するのと同様，道徳原理を道徳幾何学を用いて証明することである。自明の公理系から厳密に演繹的な推論によって特定の道徳原理を導出することができれば，論証と正当化にとってきわめて有用である。なぜなら，疑わしい形而上学的観念に比べて，幾何学的公理ははるかに「われわれが共に受け入れる前提」に相応しいといえるからである。それゆえ，ロールズが原初状態の観念を用いて示そうとした道徳幾何学は次のプロセスを辿る。「広く受け入れられているが弱い前提から，より個別的な結論へと論証する。それぞれの前提はそれ自体で自然的あるいは説得的であるべきである」（Rawls 1971: 18/14）。

ロールズが提示する「広く受け入れられているが弱い前提」とは，「公正

としての正義」ならびにその表象装置としての「無知のヴェール」である[8]。自らの社会的地位や生来の能力等々の情報を遮断する無知のヴェールを被せられることによって，人々は原初状態に置かれる。原初状態の当事者は，自らの立場がどの立場かを知らない状況で，社会の基本構造を統べる正義の原理を選択する。以上の一連の推論過程は，合理選択理論の裏付け（マキシミン・ルール）によって説明される（第26節）。このようにして，正義の二原理は，原初状態におけるマキシミン解として，公正としての正義から演繹されることになる。前提が説得的であり，推論過程が説得的であれば，「純粋な手続き的正義が最高度のレベルで要請される。すなわち，状況の公正は承認された原理の公正へと推移する」（Rawls 1996: 259）。

　もちろん，ここでの問題は，道徳原理の証明における前提と推論過程が，数学的命題の証明におけるそれらと同程度に自然的あるいは説得的であるかどうかという点である。前提と推論過程の説得性が揺らいでしまえば，導出される結論の説得性もそれだけ疑われることになる。しかし，結局のところ，ロールズが後の著作で合理選択理論それ自体を放棄してしまうように，原初状態からの正義の二原理の正当化は，『正義論』において核心的位置を占めていない。実際，第4節「原初状態と正当化」においては，先の引用とは逆に，ロールズは演繹的厳密性の理想が実行可能な探求でないことも率直に認めているのである。「正義の構想は，諸原理に関する自明の前提や条件から演繹されうるものではない」（Rawls 1971: 21/16）。ロールズにとって，正義の二原理を原初状態におけるマキシミン解として解釈することは，「発見法」（heuristic device）の役割を果たしているにすぎない（Rawls 1971: 152/117）[9]。

　ロールズが「原初状態」と並んで，正義の二原理の正当化の方法として提示するもうひとつの方法が，帰納法の一種である「反照的均衡」である。ロールズ研究の一部か否かを問わず，方法論の観点から反照的均衡を検討した先行研究は膨大にある。次節では，現代政治理論の方法に関わる範囲でそれを手短かに概観してみよう。

5. 帰納的論証——反照的均衡

　ロールズは『正義論』中で，反照的均衡が帰納法の一種であるとは明言していない。ただし，初期の論文「倫理上の決定手続の概要」（Rawls [1951]

1999: ch. 1)の段階では，倫理学が何よりも帰納論理の研究に似たものであると指摘している。ロールズが後年になって，なぜ「帰納法」に代えて「反照的均衡」という言葉を用いるようになったかは後に言及する。いずれにしても，後者が前者の一種であることは，反照的均衡の提唱者として知られ，ロールズも参照するN・グッドマンの著作から明らかである（Goodman [1955] 1983: ch. 3; cf. Rawls 1971: 20 n.7/39）。

　反照的均衡は三段階に従って進められる（Scanlon 2003: 140-1）。第一に，道徳に関する素朴な直観や確信を特定する。「このような確信は，どのような正義の構想も合致しなければならないとわれわれが前提する，暫定的な不動点である」(Rawls 1971: 20/15)。このプロセスは，言語学とのアナロジーを用いて説明される。道徳哲学における道徳的直観は，言語学における言語的実践に当たるような世界内の基礎的事実である。「推測された諸原理を照合することができる諸事実の，つまり反照的均衡におけるわれわれの熟慮された判断の，制限されてはいるが確定した一つの集合が存在する」(Rawls 1971: 51/36)。ロールズは直観のことを「熟慮された判断」(considered judgment) と呼ぶ。「熟慮された」には複数の意味が込められているが，ここでは「安定的に確信された直観」であると捉えておけばよい[10]。

　第二に，これらの直観を説明するであろう原理を定式化する。「それを支持する理由をもってわれわれがそう判断するようになる，一連の諸原理を定式化することが，われわれに求められていることである」(Rawls 1971: 46/33)。道徳哲学の目的は，個々の言語的実践の規則的パターンから一般的な文法を抽出するように，個々の道徳的直観の規則的パターンから一般的な道徳原理を抽出する作業である。理想的には，ロールズを含めた道徳哲学者自身もまた，反照的均衡のプロセスに倣い，観察データとしての道徳的直観を手がかりとして，何らかの一般的道徳原理（ロールズの場合は正義の二原理）を帰納的に導出する[11]。

　第三に，導出された原理と直観を突き合わせて吟味する。反照的均衡が正当化の役割を果たすのはこの点である。原理と直観の間に齟齬が見られた場合，「われわれには二つの選択肢がある。われわれは初期状況の説明を修正するか，現在ある判断を改めるか，のどちらかができる」(Rawls 1971: 20/15-6)。前者の選択肢のように，直観に合わせて原理を修正することは，ロールズ自身の直観主義批判（第8節）と矛盾すると思われるかも

しれない。しかし、これは誤解である。道徳原理を定式化・正当化するにあたり、ロールズが直観にいかなる役割も認めていないということではない。「優先順位の問題を提起する際の任務は、直観的判断への依存を弱めることであって、それを完全に消去してしまうことではない」(Rawls 1971: 44/32)。

しかし、原理と直観の間に齟齬が見られた場合、後者の選択肢のように、原理に合わせて直観を修正することにより、均衡化を図ることもできる。この点を強調するがゆえに、ロールズは自らの道徳哲学を直観主義ではなく「構成主義」と呼ぶのである。直観はあくまでも「暫定的な不動点」にすぎず、道徳的・非道徳的信念を含めたあらゆるレベルの背景理論との整合性の観点から修正される可能性を免れない。それゆえ、「道徳哲学はソクラテス的である。いったん熟慮された判断を統制する原理が明らかにされれば、われわれは現在の熟慮された判断を変更したいと思うかもしれない」(Rawls 1971: 49)[12]。自然科学と異なり、道徳哲学は基礎的事実である直観それ自体を修正するという社会的役割を担いうるのである。この意味で、反照的均衡は科学方法論における帰納法に類似するものであるが、帰納法そのものではない[13]。

以上の三段階からなる反照的均衡によって道徳原理の帰納的正当化を行っているのが、第2章「正義の諸原理」の箇所である。はじめに実質的な正義の構想として正義の二原理が明らかにされ(第11節)、第二原理の複数の解釈として「生来の自由の体系」「リベラルな平等」「民主的平等」の三つが順に吟味される(第12節)。原理と直観の間で均衡化を図るこのプロセスを概観する紙幅はないが[14]、結果を言えば、均衡化の後、以下の格差原理がその均衡点に現れる。すなわち、「そうすることが不運な人々の有利にならないのであれば、その社会秩序は、より暮らし向きの良い人々の見通しをより魅力的なものにしたり、それを保証したりすることはないというのが、直観的な観念である」(Rawls 1971: 75/58)。

6. 現代政治理論の方法

まとめよう。第2・3節で確認したように、分析哲学とは論証と正当化を主とする営みであり、現代政治理論の復権を果たしたとされるロールズもこの関心を共有している(Norman 1998: 280-2)。論証と正当化には、立

場を示し，さらにその理由を示すことによって，相手を理性的に説得するプロセスが含まれる。概念分析はその作業の一部である。次いで，第4・5節で確認したように，ロールズは論証と正当化の方法として，具体的に原初状態と反照的均衡の観念を採用する。前者は演繹的論証として道徳原理の正当化を担うものであり，後者は帰納的論証としてその正当化を担うものである。そこで，ロールズが『正義論』で提示した論証と正当化のための方法とは，以下の三つの原則に求められる（Rawls 1971: 18, 21, 111/14, 16, 84）[15]。

原則1　健全な分析とは，必要不可欠な要素を満たす一方で，ある種の不明瞭さや混乱を回避するような，十分満足な代用物を提供することである（概念分析）
原則2　広く受け入れられているが弱い前提から，より個別的な結論へと論証する（演繹的論証＝道徳幾何学）
原則3　社会正義に関するわれわれの確信に整合性をもたせ，それを正当化するためになしうることを行う（帰納的論証＝反照的均衡）

　はじめに触れたように，ロールズ『正義論』の出版は学界内外に大きなインパクトをもたらした。時を同じくして，1971年には政治哲学の専門誌『フィロソフィー・アンド・パブリック・アフェアーズ』が，1973年には政治理論の専門誌『ポリティカル・セオリー』が相次いで創刊され，これらの雑誌や倫理学誌『エシックス』を主戦場として，ロールズ正義論を俎上に載せる無数の著作が矢継ぎ早に出版された。今や，『正義論』に関して書かれた著作は優に五千を超えるとも言われる（山岡 2009：264注5）。ノージックの『アナーキー・国家・ユートピア』（1974年）は，その最初期の著作である。
　注目に値するのは，ロールズ正義論が現代政治理論に与えたインパクトは，その内容面と並んで，方法面においても著しいという点である。本稿第2節冒頭に示した，ウルフとキムリッカの引用を改めて振り返ってみよう。第一に，論証とは「驚くべきテーゼがより明白なテーゼから演繹できることを示そうとする」ことであるとのウルフの考えには，ロールズの道徳幾何学の観念が色濃く反映されているし，第二に，論証とは「われわれ

の熟慮された確信に訴えかけることを旨とする営みである」とのキムリッカの考えには，ロールズの反照的均衡の観念が色濃く反映されている[16]。また，G・ハーマンが指摘する近年の道徳・政治哲学のトレンド――強い基礎づけ主義の拒絶，直観の多用，哲学研究と科学研究の交流――も，上に述べたロールズ正義論の特徴と重なる部分が大きい（Harman 2003）。

一口でいえば，英米圏における分析的政治理論の多くは，先の三点に集約される「方法論的ロールズ主義」といえる家族的類似によって結合しているのである（Norman 1998）。これは，『正義論』出版以降の政治理論の多くが，その内容面において時にロールズと激しく対立していることと矛盾しない。ロールズ正義論の革新性の一端は，政治的言語の概念分析という課題を越えて，政治的事柄に関して価値判断を提示することに正面から取り組んだ点にあった。ロールズの批判者は，彼の実質的価値判断に対しては異を唱えつつも，それに代わる自らの価値判断が主観的選好ではなく説得的理由に基づいていることを示すため，ロールズが採用した論証と正当化の方法を踏襲することが多かったのである。

もちろん，「分析的政治理論」という組織的なリサーチ・プログラムが存在するわけではない以上，力点は論者によって多種多様である[17]。ここでは，実際の例を取り上げることで，その類似性の一端を示してみたい。具体的には，はじめ『フィロソフィー・アンド・パブリック・アフェアーズ』誌に掲載され，次いで『アナーキー・国家・ユートピア』の第7章に収録された，ノージックの論文「分配的正義」を素材としながら，分析哲学の影響下にある政治理論家が，その著作のなかで何を行っているかを見ていく。この選択は決してランダムなものではない。それどころか，「最近20年近く，分析的政治哲学の論争は，ジョン・ロールズの『正義論』とロバート・ノージックの『アナーキー・国家・ユートピア』という，二つの大いに対照的な著作によって支配されてきた」との評価もあるほどである（Wolff 1991: 1/1）。

同論文でのノージックの意図は，ロールズの格差原理と異なる正義の原理――それを彼は「権原理論」と呼ぶ――の正当性を論証することである。そこで，同論文の目的は，第一に権原理論が正しいことの理由を示し，第二に格差原理が誤りであることの理由を示すことである。はじめに，権原理論の輪郭を明らかにするため，分配的正義を大きく結果状態原理と歴史

的原理とに区別する。功利主義は典型的に前者に含まれる。次に歴史的原理を，パタン化を許容する原理と許容しない原理とに区別する。前者に当たるのが労働原理，必要原理，功績原理，格差原理等々であり，後者に当たるのが権原理論である（Nozick 1974: 153-60/260-71）。

以上のノージックの作業は「原則1」の概念分析に当たる。それは知識の分解であって，知識の追加ではない。概念分析は論証と正当化に資するものであるが，論証と正当化そのものではない。ただし，以上の作業を経ることによって，幾つかの誤解に基づく問題設定は回避できるかもしれない。A・デシャリットが言うように，「多くの規範的問題や規範的概念は，はじめに適切に定義されなければならない。これは問題の核心を突く際に大いに役に立ちうる。しばしば，概念を良く明晰化することは，規範的立場を正当化する，あるいは——よりよくあることとして——拒絶するまでの第一歩の役割を果たす」（de-Shalit 2006: 170）。それは権原理論の論証あるいは格差原理の反証そのものではなく，その準備作業である。

次に，ノージックは権原理論の論証と正当化に移る。この立場を受け入れる説得的理由を示すために，ノージックには道徳幾何学と反照的均衡という二つの方法が手元にある。ここでは前者に焦点を当ててみよう。道徳幾何学は，「広く受け入れられているが弱い前提から，より個別的な結論へと論証する」というプロセスを辿る。ノージックが権原理論を正当化するにあたって，その前提の役割を果たすものは，「個々人は，目的なのであって，単なる手段ではない。それゆえ個人を，同意なく，他の目的達成のために犠牲にしたり利用したりすることは許されない」というカント的原理である（Nozick 1974: 31/48）。これは格差原理を掲げるロールズでさえ受け入れるに違いない[18]。言い換えれば，ロールズとノージックの間の齟齬はこの段階で生じているのではない（cf. Kymlicka 2002: 107-8/159-60）。ノージックは，この共通の前提から出発して，格差原理ではなく権原理論が正しいことを演繹的に示そうとする（Nozick 1974: 167-74/281-92）。単純化すれば，

・カント的原理は，その侵害を絶対的に禁止する道徳上の横からの制約である。
・ところで，あらゆるパタン付原理は強制労働と変わりなく，道徳上の横

からの制約を侵害する。
・それゆえ，カント的原理と矛盾しない分配原理は，唯一非パタン付原理である権原理論のみである。

　実際問題として，この推論過程自体には多大な疑問の余地がある（Kymlicka 2002: ch. 4 sec. 2）。しかし，論証の妥当性を具体的に検討することは本稿の課題ではない。ここではただ，ノージックが権原理論の正当性を論証する方法として，演繹法の一種である道徳幾何学に訴えていることを確認しておきたい。
　同論文の第二の目的は，格差原理が誤りであることの理由を示すことである。この場合もノージックは，道徳幾何学と反照的均衡のどちらにも訴えることができる。前者については上述したので，ここでは後者の方法を取り上げてみよう。ノージックは格差原理を敷衍するなら，人々の道徳的直観に反する次のような帰結が生じてしまうと主張する。すなわち，最も不利な立場にある人の便益を最大化するという原理の適用は，身体の部分の強制的再分配のような結果を招きかねないというのである。例えば，健常な両目をもって生まれた者は盲目で生まれた者に片目を移植せざるをえなくなるなどといった提案は，人々の日常的直観に著しく反する。「このような例を持ち出すのは少々ヒステリックに聞こえるだろう。しかしわれわれは，ロールズによるミクロの反駁例の禁止を検討するうちにこのような極端な例に導かれるのである」（Nozick 1974: 206/343-4）。
　ここでノージックは，ある種の反照的均衡の方法に依拠しながら格差原理に反対している。格差原理の論理的帰結が人々の道徳的直観に反するなら，その原理がただちに反証されることはないまでも——間違っているのは直観の方かもしれない——，その正当性に大きな疑問符を付けることにはなる。ドゥオーキンが指摘するように，反照的均衡とは，「われわれと意見を異にする相手方に対して，かれら自身の直観がかれら自身の理論を紛糾させていることを示し，相手の立場を論駁しようと試みる」ためのひとつの論証方法である（Dworkin 1978: 159/210）。上述のような「極端な例」をもち出してロールズの立場を論駁しようとするノージックの試みは，それ自体が反照的均衡の実践の一部となっていると考えられる。
　このように，本節では，正義論の内容について正反対の主張をしている

はずのロールズとノージックが、にもかかわらずその論証と正当化の方法において多くを共有しているという点を確認した。

7. おわりに

以上、本稿では次のことを検討してきた。20世紀以降の英米圏で主流となった分析哲学は、論証と正当化に多大な関心を寄せ、現代政治理論でこの特徴を共有するものは、分析的政治理論と呼ばれる。『正義論』以前の分析的政治理論が、政治的言語の概念分析の厳密性に固執していた一方で、ロールズは正義の原理の正当性を直接に論証することを課題とした。その際に彼が採用した方法が、演繹法の一種である原初状態と、帰納法の一種である反照的均衡である。『正義論』出版以降復権を遂げた英米圏の政治理論は、その内容面ではロールズに反対するものが少なくないにも拘わらず、その方法面では彼の影響が色濃く見られる。本稿では、最後にノージックの分配的正義論を取り上げることで、「方法論的ロールズ主義」といえる類似性の一端を示した。

私見では、分析哲学をベースとし、ロールズ以降発展した政治理論の特徴ないし意義といえる点は、日常的判断を重視することである。とくに、論理実証主義から日常言語学派を経由して分析的政治理論まで一貫する顕著な特徴は、現れ（appearance）と実在（reality）の二元論を放棄することにある（Buckler 2002）。それゆえ、道徳原理を含むある命題の真偽を問うため、分析哲学者は日常の人々の世界の見方を出発点にすると共に、できるかぎり日常性とのテストにさらそうとする。日常的判断は誤りを含み修正されるべきかもしれないが、いずれにせよ「イデア」や「世界精神」のような超越論的な想定は放棄されることになる。

それに伴って、政治理論家の役割にも一定の限定が課せられる。市民の政治的責務とは何か、自由と平等のどちらを優先すべきか、国家は人々の善の構想に対してどこまで介入しうるか、あるいはすべきか——こうした政治的事柄をめぐる価値判断は、人々の日常的判断から離れて下される事柄ではない。政治理論家の営みは、その判断を解釈し、体系化し、修正することではあっても、それに取って代わることではない。価値判断の最終的権威は、イデアを直視し、あるいは歴史法則を熟知する哲学者ではなく、常識感覚をもった一般人のもとにある（Miller 1999: ch. 4）。キムリッカが

言うように,「政治哲学の営みにおける成功ないし不成功を判断する基準に関して言うならば,正義論の究極の試金石は,それが,正義に関するわれわれの熟慮された確信と整合しているかどうか,その明晰化に資するものであるのか,という点であろう」(Kymlicka 2002: 6/10)。

分析的政治理論は保守的なのであろうか。人々の日常的判断に依拠することは社会批判の技法として有効であろうか。日常言語分析を出発点とする「英米系」の政治理論は,イデオロギー批判や脱構築に主として携わる「大陸系」の政治理論と比較すれば保守的であると思われるかもしれない。その社会批判としての可能性や限界については,比較的早い段階から様々に論じられてきた[19]。いずれにせよ,はじめに述べたように,この種の比較は本稿では扱わない課題である——そのためには,政治理論の個別の方法のみならず,政治理論の社会的役割も含めた広範な議論が別途必要になる。また,政治学一般における位置づけや実証科学との関係など,さらなる論点に関しても議論のより一層の展開が望まれる[20]。

【謝辞】 本稿は,2009年7月25日の Political Philosophy 研究会(東京大学)において報告した草稿をもとにしている。また,修正にあたっては匿名査読者の先生方および大澤津氏(ロンドン大学)から有益なコメントを頂いた。記して御礼と感謝の念を表したい。

(1) 例外は Norman (1998) であるが,そこでも分析哲学の観点からは論じられていない。
(2) ただしこの点についても異論はある。松元(2007:157-8注13)を参照。また,道徳哲学と政治哲学の異同については Simmons (2008: ch. 1) を参照。
(3) 筆者はこの点を遠藤知子氏の指摘に負っている。
(4) 逆に分析哲学に含まれない論者として,フェレスダールは,論証と正当化よりもレトリックに関心を寄せるハイデガーとデリダを挙げている(Føllesdal 1997: 12/35-6)。
(5) 分水嶺以前の分析的政治理論の概観としては Vincent (2004: ch. 3) を参照。
(6) 当時のバリーは,合理選択理論,ゲーム理論,公共選択理論といった経済学的方法に可能性を見出していたようである(Barry [1965] 1990: chs. 15-6; cf. 1991: ch. 1)。『正義論』出版前後に優勢であった,政治理論におけ

る概念分析的アプローチの代表的テキストとしては Flathman (1973), Quinton (1967) を参照。
(7) この点を詳論したのが「道徳理論の独立性」論文（Rawls [1975] 1999: ch. 15）である。
(8) その内実は，「社会における自分の初期の出発時点での位置に値しない如く，生来の資産の分配における自分の位置に値する人はだれもいないという道徳的判断の不動点」である（Rawls 1971: 311/238)。また，原初状態の観念が，究極的にはカント的自律の構想と定言命法の一解釈として提示されていることに注意したい（Rawls 1971: ch. 40)。以上の「道徳的判断の不動点」がいかにして道徳幾何学における公理系に変換されるかについては，渡辺（2000：154－6）を参照。
(9) 実際，ロールズの想定では，道徳幾何学の出発点にある原初状態は，以下に述べる反照的均衡の到着点においてはじめて現れるのである（Rawls 1971: 20-1/15-6)。
(10) 「熟慮された」のより詳細な定義については Rawls ([1951] 1999: 5-7) を参照。
(11) ただし，こうした記述はあくまでも哲学的実践のモデルであり，現実ではないことも記しておく。ロールズでさえ，「私は，もちろんこの〔反照的均衡の〕過程通りに議論を進めようと思ってはいない」ことを率直に認めている（Rawls 1971: 21/16)。
(12) この点に関して，査読者より，理論ではなく直観を修正することがより妥当と見なされる根拠とは何かというコメントを頂いた。倫理学上の方法論に踏み込むことは本稿の主題ではないが，筆者の理解を簡潔に示すと，ロールズはここで，認識論上「基礎づけ主義」と対置される「整合主義」に似た立場に立つと考えられる。例えば彼は，「正当化は多くの考察，すなわち，ある整合的な見解に共に適合するあらゆるものの相互支持の問題である」と指摘する（Rawls 1971: 579/451)。それゆえ，道徳的直観は背景理論全体との整合性の度合いに応じて，修正することが合理的である場合もありうる。反照的均衡の整合主義的解釈については Daniels (1996: pt. 1) を，またその批判的検討については渡辺（2001：第1章）を参照。
(13) 自然科学における帰納法と道徳哲学における反照的均衡のそれぞれを，ドゥオーキンは「自然的」モデルと「構成的」モデルと呼び分けている（Dworkin 1978: 159-68/210-22)。
(14) 詳細については松元（2007：131注3）に挙げられた文献を参照。
(15) 以下の諸原則は，その文面および数には変更を加えているものの，実質的には Norman (1998: 283-7) に従っている。
(16) 同じ箇所でキムリッカは，「原則3」を引き合いに出して，「『社会正

義に関するわれわれの確信に整合性をもたせ，それを正当化するためになしうること』を追求するのは，当然であり，それどころか不可避ですらある」と指摘している (Kymlicka 2002: 6/10, cf. 70/103)。
(17) 例えば，一方でコーエン，J・ローマー，J・エルスターら，ゲーム理論や合理選択理論の方法を駆使する分析的マルクス主義者は，演繹的論証を重視する傾向にあるといえるし，他方でミラー，A・スウィフト，A・デシャリットら，政治理論と社会学的知見との整合性を重視する論者は，帰納的論証を重視する傾向にあるといえる。両陣営の間の論争については Stears (2005) を参照。
(18) 本稿注8を参照。
(19) 論争の概観としては Miller (1983), Wertheimer (1976) を参照。
(20) その一端としては Leopold and Stears (2008) を参照。

引用・参考文献

Barry, Brian (1990). *Political Argument: A Reissue with a New Introduction*. Berkeley: University of California Press.

Barry, Brian (1991). *Democracy and Power: Essays in Political Theory 1*. Oxford: Clarendon Press.

Braybrooke, David (2006). *Analytical Political Philosophy: From Discourse, Edification*. Toronto: University of Toronto Press.

Buckler, Steve (2002). "Normative Theory." In *Theory and Methods in Political Science*, 2nd ed., eds. David Marsh and Gerry Stoker. Basingstoke: Palgrave MacMillan: 172-94.

Cohen, G. A. (2000). *Karl Marx's Theory of History: A Defence*, expanded ed. Princeton: Princeton University Press.

Daniels, Norman (1996). *Justice and Justification: Reflective Equilibrium in Theory and Practice*. Cambridge: Cambridge University Press.

Daniels, Norman (2001). "John Rawls." In *A Companion to Analytic Philosophy*, eds. A. P. Martinich and David Sosa. Oxford: Blackwell Publishers: 361-70.

de-Shalit, Avner (2006). *Power to the People: Teaching Political Philosophy in Skeptical Times*. Lanham: Lexington Books.

Dummett, Michael (1996). *Origins of Analytical Philosophy*. Cambridge, Mass.: Harvard University Press.（野本和幸他訳『分析哲学の起源――言語への転回』勁草書房，1998年。）

Dworkin, Ronald (1978). *Taking Rights Seriously*, with a new appendix. Cambridge, Mass.: Harvard University Press.（木下毅・小林公・野坂泰司訳『権利論』〈増補版，Ⅱ〉木鐸社，2003年。）

Flathman, Richard E. (ed.) (1973). *Concepts in Social and Political Philosophy*. New York: MacMillan Publishing.

Føllesdal, Dagfinn (1997). "Analytic Philosophy: What Is It and Why Should One Engage in It?" In *The Rise of Analytic Philosophy*, ed. Hans-Johann Glock. Oxford: Blackwell Publishers: 1-16.(「分析哲学――なにが分析哲学か,なぜ分析哲学か」吉田謙二・新茂之・溝口隆一訳『分析哲学の生成』晃洋書房,2003年,15－41頁。)

Glock, Hans-Johann (2008). *What is Analytic Philosophy?* Cambridge: Cambridge University Press.

Goodman, Nelson (1983). *Fact, Fiction, and Forecast*, 4th ed. Cambridge, Mass.: Harvard University Press.(雨宮民雄訳『事実・虚構・予言』勁草書房,1987年。)

Harman, Gilbert (2003). "Three Trends in Moral and Political Philosophy." *The Journal of Value Inquiry* 37 (3): 415-25.

Kukathas, Chandran and Pettit, Philip (1990). *Rawls: A Theory of Justice and its Critics*. Cambridge: Polity Press.(山田八千子・嶋津格訳『ロールズ――「正義論」とその批判者たち』勁草書房,1996年。)

Kymlicka, Will (2002). *Contemporary Political Philosophy: An Introduction*, 2nd ed. Oxford: Oxford University Press.(千葉眞・岡崎晴輝訳者代表『新版 現代政治理論』日本経済評論社,2005年。)

Leopold, David and Stears, Marc (eds.) (2008). *Political Theory: Methods and Approaches*. Oxford: Oxford University Press.(山岡龍一・松元雅和監訳『政治理論――方法とアプローチ』(仮題) 慶應義塾大学出版会,2010年予定。)

松元雅和 (2007)『リベラルな多文化主義』慶應義塾大学出版会。

McDermott, Daniel (2008). "Analytical Political Philosophy." In Leopold and Stears 2008: 11-28.

Miller, David (1976). *Social Justice*. Oxford: Clarendon Press.

Miller, David (1983). "Linguistic Philosophy and Political Theory." In *The Nature of Political Theory*, eds. David Miller and Larry Siedentop. Oxford: Clarendon Press: 35-51.

Miller, David (1999). *Principles of Social Justice*. Cambridge, Mass.: Harvard University Press.

Norman, Wayne (1998). "'Inevitable and Unacceptable?' Methodological Rawlsianism in Anglo-American Political Philosophy." *Political Studies* 46 (2): 276-94.

Nozick, Robert (1974). *Anarchy, State, and Utopia*. New York: Basic Books.(嶋津格訳『アナーキー・国家・ユートピア――国家の正当性とその限界』木鐸社,2002年。)

Pettit, Philip (2007). "Analytical Philosophy." In *A Companion to Contemporary Political Philosophy: Volume I*, 2nd ed, eds. Robert E. Goodin, Philip Pettit and Thomas Pogge. Oxford: Blackwell: 5-35.

Quinton, Anthony (ed.) (1967). *Political Philosophy*. Oxford: Oxford University Press.（森本哲夫訳『政治哲学』昭和堂，1985年。）

Rawls, John (1971). *A Theory of Justice*. Cambridge, Mass.: The Belknap Press of Harvard University Press.（矢島鈞次監訳『正義論』紀伊國屋書店，1979年。）

Rawls, John (1996). *Political Liberalism*, paperback ed. New York: Columbia University Press.

Rawls, John (1999). *Collected Papers*, ed. Samuel Freeman. Cambridge, Mass.: Harvard University Press.

Scanlon, Thomas (2003). "Rawls on Justification." In *The Cambridge Companion to Rawls*, ed. Samuel Freeman. Cambridge: Cambridge University Press: 139-67.

Searle, John R. (2003). "Contemporary Philosophy in the United States." In *The Blackwell Companion to Philosophy*, 2nd ed., eds. Nicholas Bunnin and E. P. Tsui-James. Oxford: Blackwell Publishers: 1-22.

Simmons, A. John (2008). *Political Philosophy*. New York: Oxford University Press.

Stears, Marc (2005). "The Vocation of Political Theory: Principles, Empirical Inquiry and the Politics of Opportunity." *European Journal of Political Theory* 4 (4): 325-50.

Vincent, Andrew (2004). *The Nature of Political Theory*. Oxford: Oxford University Press.

渡辺幹雄（2000）『ロールズ正義論の行方——その全体系の批判的考察』〈増補新装版〉春秋社。

渡辺幹雄（2001）『ロールズ正義論再説——その問題と変遷の各論的考察』春秋社。

Weldon, T. D. (1956). "Political Principles." In *Philosophy, Politics and Society*, series 1, ed. Peter Laslett. Oxford: Basil Blackwell: 22-34.

Wertheimer, Alan (1976). "Is Ordinary Language Analysis Conservative?" *Political Theory* 4 (4): 405-22.

Wolff, Jonathan (1991). *Robert Nozick: Property, Justice and the Minimal State*. Cambridge: Polity Press.（森村進・森村たまき訳『ノージック——所有・正義・最小国家』勁草書房，1994年。）

Wolff, Jonathan (2006). *An Introduction to Political Philosophy*, revised ed. Oxford: Oxford University Press.（坂本知宏訳『政治哲学入門』晃洋書房，2000年。）

山岡龍一（2005）「政治哲学はどのようなものとなりうるのか」D・ミラー（山岡龍一・森達也訳）『政治哲学』岩波書店，183-97頁。
山岡龍一（2009）『西洋政治理論の伝統』放送大学教育振興会。

モーゲンソーにおける〈近代〉批判
―あるいは彼の（国際）政治思想に「リアリズム」として接近することの限界―

宮下　豊＊

はじめに

　リアリズムの立場から国際政治学を体系化したことで知られるハンス・J・モーゲンソーの再検討が，近年陸続となされている。特に注目されるのが，アメリカ連邦議会図書館所蔵の浩瀚なモーゲンソー・ペーパーズを渉猟したクリストフ・フライによる伝記的研究の刊行を契機として，亡命前のモーゲンソーの思想形成に対する関心が高まっている点であろう[1]。そこでは，ニーチェ，ヴェーバー，カール・シュミットのいずれが及ぼした影響を重視するかにおいて異なるものの，そのほとんどは，亡命前のモーゲンソーの著作のなかに，後年のリアリズム国際政治論の萌芽を見出そうと試みる点において共通する[2]。
　これに対して，宮下論文は，亡命前のモーゲンソーにおいて，「国家は権力を追求する」という権力政治の事実命題が既に確立されていた点を認めつつも，そこからモーゲンソーは，「国家は権力を追求するべきである」という権力政治の当為命題を導出していないのみならず，その余地すらなかった事実を明らかにした。宮下論文によれば，1934年頃よりモーゲンソーは，キリスト教道徳や自然法に具現された「客観的道徳秩序」が自明性を失ったことに起因する規範秩序の全般的な危機として，「ヨーロッパの危機」を受け止めるとともに，この危機の結果として人間の権力欲＝政治的なものが，「全ての事物の尺度」となったと認識していた。さらにモーゲンソーはこの危機を克服するべく，亡命直前の論文において，道徳秩序を再建する可能性を考察していた[3]。このように亡命前のモーゲンソーにおい

＊　元新潟国際情報大学文化学部　研究推進員　国際関係論

て，こうした道徳秩序の再建が規範的関心であったのであり，権力政治の当為命題を主張する余地はなかったのである[4]。

本稿は，この論文が投じた問題の1つ，すなわち，こうした亡命前の規範的関心は，亡命後の著作にどのように受け継がれているかを，主として1946年の著作『科学的人間・対・権力政治 (*Scientific Man vs. Power Politics*)』(以下，『科学的人間』と略）を再検討することによって解明することを目的とする。

この『科学的人間』は広範なテーマを扱っていることもあって，内容が極めて錯綜しているが，従来のおそらく支配的な理解では，リアリズムの政治倫理を論じた著作として受け止められてきた。つまり，「リアリスト」モーゲンソーが，戦間期の自由主義外交を，あるいは亡命前の思想形成を考慮する近年の研究では，特にアメリカの自由主義，「歴史的楽観論」，メリアムやラズウェルの科学的政治学など，広くアメリカ的な特殊性を批判し，その上でリアリズムの政治倫理を提起したとされている[5]。こうした見方に対しては，近年ショイアーマンが，同書が国家理性論を批判し，また国家による権力追求そのものに批判的である部分が存在する事実にあらためて注意を促して，再検討する必要性を示している[6]。しかし，そこから当然生ずる疑問，すなわち，『科学的人間』におけるモーゲンソーの根本的な意図は何であったかに対して，ショイアーマン自身明確な解釈を提起しているとは言い難い[7]。

これに対して本稿は，『科学的人間』の主題は，〈合理主義〉において，因果法則の観念が社会世界に導入されたことによる規範倫理の崩壊と，その結果として〈科学〉が倫理と政治の両方を統べることになったために，現世における〈成功〉の手段である権力の追求が苛烈なものになることに対する懸念であったことを明らかにすることによって，亡命前の道徳秩序の危機の考察を敷衍させた〈近代〉批判であることを示す[8]。また，こうした批判は，政治哲学としては，自由主義のみならず，マルクス主義，ファシズムをも含むものであること，したがって従来とかくなされてきたように，自由主義批判のみに刮目することは，モーゲンソーの真意を誤るものであることを明らかにする。その上で，モーゲンソーが現代の人間＝〈科学的人間〉の行方に懸念を示していた理由が，彼らが〈政治宗教〉による救済を求めることによって，宗教戦争の再来をもたらす点にあったこと

を明らかにする。

1. 〈近代〉批判としての〈合理主義〉批判

(1) 〈合理主義〉批判の基層——規範倫理の崩壊

　1937年にアメリカに亡命したモーゲンソーは，フランスの対独降伏を機に，目下の危機の源泉である戦間期の自由主義外交の考察に取り組むことになる。その成果が，同年にニュースクール・フォー・ソーシャルリサーチで行われた講演「自由主義と外政」と翌年の講演「自由主義と戦争」であり，それらは大幅に加筆されて『科学的人間』の第3章「政治の拒絶」と第4章「平和の科学」に結実することになった。ここでは，既にこの自由主義講演において，モーゲンソーは自由主義を，〈合理主義〉の「一つの現れ (as a manifestation)」と位置付けている事実を確認しておきたい (LFP 5)。つまり，自由主義外交に対する批判は，当初から〈合理主義〉を見据えたものであったのである。

　この〈合理主義〉とは何か。モーゲンソーによれば，それは16・17世紀に台頭した「理性の創造力」への新しい信念であり，その根本的な観念は次のようなものであるとする。

> 世界は，人間の理性が接近可能な法則によって支配されている。最終的に，人間の精神と世界を支配する法則とには根本的な同一性がある。つまり同一の法則が両者を統べている。この同一性がある故に，人間は事象の原因を理解可能であり，また彼自身の合理的な行為を通じて原因を生み出すことにより，彼は事象の主人となり得る (SMP 11)。

　モーゲンソーによれば，この〈合理主義〉の世界観は，「神と悪魔，生と死，光と闇，善と悪，理性と情念」(SMP 205) のあいだの闘争に，つまり「人間の理解と行為を超えた」「神聖な支配」(ROP 212) に，世界が支配されているとする「プレ合理主義」の世界観＝「神学的世界観」(ROP 212) に替わる新しい世界観である。こうした説明から，モーゲンソーの〈合理主義〉は，ニーチェが「神は死んだ」と宣告し，またヴェーバーが「世界の脱魔術化」と呼んだ事態と重なると言ってよい。つまり，モーゲンソー

の〈合理主義〉は,〈近代〉を特徴付ける知的運動を指しているのである。
　この〈合理主義〉のどの点にモーゲンソーは問題を認めたのか。言い換えれば,『科学的人間』における多岐にわたる〈合理主義〉批判のなかで,その基層と言うべきものは何に求められるかである。これに関しては,〈合理主義〉が先の根本的な観念から導出した「結論」として,「合理的に正しいことと倫理的に善であることの同一性」(LFP 4; SMP 13) を,モーゲンソーが,自由主義講演以来一貫して,第1に挙げている事実に着目したい。この「結論」を,モーゲンソーが問題視する理由は,それによって,「独立した領域としての倫理,およびそれとともに規範領域——経験的事実の領域とは異なる——そのものが消滅する」点に求められる (LFP 4; SMP 15)[9]。なぜなら,経験的事実=存在の領域を超越したものを認める余地がない〈合理主義〉において,規範倫理=道徳が成立する余地はないからである。

> 〔合理主義において〕経験的事実の領域とは区別される倫理,それとともに規範の領域そのものが消滅する。当為と存在,つまり規範的なものと経験的なものの区別に,伝統的な倫理は依拠していた。神ないし人間の理性的な本質として考えられる倫理上の命令は,経験の領域を超越し,規範,目的,価値の世界に属する。19世紀は,カントによる倫理の命令の形式化に始まり,コントによる倫理の規則と科学の法則の同一化とともに終わる発展において,この二分法を放棄した (SMP 15-16)。

　この一節は,こうした規範倫理の崩壊を基層とする〈合理主義〉批判が,亡命前の道徳秩序の危機としての「ヨーロッパの危機」の延長上にあることを示している。したがって,モーゲンソーは,亡命前に考察した19世紀の「内在倫理」=「科学的倫理」の起源を求めて,亡命後に〈合理主義〉に到達したと考えられるのである[10]。

(2) 規範倫理が〈科学〉に置換されたこと,それにより現世における〈成功〉が道徳的優越と同義になったこと
　ところで,モーゲンソーは,いかにして〈合理主義〉において規範倫理

が崩壊したと考えたのだろうか。『科学的人間』では，鍵となる「理性の法則」が詳しく説明されていないため分かりにくくなっているが，同時期のシカゴ大学でのモーゲンソーの講義を聴講した複数の学生のノートを参照するならば，自然世界においてコペルニクス，ガリレオ，ケプラーによって発見された「因果法則」の観念が，ベーコン，デカルト，ヴィーコ，ホッブズ，マキアヴェリ，サンピエール，グロティウスによって社会世界に導入された点に，モーゲンソーが重要性を認めていたことが明らかになる[11]。というのは，社会世界も，「水は華氏212度で沸騰する」（SMP 126）と同等の必然的な因果法則に支配されているという新しい観念の導入は，社会も自然も，神意に定められた「道徳法則」あるいは「応報律」に支配されているとするそれまでの観念を駆逐することになったからである[12]。言うまでもなく，社会世界も因果法則という必然性に従っているならば，問題となるのは，所与の結果はいかにして生ずるか，であって，人間は何をすべきか，という規範倫理の問題は無意味なものになる。このように，モーゲンソーは〈合理主義〉において規範倫理が崩壊することになった経緯を，自然世界において証明された因果法則の観念が社会世界に導入された点に求めるのである。

ところで，このように因果法則と道徳法則とを対立的に位置付けるのと対応して，モーゲンソーは〈科学〉と規範倫理を，カントの理論理性と実践理性の区別や，アリストテレスによる理論的学問と実践的学問の区別と同じく，本質的に対立するものとして捉えていることを確認しておきたい。モーゲンソーにおいて，〈科学〉は，存在の領域における因果法則の認識，記述，説明を目的としてなされるものであり，「～である」という事実命題を取り扱う「経験科学」に等しい（SMP 16）。これに対して，規範倫理は，「～べきである」という当為命題にかかわるが，そこでは，因果法則という必然性が支配する故に「他の仕方ではあり得ない」自然世界と異なり，社会世界は人間の作為によって「他の仕方でもあり得る」（アリストテレス）もの，つまり「恣意性とチャンス」（SMP 28）が支配する領域であることが前提されている。この点は，モーゲンソーの〈科学〉批判の根拠が，規範倫理とそれに基づいた道徳的判断の消失にあることを示すものであり，この点を念頭においてこそ，『科学的人間』における〈科学的倫理〉や〈科学主義〉に対する批判が理解可能となる。

モーゲンソーによれば、〈合理主義〉は、因果法則と倫理的に善なることは同一と想定することにより、存在と当為の二分法を前提として成立する規範倫理を破壊し、それに換えて、存在の領域から倫理の規則を導出する〈科学的倫理〉を導入する。この〈科学的倫理〉においては、その典型である功利主義倫理が、道徳的行為を「効用の原理」に従って、「個人にとっての最大量の満足を達成」(SMP 16) することと同一と考え、またそれは「一定の行為と結びついて期待される利益と不利益を比較考量することの結果」(SMP 169) 得られると想定しているように、倫理の問題を単なる「経験的知識の獲得」(SMP 17) に、したがって〈科学〉に矮小化するのである。モーゲンソーが、〈合理主義〉は、「道徳的問題を科学の言葉に還元しようとしてきた」(SMP 168) と述べ、また「規範倫理と宗教そのものが消滅し、合理的な科学に置換される」(SMP 16) と主張しているのは、この点を指したものである。

　それだけでなく、モーゲンソーによれば、〈合理主義〉では、因果法則に従った行為、つまり「合理的に正しい行為は、必然的に成功する行為である」(ROP 212; SMP 13)、と想定されている。これを前提として、〈科学的倫理〉は、因果法則に従って行為主体が狙い通りの結果を達成すること、つまり現世において「成功」した行為は全て、それがたとえ戦勝であれ、当選であれ、また金持ちになることであれ、全て道徳的な完全さの証明と見なすことになる (SMP 169)。

　これは、神学的世界観の下では、「人間の魂のなかでの闘争か、恩寵を通して」(SMP 16)、ただ来世においてのみ実現するとされた「救済 (salvation)」や「完全状態 (perfection)」、あるいは聖書にある真の幸福・繁栄・平和が確立された千年王国が、人間の努力により、まさに現世において実現可能なものとして考えられるようになったことを意味する (SMP 18-19)。この想定の世俗化された表現が、現世において人間に苦難や災厄をもたらす社会問題——モーゲンソーの挙げる例では、「結婚、教育、平等、自由、権威、平和」(SMP 215) ——は全て、因果法則の解明＝科学によって「決定的」に解決され得る、と想定する〈科学主義〉の信条なのである[13]。

　この点は、当時の書評において、そのような決定的な解決を標榜している科学は存在しないとする観点から批判されたが、モーゲンソーの指摘は特定の科学哲学上の立場を指してのものではない[14]。そうではなく、災厄

や苦難から解放された道徳的な完全状態が,「知識の進歩的な蓄積」を通して, 人間の努力によって, 現世で実現可能であるとする〈合理主義〉の「楽観的な展望」や「進歩の観念」から, 必然的に導出される帰結なのである (SMP 17-18)。これは, 従来解釈されてきたのとは異なり, アメリカの知的文化や国民性といった特質に還元され得るものではないことは明らかであろう (LFP 4; SMP 18-19)。

この関連で,『科学的人間』が, モーゲンソー自身の回想を根拠として,「アメリカの社会科学, とりわけ政治学の支配的な哲学」(IWM 371) を批判したとする解釈について, ここで一言付しておきたい。確かに, このアメリカの社会科学を批判したと推定される『科学的人間』第5章「自然科学のキメラ」と第6章「科学的人間の非合理性」では, 自然科学の方法を社会科学に導入する傾向に対する包括的な批判が展開されている。こうした批判は亡命前の著作には認められないものであり, その限りでアメリカの動向を知悉するに至った亡命後の産物であることは否定できない[15]。しかし, モーゲンソーにおいて〈科学〉が規範倫理と本質的に対立するものであることを前提とするならば, 彼をしてこうした包括的な批判に向かわせた根本には, 社会科学に自然科学の方法を導入することによって, 倫理的な考察が排除されることに対する懸念があったと考えられるのであり, その点でここでも亡命前の道徳秩序の危機という認識が前提されていると言ってよいだろう[16]。

(3) 政治も〈科学〉に置換されたこと, その結果として権力闘争が苛烈を極めること

他方でモーゲンソーは,『科学的人間』第4章で, 政治上の問題を, 民主化の促進, 植民地の解放, 仲裁裁判, 軍縮・軍備放棄, 自由貿易, 公開外交, 平和的変更, 世界政府によって解決することを標榜する, 世界大戦後に活発になったアプローチを「科学的アプローチ」と呼んでいる (SMP 90-121)。従来の支配的な解釈では, この部分は, 権力政治の現実から逃れられないことを主張するリアリズムの立場から批判したものとされてきたが, その通りであるとしても, モーゲンソーがこれらを例えば「反政治的アプローチ」と否定的に呼ぶのではなく, 積極的に「科学的アプローチ」と呼んだ理由は, こうした解釈では必ずしも説明できないだろう。モーゲ

ンソーがこのように呼んだ理由は，こうした多様なアプローチが，「恣意性とチャンス」が支配する政治を，「秩序と規則性」を原則とする科学によって「合理化」する意欲に根差したものと考えたことによるものと推測できる（SMP 28-29）。モーゲンソーによれば，こうした意欲は次のような理想に根差している。

> 政治的策略は科学的「計画」に，政治的決定は科学的「解決」に，政治屋は「専門家」に，政治家は「ブレーントラスト」に，立法者は「法の技術者」に〔それぞれ〕置換されるべきである。経営企業の技術的効率性が，政府の諸活動を評価する基準となり，経営管理が政府の完全さの理想となる。革命さえも「科学」となり，革命の指導者は「革命の技術者」になる（SMP 29）。

このように（国際）政治が，効率性という科学的基準によって「合理化」されることは一体何を意味するのか。それは，前項で見た〈合理主義〉によって因果法則の観念が社会世界に導入されたことに伴う代償と同じく，ここでも，規範倫理およびそれを前提とする道徳的判断の余地が消失することであり，それ故にモーゲンソーはこうした〈科学〉による政治の置換に対して懸念を示したと考えられる。

この点も，シカゴ大学での講義によって裏付けることができる。〈合理主義〉における道徳法則の崩壊を説明するなかで，モーゲンソーは，プラトンやアリストテレスから19世紀初頭までの伝統的な政治論の主流が，「道徳あるいは政治哲学」という倫理学の一部門として，道徳的判断と不可分であったことを指摘している[17]。そこでは，17世紀の暴君放伐論や，ジョン・ロックによる抵抗権の擁護が具体的に示すように，経験的事実の領域を超越した客観的な規範の存在が自明とされており，この規範に即して現実政治に対する倫理的な評価がなされていたとする[18]。また，『科学的人間』のなかでモーゲンソーが，「西洋政治思想の歴史は，政治権力に関する道徳的評価の歴史」であり，マキアヴェリやホッブズといった政治現象に対する「科学主義」は，例外に過ぎなかったと述べているのは，こうした事実を踏まえてのものである（SMP 169）。このようにプラトンからロックまでの政治思想では，こうした超越的な客観的基準の存在が自明であっ

た点に着目して，モーゲンソーはそれを「西洋政治理論の伝統」と呼んでいる[19]。

しかし，モーゲンソーによれば，19世紀より「科学的アプローチ」が，(国際)政治に導入された[20]。その実例としてモーゲンソーが言及するのが，戦争批判の根拠の変化である。18世紀以前，戦争は，「汝殺すなかれ」という「倫理的な理由」に背くものである故に，「悪」として非難されてきたが，19世紀以降は，ノーマン・エンジェルの主張が典型的に示すように，戦争に対する批判は，「非合理的」，「釣り合わない」，「もうけにならない」といった「功利主義的」な理由からなされるのが支配的になったとする[21]。さらにモーゲンソーは，近代の政治経験に直面して危機に瀕した「西洋政治理論の伝統」を再生するべく，ルソーが導入した「一般意思」が，そこにあらゆる実質を組み込むことが可能である内在的・形式的な基準であったために，客観的な規範の存在を前提としていた伝統を，図らずも破壊することになったと述べているが，これも政治における科学的基準の導入を指したものと言ってよい[22]。

ところで，モーゲンソーの見るところ，こうした政治の世界への〈科学〉の基準の導入は，恐るべき帰結を伴うものであった。というのは，前項で見た功利主義倫理と同じく，政治の世界における〈成功〉も，まさにそれが〈成功〉である故に，道徳的な完全さを証明するものと見なされるからである。モーゲンソーは，特に政治の世界におけるこうした「精神状態」を，「ファシズム」と呼んでいる[23]。これは，「存在するものは，まさに存在するだけで善である」という形式に集約されるように，「政治生活の冷酷な事実」そのものを「道徳的な理想」と同一視することにより，人間が権力を追求する事実を是認する態度である（EFP 8-9）。モーゲンソーによれば，これは，アメリカが対日戦争によって太平洋の島々を併合した事実や原爆の独占という事実を，「道徳的な優越の象徴として賛美」した当時の「民主的帝国主義者」の態度が示しているように，決してナチズムやイタリア・ファシズムに限定されない「普遍的な現象」である[24]。

このように「政治的成功や軍事的成功を道徳的な優越と同一化」する「ファシズム」的な精神状態においては，政治の世界において〈成功〉を達成するための手段に過ぎない権力が，「全ての物的・道徳的な財の源泉として崇拝される」が，このことは倫理の問題は，「誰が政治権力をめぐる闘争

において支配的となるか」の問題に還元されることを意味する[25]。なぜなら，モーゲンソーによれば，「政治において成功したものは，まさにそれによって，善であり，真であり，客観的に妥当なものとして正当化される」からである[26]。

したがって，政治の世界において，かつての規範倫理の規則ではなく，経験的事実の領域における〈成功〉が判断基準になるということは，成功のための手段＝権力の獲得をめぐる闘争が激化するという帰結を必然的に伴うのである[27]。ここに，客観的な道徳秩序の崩壊によって，規範的制約から解き放たれたことにより，「全ての事物の尺度」になった人間の権力欲＝政治的なものに対する亡命前のモーゲンソーの危機感が，亡命後も堅持されていることが読み取れるだろう。

2.〈科学的人間〉の行方――政治宗教による救済への希求

(1)〈科学的人間〉とは何か

このようにモーゲンソーの認識では，〈合理主義〉によって，かつて伝統的な規範倫理が占めていた王座を，それとは本質的に対立する〈科学〉が簒奪したことにより，規範倫理は科学的倫理に置換され，またこうした規範倫理に基づいた道徳的判断と不可分であった政治の世界に，「科学的アプローチ」が導入されることになった。それ故にモーゲンソーは，現代を「科学の時代」と喝破したのである（SMP 169, 206）。また，ここから，モーゲンソーの政治哲学上の批判の射程は，従来理解されてきたように，自由主義に留まるものではないことも明らかになるだろう。事実モーゲンソーは，〈科学〉の要素が，「西洋世界における政治思考の支配的な様相となった」（SMP 32）と述べるとともに，それが自由主義のみならず，マルクス主義，保守主義，ファシズムにも認められることを随所で明言している[28]。例えば，

〔合理主義〕は，自由主義の政治的諸原理の支持者に限られず，非自由主義思想にも浸透しており，それ故時代の政治的思考の典型となっている。ホワイトハウスをクレムリンから，また自由主義者を保守主義者から〔それぞれ〕分かつものが何であろうと，全ての人々は次の信

条を共有している。すなわち，今でなくとも少なくとも究極的に，科学は，それがいかに異なる仕方で定義されるとしても，政治を置換可能であるとする信条である（SMP 4）。

また，主著『国際政治（*Politics among Nations*）』のベースとなった1946年のシカゴ大学での講義「国際政治学」でも，モーゲンソーは，自由主義，マルクス主義，ファシズムは，「国際問題を科学的に理解し，一定の科学的な法則に従って，それらをコントロールしようとする」ものであり，その限りで共通することを強調している[29]。このように，〈合理主義〉の特質である〈科学〉の要素は，決して自由主義に限定されないと考えた故に，モーゲンソーは，「西洋世界の政治思考の全般的な崩壊」（SMP vi），「西洋政治思想の没落」（DP 341），と断言したのである。したがって，しばしばなされてきたように，自由主義批判のみを殊更強調することは，〈科学〉が政治も倫理も支配することになった〈近代〉に対するモーゲンソーの批判を捉え損なうものと言わねばならない。

この点と関連して，これまで正面から考察されることがなかった〈科学的人間〉が，いかなる人間を指しているかも明らかになるだろう。それは，〈科学〉が発見する因果法則に従うことによって，苦難や災厄をもたらす社会世界の一切の問題が解決可能であり，それにより現世において，完全状態が実現可能であると信じて疑わない人間を指していると言えるだろう。さらに補足するならば，政治の世界における〈成功〉が，実は他者よりも多くの権力を行使した結果であることを理解することなく，道徳的な優位の結果であると考える「ファシズム」的な精神状態を備えた人間のことでもある。モーゲンソーの見るところ，まさにこれが現代の人間なのである。

この〈科学的人間〉は，第1節で見たように，〈近代〉の産物として理解される限りにおいて，モーゲンソー自身どこまで意識していたかは別として，ニーチェの「『我々は幸福を作り出した』と言ってまばたきする」「最後の人間」や，ヴェーバーの「かつて達せられたことのない人間性の段階にまで登りつめたと自惚れる」「精神なき専門人，心情なき享楽家」と相当に重なると言ってよいだろう[30]。以下では，モーゲンソーが，この〈科学的人間〉の行方をどのように展望していたかを考察してみたい。

モーゲンソーによれば，現代人は，「見えるものを理解し，欲すること を

なし得る自足的な存在となった, と理解している。彼は, 自分の理解と支配を超えた意思と力に依存しているという意識を喪失した」(DP 374)。また, 技術の飛躍的発展により,「その場その場で誰にも助けられずに自分一人の力で自分を救済できるという自信」(PAN 305, 訳書402) を持つことになった。上述したように, 社会の問題は〈科学〉によって現世において解決可能であるという信念は,「救済は, 人間の意識的な努力によって, 現世において」可能であるという, 現代人の「自信」を, 世俗化した形式でパラフレーズしたものに他ならない[31]。このように, もはや「信心深さ (religiosity)」を持たない〈科学的人間〉においては,「不遜な優越感」(DP 374), つまり「不遜と傲慢さ (*hubris* and pride)」(DP 254) こそが, その特質となる。

　しかし, モーゲンソーによれば, 現世において苦難や災厄は永遠に存在するのであり, 人間はそうした「宇宙の謎と, そこにおける彼自身の存在という謎」(SMP 125) に対する答えを希求する存在である。そうした答えを与えようとする試みが,「芸術, 宗教, 形而上学」(SMP 125) であるが, とりわけ形而上学＝哲学は,「それによって時代が生きるところの無意識的な知的な諸仮説, つまり人間と社会の本質についての基礎的な確信」であり,「思想と行為に意味を与える」(SMP 2-3) ものである[32]。

　ところが, 人間をもっぱら「合理的存在」と見て, こうした「人間の〔道徳的〕な本質を理解できない」(SMP 122)〈合理主義〉は,「生活条件」からかけ離れた「哲学」しか与えることができないため (SMP 7), 人々は自己の経験と食い違いがないように見える哲学を, 別のところに求めざるを得ない, とモーゲンソーは主張する。

> とりわけ個人的ないし社会的な危機という絶望のなかで, 科学の時代における一般人は, 芸術, 宗教, 形而上学からの堕落した派生物である占星術, 予言, 奇跡信仰, オカルト信仰, 政治宗教, 党派心, あらゆる迷信, そしてあらゆる低俗な娯楽を受け入れる (SMP 125)。

このように, かつてのキリスト教や自然法といった実質的な形而上学が自明性を失った現代において, 経験を超えた意味を求める人間の精神を実際に満たしているのは, こうした「堕落した派生物」なのである。これら

のなかで，モーゲンソーがとりわけ危惧したのは，〈政治宗教〉であったと言ってよいだろう。モーゲンソーにとって，「科学の時代」は〈政治宗教〉の時代であった。

(2) 〈政治宗教〉という悪しき形而上学

1946年に刊行された『科学的人間』では，この〈政治宗教〉の問題それ自体ではなく，国家が，個人の権力欲の表出を規範的に制約する一方で，この権力欲を彼自身のためではなく国家のために追求することを奨励する現象が考察されている。しかし，そこにおけるホッブズの表現を用いた次の一文は，現代におけるナショナリズムの変質，つまり〈政治宗教〉の恐るべき本質をモーゲンソーが既に洞察していたことを示している。

> まことに国家は『可死の神』となり，もはや『不死の神』を信じない時代にあって，国家は存在する唯一の神となった（SMP 197）。

これが〈政治宗教〉の問題として掘り下げて論じられるのは，1948年の『国際政治』においてである。そこでは，西洋社会の人間がそれぞれの国家の権力欲を自己と強く同一化し，攻撃的なナショナリズムに感情的なはけ口を見出すことになった背景として，20世紀において永続的となった「社会的不安定」が指摘されるとともに，後者の要因の一つとして，伝統的な宗教の紐帯から個人が解放された結果であることが明言されている（PAN 77, 訳書 116）。モーゲンソーによれば，こうした社会的不安が深まるにつれ，人々は，伝統的な宗教をもはや信じることができないため，「救済をもたらすことを装い，また〔…〕その救済は間近であることを標榜する」〈政治宗教〉に救済を期待するようになる（DDP 253）。かくして，「現代人の知的，道義的エネルギーは，科学，革命，あるいはナショナリズムの聖戦を通じて，救済を約束する政治宗教へと流れ込んでいる」（PAN 305, 訳書 402-403）。

ところで，モーゲンソーによれば，来世においてその預言が証明される彼岸的宗教とは異なり，〈政治宗教〉は現世においてその預言が実現することによってのみ正しさが証明される[33]。モーゲンソーは，「現代の重要な政治宗教のうち，最も精巧で，最も洗練された」ものとして，20世紀初頭

のヨーロッパの労働者階級の大多数が救済の依りどころとしたのが，マルクス主義であったと述べている（DDP 253）。しかし，第一次世界大戦の勃発とその後の経過は，マルクス主義の預言を事実上反証するものであった。かくして，ドイツの労働者階級はマルクス主義に幻滅することになり，また世界恐慌の結果，自分たちの将来に絶望したことにより，最終的にナチズムという別の〈政治宗教〉に走ることになった。このようにモーゲンソーによれば，ナチズムは，「本質的に〔…〕マルクス主義〔の失敗〕への反応として」支持を獲得したのであり，その意味で，ある〈政治宗教〉への信頼が失われたことにより，人々は救済を約束する別の，一層非合理的な〈政治宗教〉に救済を求めるようになったのである（DDP 253）。

さらに，〈合理主義〉は，現代における宗教戦争を激烈なものにする。なぜなら，上述したように，現世における〈成功〉が道徳的な正しさをも証明すると想定する〈科学的倫理〉を前提する点において，政治の世界における〈成功〉が，相争う〈政治宗教〉のいずれが道徳的にも正しいものかを立証するという意味を持つからである。モーゲンソーは，早くも1946年の時点で，「政治イデオロギー間での戦争という形態での宗教戦争の再生」（SMP 213）を察知していたが，この点は，民主主義と共産主義による「世界支配を目指した活発な競争」（PAN 194，訳書272頁）の開始を受けて，1948年の著作から本格的に考察されることになる。

モーゲンソーによれば，この宗教戦争において，妥協による解決は困難であるため，終戦は一方の全面的勝利による以外はなく，それ故に戦争は一層熾烈を極めざるを得ないこと，また「アメリカの中産階級」と「ソ連のプロレタリア」（PAN 79，訳書 118）は，「自分たちが神々の立ち去った虚空の下に集まっていること」に気づかず，「歴史から受けた信託を執り行い，自らのためにするように思えることを人類のために行っているのだと信じ，また，どのように定められたものであれ，自分は神によって定められた神聖な任務を遂行している」（PAN 196，訳書 274）と確信して，民主主義あるいは共産主義の世界支配を追求する自国の対外政策を熱狂的に支持している。モーゲンソーから見て，彼らはまさに〈科学的人間〉の恐るべき行方を示す実例に他ならなかっただろう。

おわりに

　かくして亡命後のモーゲンソーにおいても，亡命前の客観的道徳秩序の再建と同じく，こうした道徳的荒廃をもたらした知的源泉であり，また，「西洋思想の伝統からの逸脱」(SMP 204) である〈合理主義〉に替えて，この伝統の正しき形而上学を再生し，現代の人間に対して教え説くことが，当然の目標となるだろう。この点において，単に亡命政治学者という事実に即して同列に位置付けられることが多かったレオ・シュトラウスやエリック・フェーゲリンと，モーゲンソーは，共通する問題圏に属していたと言ってよいだろう。周知のように，シュトラウスは実証主義と歴史主義に，フェーゲリンは「グノーシス主義」と呼ぶ知的運動に，それぞれ危機の知的起源を認めたが，本稿で明らかになったように，モーゲンソーにとってそれは〈合理主義〉であったと言えるだろう[34]。また，シュトラウスは古典的な「自然的正 (natural right)」の理論を，フェーゲリンは「グノーシス主義」以前の「地中海的伝統」をそれぞれ再生させることによって，この危機を克服しようとしたが，モーゲンソーはいかなる形而上学を，いかなる戦略によって再生させようとしたのだろうか。これが，今後問われるべき第1の課題である[35]。

　ところで，上述した規範的関心を前提とする限り，モーゲンソーが，権力政治の当為命題を主張し，事実としての権力闘争を規範的に正当化する余地は乏しいことは否定できないだろう。本稿の主たる検討対象である『科学的人間』や，1946年3月に閉講した国際政治学講義において認められるモーゲンソーの政策的主張は，人間に苦難や災厄を及ぼす社会世界の一切の問題が，いずれ〈科学〉によって「決定的」に解決可能であるとする〈科学的人間〉の楽観的な想定とは正反対の主張であった。すなわち，こうした社会問題は永遠の問題であって，人間がなし得るのは，「社会的圧力」，「社会的均衡」，「道徳的環境」(SMP 217) の3要因を，「創造的な芸術家」さながらに，個々の具体的な問題に対して適用することによる「一時的」な解決に過ぎない故に，それを目指すべきであるというものである (SMP 10, 220-221; LIP (March 18, 1946) 13-14)[36]。こうした主張は政策論としてもきわめて漠然としたものだが，少なくともここに，後年の「国家は権力を追求するべきである」につながるニュアンスを汲み取ることは難しいだ

ろう。

　ここから，『科学的人間』後のモーゲンソーが，いかなる経緯によって，権力政治の当為命題を提起することになったか，さらにこれは，客観的道徳秩序の根拠としての形而上学の再生というモーゲンソーの規範的関心と関連づけられるか否か，が問われるべき第2の課題となる。この点を明らかにすることにより，亡命前より継続するモーゲンソーの〈近代〉批判が，国際政治の問題においていかなる意味を持ち得るかも，一層具体的になるものと思われる。

　【謝辞】　草稿段階で匿名査読者の先生方より大変有意義なご批判を頂いた。深謝申し上げたい。

（1）　Christoph Frei, *Hans J. Morgenthau: An Intellectual Biography* (Baton Rouge: Louisiana State University Press, 2001).
（2）　例えば，William E. Scheuerman, "Carl Schmitt and Hans Morgenthau: Realism and beyond," in Michael C. Williams, ed., *Realism Reconsidered: The Legacy of Hans J. Morgenthau in International Relations* (Oxford: Oxford University Press, 2007); Martti Koskenniemi, "Out of Europe: Carl Schmitt, Hans Morgenthau, and the Turn to "International Relations"," in id., *The Gentle Civilizer of Nations: The Rise and Fall of International Law 1870-1960* (Cambridge: Cambridge University Press, 2001). また，亡命前の著作を検討していないものの，モーゲンソーのリアリズムが，ヴェーバーの社会科学方法論の影響を受けていることを指摘したものとして，Stephen P. Turner and G. O. Mazur, "Morgenthau as a Weberian Methodologist," *European Journal of International Relations* 15-3 (2009): 477-504.
（3）　宮下豊「国際法から国際道徳へ――あるいは，亡命前のモーゲンソーはリアリストだったか？」『新潟国際情報大学情報文化学部紀要』第12号（2009年），127－139頁。
（4）　戦間期の「理想主義」に対する近年の再評価があらためて示したように，イギリスの「理想主義者」と呼ばれた論者も，アメリカの「改革派」国際法学者も，権力政治の現実認識を多かれ少なかれ持っていたとするならば，単にこの現実認識が認められることを根拠として，リアリストと規定することは不十分なものと言えるだろう。なぜなら，「国際政治が権力政治である」という事実命題から出発するも，<u>それ故に</u>，権力政治を国際法や国際機構の拡充によって克服しなければならないという<u>価値判断</u>と結

びつくことも十分可能だからである。したがって，こうした「理想主義者」から区別されるリアリストのメルクマールの１つは，「国家は権力を追求するべきである」という形式で表現される権力政治の当為命題を主張した点に求められるだろう。この基準に従うならば，宮下論文は，亡命前のモーゲンソーは，こうした狭義のリアリストでは未だなく，この限りで，亡命後との相違が認められることを示している。また亡命前のモーゲンソーは，科学的厳密さを追求するヴェーバーやケルゼンの濃厚な影響の下，存在の法則から当為の規則を導出することが，論理的な飛躍であることを強く意識していた点も指摘されるべきである。なお，「理想主義」の再評価については，特に次を参照。Andreas Osiander, "Rereading Early Twentieth-Century IR Theory: Idealism Revisited," *International Studies Quarterly* 42-3 (1998): 409-432; Brian C. Schmidt, *The Political Discourse of Anarchy: A Disciplinary History of International Relations* (Albany: State University of New York Press, 1998). また，アメリカ国際法学界における「改革派」の主張については，篠原初枝『戦争の法から平和の法へ――戦間期のアメリカ国際法学者』（東京大学出版会，2003年），を参照。

（５） Frei, *op. cit.*, pp. 183-201; M. Benjamin Mollov, *Power and Transcendence: Hans J. Morgenthau and the Jewish Experience* (Lanham: Lexington Books, 2002), pp. 16-17; Christoph Rohde, *Hans J. Morgenthau und der weltpolitische Realismus: Die Grundlegung einer realistischen Theorie der internationalen Politik* (Wiesbaden: Verlag für Sozialwissenschaften, 2004), S. 193-195.

（６） William E. Scheuerman, "Was Morgenthau a Realist? Revisiting *Scientific Man vs. Power Politics*," *Constellations* 14-4 (2007): 506-530.

（７） 近著においてショイアーマンは，ドイツ時代のモーゲンソーが，社会民主党系の労働法学者フーゴ・ジンツハイマーの影響を受けたことを指摘するとともに，この左翼的立場に根差した「批判的リアリスト」の契機は，『国際政治』以降，「うかつにも（inadvertently）」消失したとする解釈を提起している。Scheuerman, "A Theoretical Missed Opportunity? Hans J. Morgenthau as Critical Realist," in Duncan Bell, ed., *Political Thought and International Relations: Variations on a Realist Theme* (Oxford: Oxford University Press, 2009); Scheuerman, *Morgenthau: Realism and beyond* (Cambridge: Polity Press, 2009), chap. 1-2. ここではこの解釈の当否に立ち入らないが，彼の主張する「批判的リアリスト」の契機と，『科学的人間』がいかにして接合され得るかという問題に，ショイアーマン自身明確に答え切れているとは言い難い点は指摘しておきたい。

（８） 本稿と同様に，『科学的人間』における〈近代〉批判の契機を論じた研究として，Greg Russell, "Morgenthau's Political Realism and the Ethics of

Evil," in W. David Clinton, ed., *The Realist Tradition and Contemporary International Relations* (Baton Rouge: Louisiana State University Press, 2007). しかし、ラッセルは、この契機を、『科学的人間』における特質として提起するに留まり、それがモーゲンソーの政治思想において、リアリズムよりも先行する規範的関心に基づく点まで示し得ていない。

(9) シカゴ大学での講義ノートにおいても、〈合理主義〉に対するモーゲンソーの批判の基層がこの点にあったことが確認できる。LIO (April 5 and 7, 1944; July 22 and 24, 1947); LPIR (January 7, 1949; July 7, 1952).

(10) これらの点については、宮下、前掲論文、第5節、を参照。

(11) LIO (March 29, 1944; July 8-10, 1947); LPIR (January 7, 1949). 公刊著作の該当部分として、SMP 11-13.

(12) 講義での説明に際して、モーゲンソーは、ケルゼンの「応報律と因果律」に言及している。特にヘラクレイトスの「太陽もその矩を踰えないであろう。踰えればディケ〔正義の女神〕の侍女たちであるエリニュエス〔復讐の女神〕が発見するであろうから」という有名な断片を、そうした道徳秩序の観念の具体例として説明している（LIO (March 29, 1944)）。この訳文は、ケルゼン「応報律と因果律」『ハンス・ケルゼン著作集V――ギリシャ思想集』長尾龍一訳（慈学社出版、2009年）所収、119頁、を参照した。

(13) LIO (April 31 [*sic*], 1944).

(14) こうした批判として、Jerome Frank, "Review: *Scientific Man vs. Power Politics*…," *The University of Chicago Law Review* 15-2 (1948): 462-478; Ernest Nagel, "Review: *Scientific Man vs. Power Politics*…," *The Yale Law Journal* 56-5 (1947): 906-909; Sidney Hook, "The Philosophic Scene: Scientific Method on the Defensive," *Commentary* 1 (1945): 85-90.

(15) そこでは、社会世界を自然世界のアナロジーで考え、自然科学の精密さ・確実さ・予見可能性を、社会科学が目指すべき目標と見なす「科学主義」に対して、現代科学論における決定論や完全なる予測の放棄、また認識による自然と社会の構成作用が反証として提示されるとともに、第6章ではマンハイムの認識の存在被拘束性の議論を援用して、真に価値中立的な認識というものが困難であることが指摘されている。

(16) この点において興味深いのが、亡命間もない時期に執筆されたと推測されるドイツ語の草稿「アメリカの大学の問題」である。そこでは、モーティマー・アドラーのネオトミズムの影響を受けて、当時の大学で支配的なプラグマティズムや科学主義に替えて、新しい「形而上学」によって大学教育を実施する必要を説いたシカゴ大学学長ハッチンスの著書『アメリカにおける高等教育（*The Higher Learning in America*）』（1936年）に対し

て，モーゲンソーは次のように，全面的な賛同を表明するとともに，事実の収集とその記述に価値を見出し，自らの依って立つ価値に無自覚な経験科学を批判している。「シカゴ大学の学長〔ハッチンス〕は，〔批判されるように〕デモクラシーの敵でも，自由な科学の敵でも，精神的な『ファシスト』でもない。新入生に対する演説を，『私は諸君の経済的な将来に対して心配していない。私が心配しているのは諸君の道徳だ！』という心を打つ言葉で始め，高貴な人間性の実例であり，現代文化の脅かされた精神的・道徳的価値について憂慮する知の実例である人物，この人物から，アメリカのデモクラシーに対する危険は何も差し迫っていない。〔むしろ〕危険は，あらゆる月並みなもの，硬直したもの，精神なきルーティン，無味乾燥な技術，進歩信仰の凡庸さ，大衆受けする偏狭な有用さの哲学，しかしとりわけ専門学校よりも下位に位置付けられた大学，および，何のために，またいかなる目的に奉仕するかをもはや知らずに，事実を収集する科学の偏狭さより差し迫っている。真理をそれ自体のために追求する純粋な科学と，この科学の住処としての大学という崇高な観念を，ハッチンスが再び人間にはっきり示したことに対して，人間も，またヨーロッパの教養も感謝しなければならない」("Das Problem der amerikanische Universität," (o. O. [New York?]: o. J. [1937?]) MS in HJMP, Container No. 110, S. 10)。

(17) LPIR (January 7, 1949); LIO (April 5, 1944).
(18) LIO (April 21, 1944).
(19) LPT, First Lecture (1962). この伝統の今一つの特質として，モーゲンソーは，「国家，教会，宗教的秩序などの政治組織は，個人の経済的，政治的，あるいは精神的な救済のために存在する」(DDP 224) のであって，個人がこうした政治組織のために存在するのではないとする点を挙げている。
(20) LIO (April 5, 1944).
(21) LIO (May 15 and 19, 1944); LPIR (January 14, 1949); SMP 46-47.
(22) LPT, First Lecture (1962) 12. この一般意思による政治理論の伝統の破壊については，(DP 2) も参照。なお，こうしたモーゲンソーのルソー批判の根本には，人間観の相違があると考えられる (EFP 1-2; DP 239)。
(23) この「ファシズム」という表現は，(DP 244-245) では「全体主義」と改められている。
(24) LIO (July 22, 1947); LPIR (July 28, 1952).
(25) LPT, First Lecture (1962) 12.
(26) *Ibid*. この点は，ルソーの一般意思についても妥当する。「結果として，経験的に成功したと証明されたならば，いかなるものでも一般意思として正当化され得るのである。これはルソーおよびあらゆる現代の政治哲学の不可避的な，実際上の帰結である。そしてこれは，客観的な超越的基準，

あるいは客観的な評価の基準が，単一の基準，つまり政治的成功の基準に取り替えられたということである」(*Ibid.*)。

(27) ここで，ヴェーバーの権力政治論との関係について一言付しておきたい。モーゲンソーは亡命前も，ヴェーバーに言及することは例外であり，その権力政治論をどのように評価していたかを知ることは難しい。ただ，亡命前の一連の著作を検討する限り，筆者には，先行研究が論ずるようなヴェーバーとの近さではなく，むしろ相違点が顕著であるように思われる。「中間考察」が示すように，ヴェーバーは権力政治を，宗教倫理から固有法則性を持った政治領域の機能分化の結果として，つまり〈近代〉の現象として捉える傾向が強い（ヴェーバー「中間考察――宗教的現世拒否の段階と方向に関する理論」『宗教社会学論選』大塚久雄・生松敬三訳（みすず書房，1972年），117-119頁）。これに対して，モーゲンソーは権力政治を，亡命前より，18世紀までキリスト教や自然法の自明な規範によって掣肘されてきたことを認めつつも，人間の不変の本質としての権力欲より派生するもの，したがって〈近代〉に限定されない現象として見ていた。また，ヴェーバーは，「神々の闘争」の表現が示すように，文化的生活における闘争の契機をほとんど一面的に強調し，この不快な現実を〈運命〉として「堪える」ことを要求した。モーゲンソーは，こうした闘争の契機を認めつつも，注36で見るように，平和＝紛争解決のための可能性を考察しており，その限りで闘争を超越する志向性を持っていた。他方で，モーゲンソーにおける責任倫理に関しては，稿を改めて考察する予定であり，本稿では，モーゲンソーがヴェーバーを彷彿させるような責任倫理を提起したのは，米ソ冷戦の開始後，それも1952年の論文が初めてであり，亡命前を含めてそれ以前においては認めることが難しいという事実を指摘するに留めたい。

(28) 以下の引用先の他に，次も参照（SMP 32）。特に，マルクス主義については，（SMP 32-33; EFP 4; DP 242）。ファシズムに関しては，（SMP 6-7）。

(29) LIP, First Lecture (January 1946) 7-10.

(30) ニーチェ『ツァラトゥストラはこう言った』氷上英廣訳（岩波書店，1967年），22-25頁。マックス・ヴェーバー『プロテスタンティズムの倫理と資本主義の精神』大塚久雄訳（岩波書店，1989年），366頁。この点に鑑みて，モーゲンソーはドイツの「文化ペシミズム」の傾向を受け継いでいるとするジスモンディの解釈に，我々は同意できるだろう。Mark D. Gismondi, *Ethics, Realism and Liberalism in International Relations: A Covenantal Analysis* (London: Routledge, 2007), p. 157.

(31) LIO (April 31 [*sic*], 1944). この点で，次の一節も参照。「自由主義もマルクス主義も，〔…〕諸悪は，助力なしに人間の努力によって現世におい

て除去され得ると信じている。言い換えれば，自由主義とマルクス主義は，救済は現世において，例えば，社会改良，経済・技術発展，あるいは政治革命を通じて到達可能であると信じている世俗宗教なのである」(Letter to Sister Dorothy Jane Van Hoogstrate, S. L. (December 6, 1957) in HJMP, Container No. 26)。

(32) こうした人間論は，既に亡命前の論文「現代における科学の意味と人間の使命について」(1934年) において読み取ることができる ("Über den Sinn der Wissenschaft in dieser Zeit und über die Bestimmung des Menschen," (Geneva, 1934) MS in HJMP, Container No. 151, S. 68 u. 78-79)。この部分については，さしあたり，SSM 61 (訳書95)，SSM 71 (訳書109) を参照。

(33) LPT (May 10, 1962) 11-12.

(34) Leo Strauss, *Natural Right and History* (Chicago: University of Chicago Press, 1953); Eric Voegelin, "The New Science of Politics: An Introduction," (1953) in id., *Modernity without Restraint: The Collected Works of Eric Voegelin, Vol. 5*, ed. by Manfred Henningsen (Columbia: University of Missouri Press, 2000). 特にフェーゲリンが，論文「科学・政治・グノーシス主義」のなかで「グノーシス的大衆運動」として列挙した諸特質は，モーゲンソーの〈科学的人間〉のそれと見間違うほど，相当に重なることは否定できない (Voegelin, "Science, Politics, and Gnosticism: Two Essays," in *Modernity without Restraint*, pp. 297-298)。とはいえ，モーゲンソーとフェーゲリンには，密接かつ継続的な交友関係があったとは言い難く，両者は同じ問題を別個に発見したように考えられる。この点は，政治宗教の概念にも妥当する。周知のように，1938年に発表した『政治宗教』において，フェーゲリンは，超越的宗教と対比して，ナチズムやファシズムの根源を，人種，階級，国家といった集合体を，キリスト教の神に替わる「メタ現実」へと神聖化する世界内宗教に求めるとともに，こうした政治的な世界内宗教を特に政治宗教と呼んだ (Voegelin, "The Political Religions," in *Modernity without Restraint*)。モーゲンソーの〈政治宗教〉の概念も，フェーゲリンの用法から大きく逸脱するものではない。しかし，次の2点から，筆者はモーゲンソーがフェーゲリンの著作に触発されて，政治宗教の概念を借用した可能性は乏しいと考える。第1に，モーゲンソー・ペーパーズの資料を調査した限りで，1948年までにモーゲンソーがフェーゲリンの著作に接していたことをうかがわせる根拠を，筆者は認めることができなかった。第2に，モーゲンソーは遅くとも1939年よりヴァルデマール・ギュリアンとの交流を始めているほか，『国際政治』(初版) には，ルイジ・ストゥルツォの著作が参考文献に記載されており，モーゲンソーが政治宗教の概念を借用し

たとすれば，こうしたフェーゲリン以外の経路からの可能性が大きいと思われるからである。

(35) 本稿ではラインホールド・ニーバーに言及することはできなかった。この点は，現在準備中の別稿において論じられる予定である。

(36) モーゲンソーが，〈科学〉の原則を社会世界に機械的に適用する「科学者」や「技術者」に対して，「政治的叡智」＝「アート」としての政治の担い手である「政治家」を擁護したのは，この文脈において理解されるべきである。なお，ここで列挙された3要因は，『科学的人間』の説明からは具体的にイメージすることは難しいが，これらは亡命前の論文「国際サンクションの理論」において，「サンクションの体系の理想的形態」として列挙された3要件を敷衍したものと言ってよい。したがって，「社会的な圧力」は〈現実性〉のある社会規範（法・習俗），「社会的な均衡」は〈実効性〉のあるサンクション（バランス・オブ・パワー），「道徳的な環境」は「共同体の社会的に最も影響力のある構成員」が法秩序の正統性を確信している点を，それぞれ指している（"Théorie des sanctions internationales," *Revue de droit international et de législation comparée* 16-4 (1935): 833-834）。

【略語表】 モーゲンソーの著作のみ，著者名を省き，以下の略語で表記する。なお，引用文中における下線とカッコは，それぞれ引用者による強調と補足である。

DDP: *The Decline of Democratic Politics* (Chicago: University of Chicago Press, 1962).

DP: *Dilemmas of Politics* (Chicago: University of Chicago Press, 1958).

EFP: "The Escape from Power in the Western World," in Lyman Bryson, Louis Finkelstein, and R. M. MacIver, eds., *Conflicts of Power in Modern Culture: Seventh Symposium of the Conference on Science, Philosophy and Religion* (New York: Harper & Brothers, 1947).

HJMP: Hans J. Morgenthau Papers, Library of Congress, the Manuscript Division (Washington, DC.).

IWM: "Bernard Johnson's Interview with Hans J. Morgenthau," in Kenneth W. Thompson and Robert J. Myers, eds., *Truth and Tragedy: A Tribute to Hans J. Morgenthau* (New Brunswick: Transaction Books, 1984).

LFP: "Liberalism and Foreign Policy," Lecture at the New School for Social Research (New York: 1940) MS in HJMP, Container No. 168.

LIO: "International Organization Lectures." (University of Chicago) MS in HJMP, Container No. 77.

LIP: "International Politics Lectures," (University of Chicago) MS in HJMP, Container No. 77.
LPIR: "Philosophy of International Relations Lectures," (University of Chicago) MS in HJMP, Container No. 81.
LPT: "Political Theory Lectures," (University of Chicago) MS in HJMP, Container No. 171.
PAN: *Politics among Nations: The Struggle for Power and Peace* (New York: Knopf, 1948).『国際政治――権力と平和』現代平和研究会訳(福村出版, 1986年)。
ROP: "Report of Progress," *Year Book of the American Philosophical Society 1941* (1942): 211-14.
SMP: *Scientific Man vs. Power Politics* (Chicago: University of Chicago Press, 1946).
SSM: *Science: Servant or Master?* (New York: New American Library, 1972).『人間にとって科学とは何か』神谷不二監訳（講談社, 1975年）。
TAP: *Truth and Power: Essays of a Decade, 1960-70* (New York: Praeger, 1970).

治安維持法の再検討

―政党内閣期（1918〜32）を中心として―

中澤俊輔 *

はじめに

　清水幾太郎は1974年のある論文の中で，戦後の言論・思想が「治安維持法への復讐」によって規定された，と論じた[1]。清水の主張は，後に奥平康弘との論争を惹起するが[2]，戦後において，「稀代の悪法」としての治安維持法の評価は定着している。

　治安維持法は1925年4月22日，国体の変革，または私有財産制度の否認を目的とした結社を処罰する刑事法として公布された。同法は1928年と1941年の改正を経て，敗戦後の1945年10月15日，GHQの「人権指令」にもとづいて廃止される[3]。

　この治安維持法が成立した理由については，①枢密院が男子普通選挙法の交換条件として政府に強要したとの説，②政府が元来，普通選挙法との同時成立を想定したとの説，③日ソ基本条約締結に至る日ソ関係を主要因とする説などが提唱されてきた[4]。

　また，先行研究は，治安維持法が「結社」取締法として成立したことを認めつつ，文言の曖昧さを指摘し，制定段階からその後の拡大適用の萌芽を見出そうとする傾向が目立つ[5]。同様の評価を下したのが，東京裁判でのIPS（国際検察局）オランダ代表の報告書である。

> There can be little doubt that originally the Peace Preservation Law was enacted to suppress the Communist movement. However, its stipulations are so general that it can likewise be used to suppress any other

---

*　日本学術振興会　特別研究員　日本政治外交史

movement or any other expression of opinion……6

（治安維持法が本来，共産主義運動を取り締まるために制定されたことはほとんど疑いない。しかし，その規定は余りに漠然としているため，あらゆる運動，あらゆる意見の発表を取り締まるために用いられ得る……）

　以上を踏まえ，本稿は以下の三点を課題として，治安維持法をめぐる政治過程を再検討する。

　第一に，権力主体間の競合関係である。第一次大戦後の内務省と司法省は，異なる秩序構想をもって治安維持法の制定に関与した[7]。加えて，戦前の政党内閣を担った二大政党である政友会と憲政会（民政党）も，内務省・司法省との関係を踏まえ，同法に対して独自のアプローチをとった。本稿は以上の四者間の争点として治安維持法を分析する。

　第二に，国際関係，特に日ソ関係と治安維持法の関連である[8]。第一次大戦後の欧州諸国は，1917年のロシア革命を踏まえ，暴動や共産主義者の取締を強化した[9]。日本もソ連との緊張を緩和する過程で各国の情報を収集し，社会主義勢力への対策を講じた。本稿は内務省のソ連認識に着目し，国際的な要因が治安維持法の制定・適用に与えた影響を明らかにする。

　第三に，戦前の政党政治における治安維持法の意味である。考察のヒントとなるのが，1925年の法案から削除された「政体変革」である。政府は「政体」を限定的に定義し，議会政治の保護を法案に含意させた。他方，政党側は，政党の政治的自由を制約する文言と見なし，激烈な反論を展開した[10]。本稿は戦前の政党政治の許容範囲を明らかにするべく，治安維持法を再検討する。

1．治安維持法前史

　治安維持法以前，政治運動・社会運動の取締は内務省　警察が主体となり，治安警察法（1900）の結社禁止や新聞紙法（1909）の発売頒布禁止などの行政処分を用いた[11]。

　内務省が社会主義者の取締法を調査するのは，管見の限り第一次西園寺公望内閣が嚆矢である。1907年11月3日，サンフランシスコ日本領事館で，社会革命党員が天皇暗殺を仄めかす印刷物を貼付する事件が発生し，山県

有朋は社会主義への対策を原敬内相に要請する[12]。1908年5月11日，林董外相は欧米の大使・公使に対して赴任国の「無政府主義社会主義其他之に類する危険なる政治主義を有する者の行動言論等取締方」の調査を命じ，内務省へ順次送付した[13]。また1910年5月の大逆事件を受けて，山県は9月，「社会破壊主義取締法私案」を上奏する。同案第1条は，「社会破壊主義」を鼓吹し安寧妨害・秩序紊乱を目的とする「結社」を禁止している[14]。ただし，内務省が立法を検討した形跡は見当たらない。

1918年8月の米騒動を経て，同年9月末に原敬―政友会内閣が成立した直後，内務省は社会主義運動の取締法の調査を開始する。1919年5月，内務省警保局は外務省に，「過激派」に対する取締法の調査を依頼し[15]，1921年10月までに米，英，仏，独，伊，蘭，ベルギー，ブラジルの立法例を得ている[16]。うち米国法は最も多く，サンディカリズムの「煽動」「擁護」「援助」「流布」「出版」や「サボタージュ」などの取締対象を詳細に列挙している[17]。司法省も外務省に調査を依頼し，1921年9月に米国法の報告を得た[18]。

以上の調査が直ちに取締法の起案につながったわけではない。原内閣と政友会は，当初は宗教・教育によって思想を健全化する「思想善導」を模索した。また，内務省では先進的志向を有する中堅官僚が台頭し，1920－1921年にかけて，出版物の取締を緩和する出版法改正案を作成している[19]。なお，憲政会は社会政策や選挙権拡大による国民生活の安定を掲げ[20]，国民党は言論・集会の自由に重きを置いていた[21]。

しかし，1921年にかけて思想団体の宣伝が活発化し，コミンテルンから邦人への資金供与が発覚したことを受けて，内務省と司法省は同年夏までに取締法の起草に着手する[22]。7月末，原首相は「過激社会主義宣伝等に対する法律の不備」[23]を山県に語っている。原―政友会が元々「危険思想」の流入を懸念し，平沼騏一郎検事総長を介して司法省人脈を形成していたことも法案起草の背景にあっただろう。同年8月の「治安維持に関する件（司法省案）」は，「朝憲紊乱」の実行・宣伝を目的とした勧誘・結社，「朝憲紊乱」「人倫破壊」「安寧秩序紊乱」の宣伝の処罰を定めている[24]。この案に対して内務省は，「朝憲紊乱（法の否定等）」のみを処罰すること，「朝憲紊乱」の具体例（無政府主義，共産主義）を明記すること，「朝憲紊乱」以外は出版法，新聞紙法，治安警察法で取り締まるこ
とを提案した[25]。内

務省は新たな取締法の適用範囲を限定すると同時に，既存の取締法に基づく「行政の裁量」を維持しようとしたといえる。

　これより先，「朝憲紊乱」は解釈上の論争を惹起した。1920年1月，東京帝大助教授の森戸辰男の無政府主義についての論文が新聞紙法「朝憲紊乱」違反で起訴された森戸事件である[26]。弁護人の佐々木惣一京都帝国大学教授は，「朝憲紊乱」を，不法手段や実力によって「朝憲」（議会，内閣，裁判制度）を妨害する行為と定義し，「朝憲」に価値判断を下す場合は該当しないと主張した[27]。第一審は佐々木説に立脚して新聞紙法「安寧秩序紊乱」違反で有罪としたものの，第二審と大審院は不法手段の提示を問わず，「朝憲紊乱」違反で有罪を下した。もっとも，内務省は，不法手段を「朝憲紊乱」の要件とする方針を維持した[28]。

　1922年2月14日，高橋是清―政友会内閣は，過激社会運動取締法案の議会提出を閣議決定する。法案は第1条で「無政府主義，共産主義其の他に関し朝憲を紊乱する事項」の宣伝・勧誘を処罰するように，「宣伝」取締を主眼に置いていた。内務省警保局事務官の川村貞四郎によれば，「宣伝」とは，不特定多数に対してある事柄の実行を勧める行為を指し（勧誘は特定の人間に対する），単なる事実の伝達・公表は該当しないとされた[29]。他方，「結社」は処罰対象には含まれていない。

　法案に対して，貴族院では伊澤多喜男ら元内務官僚の勅選議員が反対した。彼らは「朝憲紊乱」の曖昧さを批判し，「宣伝」取締が司法権の裁量に委ねられる危険性を追及している。なお，法案に反対した勅選議員はいずれも少数会派（幸四派）に属し，憲政会により近い立場だった。法案は二度の修正を経て貴族院を通過したものの，憲政会と国民党は反対，政友会でも不成立を望む意見が強く，審議未了のまま閉会となった。在野でも，法による思想取締や言論の圧迫に対する反対運動が盛り上がった[30]。

　以後，内務省は取締法の制定にいっそう消極的となる。1922年6月，加藤友三郎内閣がシベリア派遣軍の撤兵を決定すると，陸軍は日ソ間の交流を見越し，過激社会運動取締法案の再提出を求めた[31]。内務省は法案を起草したものの，議会提出を見送り，後藤文夫警保局長は頻繁に通牒を発して既存の取締法を補完する方針をとる。ただし，内務省は1922年11月にハルビン総領事館に内務事務官を置いてソ連の内偵情報を報告させた。また1923年1月にソ連極東代表のヨッフェが来日した際，警保局は独断で阻止

を画策している[32]。さらに1923年6月5日,警視庁は治安警察法の「秘密結社」罪で第一次日本共産党の検挙に踏み切った。

他方,東京地裁検事局は証拠不十分として共産党検挙に消極的であった。司法省が新規の取締法を志向する根底には,明確な法的根拠を求める法の支配があったといえる。

司法省にとっての契機は,1923年9月1日の関東大震災である。第二次山本権兵衛内閣の田健治郎法相は,流言蜚語にもとづく朝鮮人虐殺を重く見て,同5日,緊急勅令の治安維持令案を閣議に提出した[33]。同7日公布・施行された治安維持令は,「煽動」「流布」「流言蜚語」といった,「宣伝」に類する行為を厳罰に処した。ただし,司法省はイギリスの立法をもとに「安寧秩序紊乱」などの目的を要件とする目的罪を導入し,通牒を発して適用を厳密に制限することで,濫用を抑えた[34]。なお,政友会と憲政会は12月の第47特別議会で治安維持令を承認したが,将来の単行法の制定を前提とした政友会に対して,憲政会は「言論圧迫」を懸念して次期通常議会での廃止を条件とした[35]。

もう一つの契機は1923年末の摂政宮狙撃事件―虎ノ門事件である。事件後,司法省は無政府主義を警戒し,「結社集会乃至流布等」の取締法を志向する[36]。清浦奎吾内閣では,鈴木喜三郎法相の下で治安維持法案の起草に着手し,1924年5月17日に第一次法案を内務省へ回付している[37]。

以上,原内閣以降,内務省と司法省,政友会と憲政会は思想取締をめぐって競合を繰り広げた。第一次大戦後の民主主義的風潮に触れた内務省は,新規の取締法に消極的であり,行政処分による裁量的な取締を重視した。かたや,司法省は社会主義運動に対応するため,確たる根拠としての取締法を求めた。そして政友会は司法省,憲政会は内務省とそれぞれ,政策的・人脈的な親和性を高めていった。治安維持法の成立は,四者を統合する加藤高明―護憲三派内閣を待つ。

2. 治安維持法制定の政治過程(1)

次に,1924年6月成立した加藤高明内閣における治安維持法の制定過程を見ていきたい。

司法省の側では,山岡萬之助刑事局長と三宅正太郎司法参事官の草稿が存在する[38]。ともに目的罪を採用しているが,山岡は「結社」,三宅は「流

布」の取締を筆頭に挙げている。また，司法省が作成した複数の草案はいずれも「結社」取締を主としつつ，「流布」「流言蜚語」を挙げて「宣伝」取締の余地を残していた[39]。

　一方，内務省は，加藤高明内閣期には治安維持法を容認するに至る。1923年より社会主義系の秘密結社が各地で組織されたことも態度変化の一因であろう[40]。しかしおそらくは，国内外の共産主義勢力の連携を過剰に警戒したためと考えられる。1924年4―6月，在ハルビン駐在内務事務官の大久保留次郎は，上海で極東共産党会議（1924年5―6月）が開催され，日本共産党員も参加して宣伝計画とコミンテルンの資金供与について協議した，との内偵情報を本省に報告した[41]。大久保情報の真偽は不明であるが，警保局は第49議会（1924年6月）の参考資料でこの会議に触れ，コミンテルンの支援を受ける共産主義者を社会主義運動の「本系」に位置づけている[42]。内務省が1924年作成した「治安維持法案理由書」も，「海外同志」と連絡した「金品輸入調達」を取締対象の筆頭に挙げた[43]。

　また，治安維持法の性格を決定する上で，加藤首相と与党憲政会を無視することはできない[44]。加藤は反共ではあったが，法による思想取締には消極的だった[45]。また，加藤は日ソ国交回復を志向し，両国が宣伝禁止協定を結ぶことでソ連の宣伝を抑制できると考えていた[46]。そして，憲政会は治安維持令を承認する際，次期通常議会での廃止を条件としていた。

　加藤内閣は日ソ国交交渉の方針として，コミンテルンの宣伝の禁止を決定するが[47]，ソ連側は一貫して反対した。12月1日，芳澤謙吉全権公使が，交渉継続の前提として「過激主義取締に関し厳重なる法律を制定すること」を本省に禀申すると，幣原喜重郎外相は「我当該官憲に於て出来得る限りの手段方法を尽し危険なる宣伝を禁止取締る」旨を打電した[48]。外務省は宣伝禁止問題での妥協を暗黙の了解とし，国内法に期待したといえる。1925年1月20日付で調印した日ソ基本条約は，第5条で締結国政府の任務を有する人間と政府の財政的支援を受ける団体の「秩序及安寧を危殆ならしむる」行為を禁止している。

　さて，日ソ基本条約の締結と並行して，内務省と司法省は治安維持法案の起草を進めた。両者は「国体変革」を目的罪の要件に入れること，「結社」取締を主とすることでは合意したが，要件をどの程度具体化するか，「流布」罪を設けるかで平行線を辿った。そんな折，法制局は1925年1月24日，

「国体変革」と「流布」を削除する対案を作成する[49]。内務省・司法省は折り合わず，2月6日には成案を閣議へ請議したが不成立となった[50]。また2月4日の衆議院予算委員会では与党革新倶楽部の清瀬一郎が，枢密院が普通選挙法の交換条件として治安維持法を要求した，との疑義を質した[51]。同じく4日には法相の横田千之助（政友会）が急死し，6日に予定された三派交渉会は延期となった[52]。内務省と司法省の対立，与党内の反対，横田の死が重なり，治安維持法案は正念場を迎えた。

そんな中，2月7日付で法相に就任したのが小川平吉（政友会）である。小川は以前より取締法を進言し，また政友会と野党政友本党の合同を視野に入れていた[53]。加藤は閣内の不統一を恐れ，小川の入閣を歓迎しなかった[54]。もっとも，小川は法相となるや，治安維持法の成立を目指して若槻礼次郎内相（憲政会）との政治的決着を図る[55]。2月上旬，内務省と司法省は，「国体変革」を復活させ，「流布」を「煽動」に置き換えた合同案を作成した[56]。この際，内務省は「宣伝」取締を新聞紙法と出版法に委ねる旨を確認している[57]。二人の大臣の協力もあって内務省と司法省の対立は収束し，治安維持法案はともかくも「結社」取締法として確立した。

治安維持法案は2月12日までに修正され，同18日閣議決定に至る。以下，第1条である。

> 第一条　国体若は政体を変革し又は私有財産の制度を否認することを目的として結社を組織し又は情を知りて之に加入したる者は十年以下の懲役又は禁錮に処す前項の未遂行為は之を罰す[58]

法案は全7条で，罰則は第2条「協議」，第3条「煽動」，第4条「利益供与」と続く。

ここでは，特に「政体変革」について解説したい。内務省は「朝憲紊乱」の代替案の一つとして，「国体または政体を変壊する事項」を挙げていた[59]。また，司法省刑事局の訳によるドイツ「共和擁護法」(1922) は，「独逸国若くは聯邦の憲法に依り確立せられたる共和政体を破壊せんとする目的を追行する秘密若くは反国家的結合」（傍点引用者）への参加・援助を処罰することを定めており，参考に供されたと推測される[60]。

なお，当時の憲法学説は，「国体」「政体」可分説（上杉慎吉，佐々木惣

一）と不可分説（美濃部達吉）に別れており，このうち可分説は，「国体」を統治権の主体，「政体」を統治権行使の形式と，それぞれ定義する。実は，内務省は直前まで「政体」の文言を用いず，「憲法上の統治組織又は納税，兵役」を列記する方式を提案していた[61]。

しかし，内務省は議会提出案の「政体」を「代議政体」に特化して解釈し，「政体変革」を「我立憲政体即代議政体を根本的に破壊すること」と定義した[62]。司法省も「政体」を，「所謂三権分立主義に則り且つ国民の選挙せる代議士を以て組織せる議会をして重要なる国務殊に立法権の行使に参与せしむる」事と定義し，政友会に配慮してか，貴族院・枢密院廃止論が「政体変革」に該当しないことを確認している[63]。内務省と司法省は，抽象的な「政体」の意味を立法権に限定し，議会政治を保護するニュアンスを治安維持法に含ませることで一致したのである。他方，内務省が主張した不法手段の要件は「変革」「否認」から除かれた[64]。

政府内では法案はまとまったものの，与党内では革新倶楽部を中心に反対が生じたため，若槻内相と小川法相は説明に当たった。政友会・憲政会の少壮議員は，貴族院・枢密院改革や国民投票制との関係を追及し，「政体変革」の削除・修正を要求している[65]。しかし，2月18日の閣僚と憲政会総務の意見交換会を経て，治安維持法案は第50議会に提出された[66]。

なお，治安維持法を普通選挙法の交換条件と見なす説は，清瀬のように当時から存在した。加藤内閣も社会運動側によって普選が争点化されることを警戒しており[67]，枢密院との取引に応じた面もあっただろう。ただし，普通選挙法案の議会審議では，若槻や与党議員は，普選を「危険思想の安全弁，予防剤」として位置づけていた[68]。内務官僚も普選と治安維持法を直結する見解には批判的である[69]。普選が「危険思想」を蔓延させるとの仮説は，普選に反対する政友本党や右翼の論法であり，内務省や憲政会には受け容れ難いものであった。

治安維持法と普通選挙法を関連付ける要素があったとすれば，それは議会や枢密院を取り巻いた暴力主義ではなかったか。当時の東京市は，普選賛成・反対を問わず示威行動や暴力団体が横行し，街頭では治安維持法反対運動も展開された。普選反対派の右翼による加藤首相暗殺未遂事件や，治安維持法反対派の加藤宅侵入事件も発生している[70]。枢密院は「危険思想」を警戒すると同時に，右翼を含む暴力主義に対して嫌悪感を募らせて

いた[71]。治安維持法案に反対する議員，識者，新聞も，暴力主義革命を否定する点では一致している[72]。東京市が「無警察に等しい」[73]空気に包まれる中，治安維持法案をめぐる政治過程は議会に移る。

3. 治安維持法制定の政治過程(2)

　治安維持法案は1925年2月19日，衆議院に緊急上程された。同日，衆議院では反対派議員13名が，「（法案は　引用者注）議会を是認し立法手段に依る変革をも猶且厳禁している，政体及私有権の如きは議会に依る立法手段を以て変革を許す処に立憲政治の真髄があるではないか」との声明を発した[74]。反対派は，議会を通じた合法的改革にまで治安維持法が拡大適用されることを恐れたのである[75]。

　2月20日の衆議院本会議では，星島二郎（革新倶楽部）が，①法案提出の理由と政府の思想対策，②普通選挙法・貴族院改革との交換条件説，③「国体」「政体」「私有財産制度」の定義，④学問・言論の自由との関係について追及した[76]。若槻内相は「言論文章の自由」を尊重した上で，「其害毒最も甚しきもの」を取り締まる旨を説明している。言論の自由もまた反対派が重視した点である[77]。

　衆議院特別委員会は2月23日から開かれた。第一の争点は，第3条「煽動」罪が「宣伝」取締に適用されるか否か，である。内務省は，「煽動」は「他人の自由なる意思に特殊の刺激を与ふること」を要するため，単なる事実の伝播（「流布」）は該当しないと解釈した[78]。小川法相は「単にやらうと実行の宣伝をしたり，宣伝をすると云ふ協議をした者を罰する」とも発言したが[79]，政府は「宣伝」取締への濫用を再三否定している[80]。

　第二の争点は，日ソ基本条約があるならば治安維持法は必要か，である。日ソ基本条約批准の枢密院の席上，外務省は，コミンテルンが条約第5条の禁止要件に該当するとの見解を示していた[81]。しかし，2月24日（条約批准前日）の治安維持法案衆院特別委員会では，幣原外相はソ連政府とコミンテルンの関係について言明を避け，一個人の宣伝行為に対しては条約と別に取締法を要する旨を述べた[82]。もとより，枢密院ではソ連の「赤化宣伝」を懸念する質問が相次ぎ，若槻は対策として治安維持法案を説明している[83]。後述のように，外務省は条約第5条の適用に消極的だった。

　第三の争点は，政党が「政体変革」と「私有財産制度否認」を合法的に

主張できるか否か，である。司法省刑事局長の山岡は，議会内での議員の職務行為（憲法改正の上奏，建議）[84]を合法としつつも，議会外で政党が「私有財産否認」を主張した場合は治安維持法違反にあたると説明した。だが，星島は「今日の議会政治を肯定する以上は，政党政治を肯定しなければならぬ」と述べ，議会外での政党の活動を認めない山岡に反論した[85]。

そして第四の争点は，「国体」「政体」「私有財産制度」の定義である。

まず「国体」について，山岡は憲法第1条「万世一系の天皇之を統治す」を挙げ，純法律的な「統治権の主体」として定義している[86]。もっとも，「国体変革」の具体例を道義上想定し得ないと述べる山岡に対し，山口政二（政友会）は「果して然らば道徳論に於ては勿論，法律論に於ても茲に国体の変革と云ふ予想を掲ぐる必要がない」と追及している[87]。山口の質問は，「国体変革」条項の必要性に疑問を投じたといえる[88]。

「国体」以上に物議を醸したのが「政体」である。先に述べたように，政府は「政体」を「民選議院」に限定して定義した。小川法相は，「政体」は立法権を根本に置くものであり，「政体変革」は衆議院の廃止を意味すると説明した[89]。「政体」が真に立法権に限定されるのかは当然生じる疑問であり，岩崎幸五郎司法参与官は司法権と行政権を「政体」に含める答弁をしたが，小川は岩崎の発言を直ちに取消している[90]。この限りにおいて，治安維持法案は立法権の優位と議会政治の擁護を掲げていた。

もっとも，山岡と星島の議論が示唆するように，政府の「政体」は憲法に規定された「民選議院」であって，政党政治を直ちには意味しなかった。これに対して清瀬は，議員の立法権を広く認めることを「立憲政治の真髄」として掲げ，議員の議会外での活動を制限する「政体変革」条項に反対した[91]。清瀬はまた，政府が言葉の上では衆議院を尊重しながら，議院の立法権，代議士の活動，政党の結社を制限しようとする点を批判する[92]。そして「私有財産制度」に関しても，政府が憲法第27条（所有権規定）を根拠として変更を事実上否定したのに対し，清瀬は自由契約の原則を根拠とすることで，制度を変更する余地を見出している[93]。清瀬は，無産政党の政策が法令の範囲内に制約されることを特に危惧していた[94]。

衆院特別委員会が紛糾する中，政府は3月5日正午の院内臨時閣議で法案の修正範囲を決定し，安達謙蔵（憲政会）に与党のとりまとめを依頼した。同日夜，与党三派は交渉会を開き，「政体」を削除する修正案を承認す

る[95]。正確な日時は不明だが，若槻と小川は特別委員全員との非公式の懇談会を設け，若槻が「国体変革」と「私有財産制度否認」のみを取り締まる旨を提案して同意を得たという[96]。翌6日の第7回特別委員会では，若槻は「議会否認」を別の法律に譲ることを容認し[97]，「政体」を削除した修正案が通過した。7日の衆議院本会議でも，反対18名を除いて，政友本党を含む賛成多数で可決された。

続く貴族院では，拡大適用を容認するような小川法相の発言を，山岡が修正する場面が見られた。例えば，小川は「無政府主義共産主義の実行に関する宣伝煽動」を取り締まる必要があること，大学の思想研究団体を禁止すべきことを述べたが[98]，山岡は授業・講演などの「宣伝」には適用しないことを言明している[99]。他方，小川は貴族院でも「政体」＝「代議政体」「民選議会」との解釈を貫いている[100]。興味深いことに，議会を否認する「反動団体」の台頭を懸念し，「政体変革」条項の削除に疑義を呈する貴族院議員もいた[101]。なお，貴族院では朝鮮・台湾の独立も「国体変革」に含まれることが確認されている[102]。結局，衆議院案は無修正で貴族院を通過し，1925年4月22日，治安維持法は公布された[103]。

以上，治安維持法の制定過程を検討した。加藤内閣は，与党三派によって議会多数派を形成し，政党員の大臣が協力して内務省と司法省の対立を調整した。小川平吉が「三派聯立内閣成立の使命は政党内閣制の確立を以て尽きたりともいふべく，特に普選法，治安維持法は通過し貴族院の改革も行はれたる以上は憲政の常態に復するは至当と云ふべし」[104]として政権離脱（1925年8月）を決意したことは，治安維持法が連立内閣の所産であったことを示唆する。また，憲政会が「宣伝」取締に消極的であり，加藤首相が日ソ基本条約によって思想宣伝を抑止しようとしたことは，治安維持法が「結社」取締法として成立する背景となった。そして，議会政治の保護を謳った「政体変革」条項に対して，当時の政党はこの文言を削除し，政党政治の自由を確保する途を選んだのである。

4. 治安維持法適用の政治過程

加藤―憲政会内閣の内務省が喫緊の課題としたのは，国外からの「赤化宣伝」だった[105]。1925年11月7日，警保局は，ソ連へ入国した共産主義者・労働組合員を治安維持法「協議」「利益供与」違反で起訴するよう司法省

刑事局に要請している[106]。また内務省は、9月に来日したソ連労組代表団の言動を「現下の我国家組織の変革を煽動する違法行為」とみなしたが、外務省は日ソ基本条約第5条の適用を避けた[107]。宣伝禁止条項の形骸化は、内務省の強硬な態度を招いたと考えられる。一方、司法省が注視したのは、無産政党や大学の社会科学研究会などの国内団体であった[108]。

1926年1月、内地初の治安維持法適用とされる京都学連事件が発生した。京都府警察部特高課は、京大・同志社大の社研がソ連労組代表団長のレプセに信書を手交した事件（1925年9月）以来、社研を警戒し、大阪控訴院検事局が検挙・起訴を主導した[109]。同事件は、国外に目を向けた内務省と国内に目を向けた司法省の結節点といえた。

もっとも憲政会内閣では、共産主義は「私有財産制度否認」と理解されていた[110]。1925年12月1日、内務省は農民労働党の結社を即日禁止するが、若槻内相は当初、私有財産制度に関する綱領を撤回すれば結社を容認する旨を提案していた[111]。続く第一次若槻内閣（1926年1月）は、労働農民党の結党を認め、治安警察法第17条（同盟罷業煽動の禁止）を廃止する。京都学連事件でも、「私有財産制度否認」目的の「協議」罪が適用されている。また、警保局は日本共産党の再建（1926年12月）を察知したものの、検挙を控えたという[112]。植民地独立運動を除けば、「国体変革」を目的とする「結社」は実体を欠いていた。

対照的に、1927年4月発足した田中義一―政友会内閣は、二度の共産党検挙を実施した政党内閣として知られる。鈴木喜三郎内相や山岡萬之助警保局長ら司法官僚が内務省を占めたことからも、内閣の性格を推し量れる。ただし、内務省が当初の課題としたのは、治安維持法の及ばない出版物を介した「宣伝」の取締であり、出版法規の改定であった[113]。

1928年2月の第16回総選挙（第1回普通選挙）で日本共産党が宣伝を展開したことをきっかけに、警察と検察は3月15日、共産党検挙を実施する。共産党の「27テーゼ」（1927年12月）が君主制の廃止を列記したことで、共産主義は以後「国体変革」に読み替えられた。もっとも、検挙者の多くは非共産党員であり、「結社」取締法は早くも限界を露呈した。

事態に鑑み、原嘉道法相と小川平吉鉄相は治安維持法改正を主導し、1928年6月29日の緊急勅令での改正に至る。改正は第一に、刑を最高死刑まで加重し、第二に、「結社の目的遂行の為にする行為」、いわゆる目的遂

行罪を新設した。目的遂行罪は非党員への適用を可能とするものであり，「結社」取締法からの逸脱であった。

改正に対して，政友会，内務省，法制局には根強い反対論があり，野党民政党や枢密院の反対派は緊急勅令での改正を非難した[114]。なお，草案責任者の泉二（もとじ）新熊（しんぐま）刑事局長は，目的遂行罪を削除した緊急勅令案を作成しており，司法省の反対意見として注目に値する[115]。

他方，枢密院中枢は緊急勅令での改正を支持した。倉富勇三郎議長は世論の反対の中で原法相を叱咤激励し[116]，枢密院の議事進行では反対派の動議を退けた[117]。副議長の平沼は，「(民政党が　引用者注)内閣を倒そうとして枢密院に手を廻した」[118]との主観を抱いていた。

なお，当時与野党は拮抗しており，次期議会で緊急勅令が承認されるか否かが焦点とされた。ところが1928年8月1日，床次竹二郎は民政党を脱党し，思想問題で田中内閣との協調を示唆した[119]。結局，1929年3月の第56議会では，民政党は反対したものの緊急勅令は賛成多数で承認され，4月16日の共産党検挙以降，治安維持法の拡大適用は本格化する。

そして，二大政党の政権交代は，治安維持法改正に反対した民政党が改正法を適用する側に立つ状況を必然的に生んだ。浜口雄幸―民政党内閣（1929年7月発足）は当初，田中内閣の強硬路線との差別化を強調する[120]。すなわち内務省は，非合法の共産主義勢力のみを取り締まること，学生・青年を寛大に処すことを方針とし[121]，司法省も，思想犯の取扱を適正とすること[122]，学生・青年に対する目的遂行罪適用を制限することを指示した[123]。性急な起訴を控えて容疑者の改悛を促す方針は，後の転向政策の萌芽といえた。

だが，数度の検挙を経て，共産党は地下運動へと潜行し，合法と非合法の線引きは困難となった。また検察は，従来の一斉検挙主義から個別検挙主義へと方針を転換し，治安維持法違反の検挙件数は急増した。さらに，共産党事件の被告が法廷闘争を展開すると，思想犯の取扱は再び厳重になった。民政党内閣は「結社」取締法の体裁を維持しようとしたが，「結社」が曖昧化する過程で拡大適用は容認された。

そして，ロンドン海軍軍縮条約問題を契機として，今度は政党政治を攻撃目標とした右翼・軍部が台頭する。1932年5月15日の犬養毅首相暗殺事件―五・一五事件によって政党内閣の時代は終焉し，治安維持法を中軸と

する取締体制も限界を迎えたのである。

おわりに

　本稿の分析を通じて，以下三点を結論としたい。

　第一に，治安維持法はその制定と適用の過程で，内務省，司法省，政友会，憲政会（民政党）の四者間の争点となった。内務省は新規の取締法に消極的であり，適用範囲を制限しようとする反面，行政処分による裁量を重視する傾向があった。一方，司法省は取締法の制定に積極的であり，法文の適用範囲を広く取ろうとした。司法省の態度は保守的な志向とともに，法の支配の観念に基づいていた。内務省は憲政会と，司法省は政友会と人脈・政策の両面でそれぞれ親和的であり，二大政党の政権交代に伴って治安維持法の取り扱いも変化した。

　第二に，日ソ関係の推移は，治安維持法の制定を決定付けた。特に，内務省が国内外の共産主義勢力の提携を警戒したことは，治安維持法を支持する理由の一つになった。また，加藤高明の意向により，日ソ基本条約に宣伝禁止条項を盛り込んだことは，治安維持法が「結社」取締法として成立する背景となった。しかし，条約による宣伝禁止は早々に形骸化し，治安維持法の適用を促した。

　第三に，治安維持法案は当初，「政体変革」を取締対象とすることで議会政治の保護を含意したが，政党は自らの政治活動が制約されることを嫌い，この文言を削除した。治安維持法は二大政党が採用する可能性のまず無い「国体変革」を残し，日本共産党の活動を追うかたちで適用範囲を漸次拡大していく。しかし，治安維持法に縛られず政治的自由を謳歌した政党内閣は，政党政治に挑戦する軍部・右翼の攻撃によって崩壊した。

　1934年2月，政府が治安維持法改正案を提出した際，右翼テロを取り締まる規定を法案に盛り込め，との議論が起こった。皮肉なことに，「政体変革」に類似した条項を追加するよう提案したのは，政友会と民政党だった。そして，追加に積極的な司法省に対して，内務省は，右翼の主張は既成政党の攻撃であって議会政治の否認ではないこと，治安維持法以外の現行法で取締まり得ること，1925年の際に削除されたことを理由に，「政体変革」の追加に反対している[124]。

　政友会と民政党の態度は，「戦う民主主義」と評するには場当たり的であ

り，「政体変革」条項が実際に右翼テロを抑止できたかは疑問である。しかし，二大政党が，かつて拒絶した法による保護を求めたことは，彼等の凋落を如実に示していた。そして「政体変革」は，議会政治の保護と制限というその二面性ゆえに，戦前の政党政治においては「国体変革」の添え物以上に固有の意味を有したのである。

【付記】 本稿は，日本政治学会2009年度研究大会（於：日本大学）でのポスターセッション発表に加筆修正したものである。有益なコメントを下さった諸氏に感謝申し上げる。なお，本稿はサントリー文化財団「若手研究者による個人研究助成」（2009）の研究成果の一部である。

（1） 清水幾太郎「戦後の教育を考える」（『中央公論』1974年11月），72－73頁。
（2） 清水幾太郎「戦後を疑う」（『中央公論』1978年6月号），奥平康弘「治安維持法を論ずる―清水幾太郎「戦後を疑う」を疑う」（『世界』1978年11月号），小田中聰樹『治安政策と法の展開過程』（法律文化社，1982），110－111頁。
（3） 治安維持法については，潮見俊隆『治安維持法』（岩波新書，1977），奥平康弘『治安維持法小史』（筑摩書房，1977），リチャード・H・ミッチェル著（奥平康弘・江橋崇訳）『戦前日本の思想統制』（日本評論社，1980），荻野富士夫『昭和天皇と治安体制』（新日本出版社，1993），同「解説 治安維持法成立・「改正」史」（荻野富士夫編『治安維持法関係資料集』第4巻〈新日本出版社，1996〉，以下荻野「解説」）を参照。
　同法の制定過程は，河原宏「天皇制国家の統治原理―「治安維持法の政治過程」序説―」（『社会科学討究』第13巻第2号，1968），木坂順一郎「治安維持法反対運動」（上）（下）（『日本史研究』第117号，第119号，1971），渡辺治「一九二〇年代における天皇制国家の治安法制再編成をめぐって―治安維持法成立史論―」（『社会科学研究』第27巻第5・6号，1976），荻野富士夫『特高警察体制史』（増補版，せきた書房，1988），崔鐘吉「内務官僚と治安維持法の成立」（『年報日本史叢』，2002）を参照。
　同法の改正過程は，吉見義明「田中（義）内閣下の治安維持法改正問題」（『歴史評論』第441号，1977），松井慎一郎「枢密院と思想問題―平沼騏一郎を中心に―」（由井正臣編『枢密院の研究』，吉川弘文館，2003），崔鐘吉「山岡萬之助と治安維持法の改正」（『日本文化研究』第16号，2005）を参照。
　その他の関係資料・文献は，1970年代のまとめだが「治安維持法関係資

料・文献目録と解説」(『季刊現代史』第7号, 1976), 大野節子「「治安維持法」関係論文の紹介」(『歴史評論』第322号, 1977) を参照。
(4) ①は井上清・鈴木正四『日本近代史』下 (合同出版社, 1956), ②は松尾尊兊『普通選挙制度成立史の研究』(岩波書店, 1989), ③は小林幸男『日ソ政治外交史—ロシア革命と治安維持法—』(有斐閣, 1985) を参照。このほか, 日ソ関係よりも国内事情に重きを置く奥平康弘, コミンテルンの影響を重視する崔鐘吉がいる。
(5) 小田中前掲書, 河原前掲論文, 奥平前掲書, 荻野「解説」。
(6) GHQ/SCAP Records, International Prosecution Section, IPS-07 R17. 481-482 (国立国会図書館憲政資料室所蔵マイクロフィルム「占領関係資料」。1947年3月14日)。
(7) 渡辺前掲論文を参照。
(8) 小林前掲書を参照。
(9) Blaney, Geraid Jr. 2007. *Policing Interwar Europe: Continuity, Change and Crisis, 1918-40*, Palgrave Macmillan: p. 3.
(10) 議会での「政体変革」をめぐる審議に言及した論稿として, 小栗勝也「治安維持法反対論の諸相」(『法学研究』第68巻第1号, 1995)。
(11) 渡辺前掲論文, 161頁。
(12) 原敬文書研究会編『原敬関係文書』第3巻 (日本放送出版協会, 1985), 山県有朋発原敬宛書簡, 1908年1月11日付。
(13) 「外務省記録」, 4－3－2－1－3－1「過激派其他危険主義者取締関係雑件 取締法規の部 外国」(外務省外交史料館所蔵, 以下略)。荻野「解説」, 521頁。以下, 引用では片仮名を平仮名とし, 旧字を新字に改めた。
(14) 荻野編『治安維持法関係資料集』第1巻 (以下,『資料集1』), Ⅰ－一－2「社会破壊主義取締法私案」, 20頁。
(15) 「外務省記録」, 4－3－2－1－4－3「過激派其他危険主義者取締関係雑件 社会運動状況 英国」。
(16) 『資料集1』, Ⅰ－四－2「過激主義取締法 (米, 仏, 独, 白, 蘭, 伯, 英, 独国)〔抄録〕」を参照。
(17) 同上。
(18) 前掲「取締法規の部 外国」。なお, 司法省は1921年10月, フランスの「軍隊内に於ける過激主義宣伝取締法」(1921) の調査を外務省に依頼している (「山岡萬之助関係文書」, Ⅲ－1－10－19「仏国軍隊内過激思想宣伝取締法ニ関スル件」〈学習院大学法経図書館所蔵, 以下略〉)。
(19) 三谷太一郎『大正デモクラシー論』(新版, 東京大学出版会, 1995), 21頁。
(20) ただし, 憲政会は選挙権拡大や普通選挙を重要争点に掲げる一方, 社

会政策の優先度は概して低かった(伊藤之雄『大正デモクラシーと政党政治』〈山川出版社,1987〉,98頁〉。
(21) 渡辺前掲論文を参照。
(22) 過激社会運動取締法案の経過については,松尾尊兌「過激社会運動取締法案について―1922年第45議会における―」(『人文学報』20号,1964),同「第一次大戦後の治安立法構想」(藤原彰・松尾尊兌編『論集現代史』筑摩書房,1976)ミッシェル前掲書,荻野「解説」を参照。
(23) 原奎一郎編『原敬日記』(乾元社,1951),1921年7月31日条。
(24) 『資料集1』,Ⅰ-二-2「治安維持に関する件」,25-26頁。
(25) 同上,Ⅰ-二-4「司法省案に対する意見」,27-28頁。
(269 森戸事件については,宮地正人「森戸辰男事件」(我妻栄・林茂・辻清明・団藤重光編『日本政治裁判史録』大正〈第一法規,1969〉)を参照。
(27) 佐々木惣一「無政府主義の学術論文と朝憲紊乱事項」(『法学論叢』第3巻第4号,1920年4月)。
(28) 『資料集1』,Ⅰ-三-3「過激社会運動取締法釈義」,47頁。
(29) 同上,48-49頁。
(30) 松尾前掲論文「過激社会運動取締法案について」,255頁。
(31) 「外務省記録」,4-3-2-1-4-1「過激派其他危険主義者取締関係雑件 社会運動状況 帝国」所収「将来に於ける対過激派宣伝防止策に就て」。
(32) 尚友倶楽部・西尾林太郎編『水野錬太郎回想録・関係文書』(尚友叢書10,2000),144-145頁。
(33) 「田健治郎日記」,1923年9月5日条(国立国会図書館憲政資料室所蔵)。治安維持令の制定過程については,荻野富士夫「一九二〇年代前半の治安立法構想(Ⅱ)」(『政治経済史学』第16号,1980),40-46頁。
(34) 三宅正太郎「治安維持法」(末弘厳太郎編『現代法学全集』第37巻〈日本評論社,1931〉),513-515頁。『資料集1』,Ⅰ-六-2「治安維持に関する緊急勅令の適用の件」,83-84頁。
(35) 『資料集1』,Ⅰ-六-4「「治安維持令」の承諾を求むる件」,129頁,132頁。
(36) 同上,Ⅱ-二-3「左傾思想ニ基ク秩序壊乱ニ対スル処置」,173頁。
(37) 同上,Ⅱ-二-10「治安維持法要義」,194頁。
(38) 「山岡萬之助関係文書」,A-Ⅲ-1-1-1「草稿,メモ墨書」。『資料集1』,Ⅱ-一-1「治安維持法案(三宅参事官案)」,151頁。
(39) 『資料集1』,Ⅱ-一-2〜5「治安維持法案」,151-154頁。
(40) 渡辺前掲論文,169頁。
(41) 「外務省記録」,4-3-2-1-9「大久保内務事務官松井陸軍少将情

報」。
(42) 「最近に於ける本邦社会主義運動の概況」（国立公文書館所蔵）。
(43) 『資料集1』，Ⅱ－二－1「治安維持法理由書」，169頁。
(44) 治安維持法に対する加藤と憲政会の態度については，奈良岡聰智『加藤高明と政党政治―二大政党制への道』（山川出版社，2008），313－314頁。
(45) 加藤高明伝編纂会編『加藤高明』下（原書房，1970），662－663頁。
(46) 加藤高明「当面の時局」（『憲政』第6巻第6号，1923年6月），4－5頁。
(47) 小林前掲書，339－340頁。
(48) 「外務省記録」，2－5－1－106－5「北京会議」「芳沢公使帰任より条約調印に到迄の経過（五）」。
(49) 『資料集1』，Ⅱ－一－17「法制局対案」，161頁。
(50) 同上，Ⅱ－二－10「治安維持法要義」，194頁。
(51) 『帝国議会衆議院委員会議録』41（臨川書店，1987），408－410頁。対して若槻は，普通選挙法が枢密院に諮詢される以前から，司法省が治安維持法案を起草していた旨を述べた。
(52) 『東京朝日新聞』，1925年2月7日。
(53) 小川平吉文書研究会編『小川平吉関係文書1』（みすず書房，1973），617－618頁。
(54) 加藤は当初，高橋是清農相の法相転任を希望した（「降旗元太郎関係文書」，1－1「当用日記　大正十四年」，1925年2月5日，6日条（東京大学法学部附属近代日本法政史料センター原資料部所蔵，以下「降旗日記」））。
(55) 『小川平吉関係文書1』，618頁。
(56) 『資料集1』，Ⅱ－一－21「治安維持法案」，164頁。
(57) 同上，Ⅱ－二－4「治安維持法案，過激法案，同上貴族院修正案対照調」，174頁。
(58) 同上，Ⅱ－一－25「治安維持法案［議会提出］」，166頁。
(59) 同上，Ⅰ－五－2「法律案草案」，80頁，Ⅱ－二－2「治安維持法審議材料」，172頁。
(60) 「山岡萬之助関係文書」，Λ－Ⅲ　1　13「治安維持法立法資料　第一輯立法例」。また，「共和擁護法」は目的罪の例としても参考に供された可能性がある（崔「内務官僚と治安維持法の成立」，68頁）。
(61) 『資料集1』，Ⅱ－一－20～21「治安維持法案」，163－164頁。
(62) 同上，Ⅱ－二－5「治安維持法制定の理由及解釈概要」，183頁。
(63) 同上，Ⅱ－二－7「国体，政体，私有財産制度に関する問答」，184頁。
(64) 前掲「治安維持法制定の理由及解釈概要」，182頁。
(65) 『政友』第288号（1925年3月），17－20頁。『憲政公論』第5巻第3号

(1925年3月），75頁。
(66) 「降旗日記」，1925年2月18日条。意見交換会は「電光石火之論」で終了したという。
(67) 大津淳一郎『大日本憲政史』第8巻（宝文社，1928），640頁。
(68) 大日本帝国議会誌刊行会編刊『大日本帝国議会誌』第15巻（1930），1169－1171頁，1179頁，1269頁，1280頁。『帝国議会衆議院委員会議録』44（臨川書店，1987。以下『衆院委員会議録』44），235頁。
(69) 内政史研究会編『狭間茂氏談話第一回速記録』（1965），24－26頁。同『田中広太郎氏談話速記録』（1963），31－32頁。
(70) 奈良岡前掲書，308頁，314頁。
(71) 1925年2月20日の普通選挙法案枢密院本会議の席上，枢密顧問官の伊東巳代治は「矯激なる言動の防遏」に触れ，普選反対派の暴漢の一木喜徳郎枢密院副議長宅侵入事件を「枢密院に対する一種の威嚇」と非難している（『枢密院会議議事録』第36巻〈東京大学出版会，1987〉，21－22頁）。
(72) 小栗前掲論文，516頁。
(73) 『東京朝日新聞』，1925年3月7日。
(74) 『東京朝日新聞』，1925年2月20日。
(75) 小栗前掲論文，517頁。
(76) 『大日本帝国議会誌』第15巻，1141－1142頁。
(77) 若槻には「共産主義と新聞の自由な意見とが混同され易い」との批判が寄せられた（若槻礼次郎『古風庵回顧録』〈讀賣新聞社，1950〉，398頁）。
(78) 『資料集1』，Ⅱ－二－6「治安維持法制定ノ理由及解釈概要」，182頁。司法省も，「或事項を公衆に伝達するに過ぎさる程度のもの」は「煽動」に該当しないと解釈した（同上，Ⅱ－二－9「治安維持法釈義」，189頁）。
(79) 『衆院委員会議録』44，9－10頁。
(80) 同上，13頁，25－26頁。
(81) 『枢密院会議議事録』第36巻，121頁。
(82) 『衆院委員会議録』44，19－21頁。
(83) 『資料集1』，Ⅱ－二－8「〔枢密院審査委員会での質疑応答〕」，185頁。
(84) 明治憲法第49条には「両議院は各天皇に上奏することを得」とある。議院法は第51条で，議院は議長を総代として文書で上奏を奉呈すること，第52条で，議員は30名以上の賛成を得て上奏・建議の動議を行うことを定めた。治安維持法案の議会審議における上奏権問題については，古川隆久「大正期の前田米蔵」（『日本大学文理学部人文科学研究所研究紀要』第75号，2008）。
(85) 『衆院委員会議録』44，35－36頁。
(86) 同上，48－49頁，63頁。

(87) 同上, 107-108頁。
(88) 先行研究は山口の「国体の事に付ては相成べくは触れたくないと考へる」との発言を引用して,「国体」に関しては議論を避けるよう政府と質問者が歩調を合わせたと評する (奥平前掲書, 57-58頁。荻野『昭和天皇と治安体制』, 30頁)。しかし, 山口は法案反対者の一人であり,「国体変革」が現実に想定しにくい点を突いた巧妙な質問と見るべきだろう。
(89) 『衆院委員会議録』44, 49頁。
(90) 同上, 68-69頁。
(91) 同上, 78頁。
(92) 同上, 78-79頁。
(93) 同上, 79頁, 81頁。
(94) 黒澤良『清瀬一郎―ある法曹政治家の生涯』(駿河台出版社, 1994), 36-39頁。
(95) 『東京朝日新聞』, 1925年3月6日。
(96) 若槻前掲書, 339頁。
(97) 『衆院委員会議録』44, 119頁。
(98) 『帝国議会貴族院委員会議事速記録』25 (臨川書店, 1987), 321頁, 330頁。
(99) 同上, 330頁。
(100) 同上, 340頁。
(101) 同上, 329, 337, 341頁。
(102) 同上, 350頁。朝鮮植民地での治安維持法の適用に関しては, 水野直樹「植民独立運動に関する治安維持法の適用―朝鮮・日本「内地」における法運用の落差」(浅野豊美・松田利彦編『植民地帝国日本の法的構造』〈信山社, 2003〉)参照。
(103) 同日付で治安維持令は廃止された。また1925年5月8日,「治安維持法を朝鮮, 台湾及樺太に施行するの件」(勅令) が公布された (同月12日施行)。
(104) 『小川平吉関係文書1』, 601頁。
(105) 警保局保安課は1925年6月2日, ソ連関係者, 左翼勢力, 朝鮮人を警戒対象とする「過激宣伝取締内規」を制定した (『特高警察関係資料集成』第22巻〈不二出版, 1993〉,「例規 (通牒)」, 126-130頁)。
(106) 社会問題資料研究会編『思想事務に関する訓令通牒集』(社会問題資料叢書第1輯, 東洋文化社, 1976), 114-117頁。
(107) 「外務省記録」, 4-3-2-1-8「全露職業本部代表者渡来の件」。
(108) 『思想事務に関する訓令通牒集』, 77頁。荻野『昭和天皇と治安法制』, 37-38頁も参照。

(109) 伊藤孝夫『大正デモクラシー期の法と社会』(京都大学学術出版会, 2000) 第4章を参照。
(110) 若槻は治安維持法案の議会答弁で, 無政府主義を「国体の変革」「政体の変革」, 共産主義を「私有財産制度の否認」と説明している (『衆院委員会議録』44, 31頁)。荻野『昭和天皇と治安体制』, 33−35頁。
(111) 『特高警察関係資料集成』第7巻 (不二出版, 1991), 2−2「無産党結社禁止の件」, 67−69頁。
(112) 「大霞会所蔵内政関係者談話速記録」, 5「警保局関係者座談会」, 100−101頁 (国立国会図書館憲政資料室寄託)。
(113) 内川芳美『マス・メディア法政策史研究』(有斐閣, 1989) は新聞報道を元に, 警保委員会の出版法改正作業に触れている。警保委員会は田中内閣の出版物規制・保護として重要な論点を含むが, 別稿に譲る。
(114) 吉見前掲論文を参照。
(115) 「倉富勇三郎日記」, 1928年5月17日条 (国立国会図書館憲政資料室所蔵)。泉二は原法相に, 目的遂行罪の趣旨は第2条「協議」に包含されること, 結社に加入せずにポスターなどを配布する行為は第3条「煽動」に該当すること, 第1条「結社」で処罰された者が刑期終了後も行為を継続した場合は「協議」で処罰することを説明している。
(116) 同上。
(117) 『資料集1』, Ⅲ−−−7「治安維持法「改正」枢密院委員会審議」, 315頁。
(118) 平沼騏一郎回顧録編纂委員会編『平沼騏一郎回顧録』(1955), 93頁。
(119) 前田蓮山編『床次竹二郎伝』(床次竹二郎伝記刊行会, 1939), 958−963頁。
(120) 荻野『特高警察体制史』, 207−218頁。
(121) 『昭和戦前期内務行政史料』第6巻 (ゆまに書房, 2000), 90−92頁。
(122) 司法大臣官房秘書課編『司法大臣訓示演説集』(1932), 320−321頁, 345−346頁。
(123) 『思想事務に関する訓令通牒集』, 62−65頁。
(124) 『治安維持法関係資料集』第2巻, −−Ⅳ−8「治安維持法中ニ「政体変革」ニ関スル規定ヲ設クベシトスル案ニ対スル反対理由」, 41頁。

2009年度　書評

日本政治学会書評委員会

政治理論　　　　　　　　　　　　　　　　　＜評者　岩崎正洋＞
　対象　ロバート・A・ダール／飯田文雄・辻康夫・早川誠訳
　　　　『政治的平等とは何か』法政大学出版局，2009年
　　　　ベンジャミン・R・バーバー／竹井隆人訳
　　　　『ストロング・デモクラシー——新時代のための参加政治』日本経済
　　　　評論社，2009年

　民主主義（デモクラシー）とは何か。この問いに対しては，これまでも数多くの議論が蓄積されており，政治学における永遠の課題であるともいえる。この点に関して，とりわけ，2009年に刊行されたものとしてはまず，ロバート・A・ダール／飯田文雄・辻康夫・早川誠訳『政治的平等とは何か』（法政大学出版局）を挙げることができる。ダールは，「政治的平等の存在はデモクラシーの基本的な前提である」と考えている。ダールの民主主義理論において，「平等」の概念が重要な位置を占めていることは，彼のこれまでの論考からも明らかである。本書は，過去の彼の著作からの引用も交えつつ，実現可能な目標としての政治的平等について将来的な展望を述べたものである。

　ダールによれば，「国家統治のための政治システムのなかで，その正統性と政治制度を政治的平等の観念から導き出す唯一のものがデモクラシー」であり，政治システムがデモクラシーの性格を備えるために必要な政治制度として，①選挙された代表，②自由で，公平で，頻繁な選挙，③表現の自由，④情報を得る複数の源，⑤結社の自律性，⑥デモスのすべてのメンバーの包摂という六つが挙げられる。このような制度にもとづき代議制デモクラシーが実現したとしても，「多数派の行為は政治的平等の原理によってのみ正当化されるのであるから，多数派がデモクラシーそれ自体に必要な基本的諸権利を侵害することは正当ではありえない，ということである」。

政治的平等が実現可能な目標として主張されているにもかかわらず，容易に実現しないのは，政治的平等に対する障害が存在しているからである。具体的には，①政治的資源，手腕，動員の配分，②時間に関する緩和しがたい制約，③政治システムの規模，④市場経済の普及，⑤重要かもしれないが民主的とはいえない国際システムの存在，⑥深刻な危機の不可避性などが障害として挙げられる。ダールは，これらの障害が克服されることによって政治的平等が実現すると考えており，本書の後半では，米国の将来像について，障害を克服できないという悲観的な見方と，障害を克服するという楽観的な見方から詳しく論じることで，議論の最後を締め括っている。米国の将来像をめぐる二つの見方に関しては，テロリズムをはじめ，消費志向の文化からシティズンシップの文化への転向の可能性など，現代の民主主義を考えるための新しい論点が盛り込まれており，注目に値する。

　ベンジャミン・R・バーバー／竹井隆人訳『ストロング・デモクラシー──新時代のための参加政治』（日本経済評論社）は，既存の代議制デモクラシーを真っ向から批判し，新しい民主主義を提起した挑戦的な論考である。原著の刊行は四半世紀も前であるが，バーバーのいう「ストロング（強靱な）・デモクラシー」は今だからこそ説得力をもっているように思われる。彼は，これまでの民主主義を「シン（薄弱な）・デモクラシー」と表現し，「利益を固定する政治であり，変容が全くない政治である」と批判する。それに対し，ストロング・デモクラシーは，参加制デモクラシーの現代的な形式であり，「現代政治のジレンマに適切な解答を与え得る唯一のデモクラシーの形式」であるとされている。

　バーバーによれば，「参加形式のストロング・デモクラシーは，独自の根拠が欠如している場合に，現行の自己立法に近似した参加プロセスでもって，また，依存的で利己的な個人を自由な市民に変換し，また個別的で私的な利益を公共善に変換し得る政治社会の創造でもって，対立を解消しようと図るものである」と公式的に定義づけられる。ストロング・デモクラシーを実現するための具体的な制度としては，①近隣地区集会，②TVタウン・ミーティングと市民コミュニケーション共同組織，③市民教育と情報に対する平等なアクセス，④補完的制度，⑤国民発議権と住民投票のプロセス，⑥電子投票，⑦抽選による選挙，⑧バウチャー制と公共の選択への市場アプローチ，⑨国家市民権と共同行動，⑩近隣地区市民権と共同行

動，⑪職場におけるデモクラシー，⑫物理的公共の場所としての近隣地区の改造などが挙げられている。ここで想定されているのも米国における民主主義の将来像であるが，実際に，これらの制度のいくつかが模索されていたり，試みようとされていたりすることを考えると，米国の民主主義は既にシン・デモクラシーからストロング・デモクラシーへと変容を遂げているといえるのかもしれない。

　ダールにせよ，バーバーにせよ，彼らは米国の民主主義を念頭に置いて議論を展開しているが，日本でも同様に，彼らが論じているような課題を避けて通ることはできないのが現状である。その意味で，これら二冊の翻訳書は，近年の民主主義の理論と実際を考えるための手がかりを与えてくれる。さらに，熟議ないし討論民主主義をはじめ，ガバナンス，eデモクラシーなど関連する新しいテーマに対しても極めて示唆に富むものだといえる。

政治過程　　　　　　　　　　　　　　＜評者　鈴木基史＞

　　対象　山田真裕・飯田健編著
　　　　　『投票行動研究のフロンティア』おうふう，2009年
　　　　　田中愛治・河野勝・日野愛郎・飯田健・読売新聞世論調査部
　　　　　『2009年，なぜ政権交代だったのか』勁草書房，2009年

　2009年，日本政治に新展開をもたらしたのは，紛れもなく衆議院総選挙を機とした政権交代であった。この歴史的変革を可能ならしめたのは日本国民の投票行動の変容であり，政権交代後，投票行動に対する理論的・実証的関心はかつてないほど高まっている。

　山田真裕・飯田健編著『投票行動研究のフロンティア』（おうふう）は，社会学，社会心理学，経済学アプローチという投票行動研究で一般的に用いられる理論枠組みに即しながら，豊富な先端的研究知見をレビューした12論文から成る。理論書である本書は，日本政治の実証分析は行っていないものの，包含されている理論や方法論は今回の政権交代分析にも多くの示唆を与えるものとなっている。その一方包括的な本書であるが，全体を統括し，投票行動を政治過程の中でどのように位置づけるかについて把握する概念枠組みは明示していない。しかしながら，本書の約半分に通底する概念枠組みがプリンシパル・エージェント（PA）モデルであることは暗

黙的に読み取れる。PAモデルでは，選挙民（プリンシパル）が独自にまたは属する集団の影響を受けて争点に関わる選好を形成し（第4章），選挙制度に制約されながら，その選好を投票選択に反映させることが想定される（第8章）。さらに，投票結果によって政党間で議席の配分が決まり，その配分と政党間の取引によって政権が形成され，その政権が公共政策の決定に携わる。選挙制度は有権者の投票行動を制約する一方，政党の選挙戦略——候補者の擁立，政策綱領の形成など——も規定する（第10章）。政策過程は選挙政治と無縁でなく，政権（エージェント）は選挙民の支持レベルや次選挙の予想結果に配慮しながら政策運営にあたる。本書はとりわけ業績評価と投票行動の相関（第7章），投票結果と分配政策の相関に焦点を当てる（第9章）。こうした連関を通じて，プリンシパルがエージェントの行動をうまく制御できれば，民主的アカウンタビリティを向上させることができるが，合理的政策運営を助長できるかどうかは，プリンシパルが有する情報と投票決定基準に依存する（第5・6・11章）。本書には，これらの要件が選挙民の能力を超えるものかどうか，民主的コントロールが合理的政策運営と親和的かどうかについて明示的な言及はなく，今後の重要な課題となっている。

　田中愛治・河野勝・日野愛郎・飯田健・読売新聞世論調査部『2009年，なぜ政権交代だったのか』（勁草書房）は，早稲田大学と読売新聞社が共同で2009年総選挙の前後に実施した世論調査を基に行われた研究の成果であり，政権交代に関するおそらく最初の本格的実証研究である。本書では，山田・飯田で言及された仮説の幾つかが政権交代に至る過程の説明に適用されている。例えば，中選挙区制下で多党化していた日本の政党制は小選挙区制中心の並立制となって二党制に移行してきたが，2009年総選挙では民主党と社民党の選挙協力や共産党の部分的撤退によって二党制が一層加速したとする第3章は，選挙制度に鑑みた合理的政党戦略論に依拠する。

　また，小選挙区制では，有権者，その中でも中間層（中位投票者）の些細な行動変化によって選挙結果が大きく変わることが知られているが（山田・飯田第10章），こうしたブレが，自民党支持が長期的に凋落している中で同党が2005年総選挙に大勝し，逆に4年後に大敗した現象を引き起こしたと説明している（田中・河野他第1章）。中間層は組織力に乏しいため，集合行為問題に陥りやすく，投票費用が高く感じると投票せず（合理的棄

権), 情報費用が高いと感じれば, 良質で豊富な情報を基に投票選択を行わない (合理的無知)。

中間層は安定的な社会経済状況では合理的に投票を棄権しやすいが, 一旦安定が崩れ, 重要争点が表面化して投票費用が安く感じられると投票所に向かう。実際に, こうした現象が2005年と2009年総選挙で発生し, 中間層の「発言」が第2章で言及されている選挙の「風」となって現れた。両総選挙の高投票率は, 合理的棄権の縮小を意味するが, 合理的無知の克服を意味しない。ゆえに, 民主的コントロールが外形的に向上している中で, 政策に影響を及ぼす投票行動はどの程度の情報を処理したうえで行われるのかという問いに必然的に関心が集まる。政党マニフェストが公表されて行われる選挙戦でも, 有権者が適切な情報を収集・吟味して投票する合理性を持ち合わせているかどうか疑問が多い。第1章は, 社会心理学の観点から, 情報が様々な社会ネットワークによって濾過され, 選挙の対立軸や候補者イメージにぼんやりした形で投影されながら投票行動を左右することを示し, 第5・6章は, 自民党に対する失望と民主党に対する期待が政権交代の直接的原因であったことを析出している。しかし, このような期待をなぜ, どのように有権者が形成するに至ったのかは明確でなく, 更なる分析が要請される。

期待形成に際し, 政治との接点が希薄な中間層はたいがいメディア情報を利用する。情報はマスコミの手で鋳造され伝達される一方, その原料は政策業績や政治家の行動であり, 有権者がメディア情報を受容・解釈し, それを投票選択に利用する (山田・飯田第5・6章)。ここで浮き彫りとなる政治情報過程は, 単純なメディア陰謀論, エリート論, 大衆民主主義論を超えた, 重層的・双方向的・動学的な複雑系である。両書は理論と実証の観点からこの複雑系に鋭く接近しているが, 更なる分析を喚起するものともなっている。

行政学・地方自治　　　　　　　　　　　　＜評者　岩本美砂子＞
対象　真渕勝『行政学』有斐閣, 2009年

本書は, 中央地方関係で分権性を強調し, 政官関係では政治の優位を主張する立場からの, オーソドックスな行政学教科書以上のカバー範囲で書かれた, 616ページの浩瀚な書物である。最近は制度改革が頻繁に行われ,

2009年夏の政権交代も加わり，何を日本の実態として示せば良いのか，悩ましい。本書は，「その時期までどうであったか」を振り返る際に，欠かせない貢献である。

目次を追って，ページ配分を西尾勝『行政学（新版）』と比べる。公務員制度：8.3％（7.4％，カッコ内西尾著，以下同じ），内閣と省庁：7.3（8.1），官民のグレーゾーン：5.8（0），行政管理と行政改革：3.6（4.6），官民関係（規制緩和・民間委託・NPM）：9.1（0），予算過程：中央9.6，地方5.3（5.3），行政責任：8.8（6.0），地方自治：22.9（地方財政を抜くと17.5）（7.4），政策過程4.5（13.0），官僚制9.6（22.5），学説史5.8（6.5）となり，以上と別に終章「日本の行政システム」3.9％（大部屋主義・最大動員・セクショナリズム・融合的中央地方関係・国家と社会の「自同化」時代における行政）が設けてある。

巻頭は，序章「社会科学としての行政学」で，可能な限り客観的に制度記述と実態分析——観察からの記述的推論《規則性》と因果的推論《原因究明》からなる理論提示——を行うとしている。官民のグレーゾーンや彼のいう官民関係，財政や大都市政治を含む地方自治に言及することは自明とし，ポパーに言及して「科学的に記述するよう」務めたと述べる。

著者は，公務員を示す3人称に「彼（彼女）」を使う。行政学において，最も多く「彼女」を使ったと言えよう。「彼」のみの教科書や，学生と行政の身近さを説こうとして「身だしなみ・イコール整髪料」しかあげない教科書に比し，公務員そして読者の多様性に配慮している。但し，学校給食を廃止する民営化を行った際，児童に弁当を用意するものをジェンダー中立的な「保護者」でなく「父兄」とするなど，ぶれはある。

第1章から3章は，教科書としては異例の公務員制度で，「1－1」が概要，「1－2」は採用，「1－5」は代表的官僚制で，「1－5－1」は女性である。3つに要約する。①国家Ⅰ種の女子受験者が増えているが，成績は「意外にも」男子に劣る。②女子の合格者は増え，合格すれば男子より採用されやすい。③上位ポストに女性はなお少なく，35歳以上の離職が問題である。離職理由は，坂本勝『公務員制度の研究』により，「この年代の女性にとって仕事と家庭生活の両立が困難」としている。しかし，この両立は，女性だけの課題であろうか。

巻末に膨大な引用・参考文献がある。行政学理論から，ルポ・小説・行

政や政治の当事者の書籍を含み，著者・編者が500人近くなる。彼らの性別を見ると，女性は4.3%である。他の学問領域と比べなければならないが，日本の行政学が，圧倒的に男性の経験と男性による思考とからなっている。国家公務員試験の科目は，法学・政治学・経済学あり，法学の一部に変化がみられるものの，いずれも圧倒的に男性の手になる学問である。著者は，東京帝大生が高文試験で有利だった要因に，試験委員の大半が帝大教授ということを指摘している。ここに着目してみると，現在の女子受験者の試験での不振について，著者は「試験に不利なバイアスがかかっているとは言えない」と記しているが，評者には一定のバイアスがあるように感じられる。

日本における知の社会学からすると，女性はなお圧倒的に不利である。4年制大学進学でも男子に劣るが，欧米では男子の劣位が通例である。その女性が，最近では20%を超えて合格し，採用は30%に至ろうとしている。著者は坂本にならい過去の4時点をあげ，女子の合格率と採用率を見た。女子の合格率が右肩上がりなのは，評者も他の資料で確認した。しかしこの4時点では，採用率が合格率を超えたのは1984年度と2006年度だけであり，1975年度と1998年度は逆である。坂本は，常に採用率の方が高いとは言っていない。他の資料を見ると，採用率が合格率を連続して上回るのは1999年度以降である。性別に関する過去の公表データは出身校別より少なく，合格率だけのものがあり，採用率があっても1980年度とか1985年度とか国際的な女性イベントがあった年で，女子学生の間で「例年になく女子が採用された」と噂された年に当たっている。

日本の公務員の女性比率は，上位者に限らず国際的に低い。II種・III種試験では，女子の採用率は合格率より低い。「男女共同参画政策によって，女性は合格すれば採用されやすくなった」のはI種限定である。省庁別のばらつきも多い。評者は，著者の②に部分的に反論したが，科学的か否かを争うよりも，ある言説が「科学的」とされる仕組みに関心がある。

著者は，大部屋主義は官僚の心身のエネルギーも最大動員するシステムと結びついていたとするが，キャッチアップという国家目標喪失後，「無責任で非効率，怠惰な組織を生み出さないか」と懸念する。他方，菅直人財務大臣は，「官僚が平日にデートできる」ような改革を唱えて注目される。勉強一途・仕事一途でどこにでも転勤をいとわない男性官僚は，若い女性

の気持ちや子どもを生みたいと思いにくい状況の理解に欠けるのではないか。官僚にも人間性ある生活を回復することは，少子化の克服に順機能的だと評者は考える。もちろん，国会の質問取りや答弁とりまとめの過程，そして予算策作過程など抜本的改革が必要だ。官僚という職業を魅力的にしなければならないという点では，著者に大きく賛同するものである。

※「官僚にも人間性ある生活」にルビ「ワーク・ライフ・バランス」

政治思想史（欧米） ＜評者　宇野重規＞

　対象　クエンティン・スキナー（門間都喜郎訳）
　　　『近代政治思想の基礎──ルネッサンス，宗教改革の時代』春風社，2009年
　　　佐藤正志編　『啓蒙と政治』早稲田大学出版部，2009年

　西洋政治思想史をどのように語るべきか──一人ひとりの思想家についてはもちろん，時代の文脈や思想的な系譜について，次々に新しい視点や研究が積み重なっている今日，明快な統一像を示すことはけっして容易ではない。しかしながら，クエンティン・スキナーの『近代政治思想の基礎』は，初期近代の西欧における政治思想の展開について，もっとも包括的な見取り図を提供してくれるものとして，長らくスタンダードな教科書としての地位を占めてきた著作である。ルネッサンスと宗教改革の双方を視野に入れ，膨大な一次・二次文献を渉猟して書き下ろされた本書は，いまなお越えがたい一つの到達点である。

　スキナーのルネッサンス解釈の特徴は，まず，ハンス・バロン以来のいわゆる共和主義的歴史観の修正に見いだせる。すなわち市民による自治と独立をかかげる共和主義的な自由意識の高揚を，15世紀初頭のフィレンツェに見いだすバロンらに対し，スキナーはそのスタートをはるかに早い時期に遡らせるのである。その理由としてスキナーが着目するのが，11世紀に創設されて以来イタリア諸大学において教育の中心にあった，レトリック研究の伝統である。レトリック教師たちは，教材となるキケロをはじめとする古典古代の文献についての研究を発展させるなかで，そこに，自治と独立をもって至上の価値とする共和主義的な自由の理念を見いだすようになる。さらには，この自由の理念はいかなるとき専制政治の前に屈するのか，それを防ぐための方法はあるのかといった政治学的な諸問題に自覚的に取り組むようにもなった。しかしながら，ルネッサンスの開始を大幅

に前倒して考えるスキナーの歴史観は，いかなる帰結をもたらすか。端的にいえば，マキアヴェリ評価が変わる。古代ローマにおける党派対立についての肯定的評価や，徳（ヴィルトゥ）とキリスト教信仰の間の緊張関係などについての議論にたしかに斬新さがあったとしても，マキアヴェリの議論は，基本的にはそれ以前からのイタリア都市共和国における諸議論の延長線上に捉えられると，スキナーはいう。古典を歴史的文脈において捉える方法論を旨とする彼ならではの結論だが，マキアヴェリの真の独創性がどこにあったかを確定するためにも有意義だろう。

次に宗教改革の時代についてであるが，スキナーがとくにこだわりをみせるのは，中世後期の思想から多くを継承したルターの思想の，とくにその政治的・社会的含意が，なぜ16世紀の前半という時点で，非常に多くの国でかくも魅力的になったかである。ある意味で，ルターの思想が持った社会的インパクトの背景を丹念に探っていくのが，スキナーのスタイルである。と同時に，対抗宗教改革，とくに復活したトマス主義を通じて自然法的国家論を展開した理論家たちに大きな紙幅を割いて論じているのも，本書の特徴である。さらに，いわゆる「カルヴァン派革命理論」なるものには，実のところとくにカルヴァン派的な要素はなく，むしろその議論の大部分はルター派によって準備されていたものであったという結論も問題提起的である。

この書評の冒頭で，本書を「スタンダードな教科書」と紹介した。しかしながら，このようにごく概略的に本書を紹介しただけでも，その議論が到底今日でも「教科書的常識」にはなっていないことがわかるだろう。その意味で，本書はあらためて論じられてしかるべき「スタンダード」であり，知的刺激と興奮を引き起こすに足る「教科書」なのである。

ここでもう一冊，日本において，西洋政治思想史の新たな見取り図を模索する研究書として，佐藤正志編『啓蒙と政治』を取り上げておこう。スキナーの本が主として16世紀までを扱ったものであるとすれば，本書はそれ以後の時代，すなわち，しばしば「啓蒙」の名で呼ばれる時代を考察対象とする論文集である。この啓蒙もまた，今日，統一的なイメージの下，通史的な叙述をすることが難しくなっている対象である。ポーコックらが主張するように啓蒙とはそもそも複数のものであり，18世紀半ばのフランスに過度に焦点が当てられてきた従来の啓蒙理解が大幅に問い直されてい

るのである。このような意図から編集されたこの論文集には興味深い論文が並ぶが，ホッブズ，スピノザ，ヴィーコにはじまり，初期ロマン主義やフランス自由主義，さらにはロールズ，ニーチェへと至るように，扱われる思想家と時代の幅の広さが，何よりも雄弁に啓蒙観の見直しを示している。スキナーが論じたような初期近代の政治思想が，17世紀以降にどのように豊穣な思想的多様性をもたらしたか，レトリックの伝統や共和主義がどのように近代という時代のなかで変容しつつも影響を及ぼしていったかといった視点から読むとき，本書はますます興味深い。西洋政治思想史研究の現在を感じ取ることができる二冊である。

政治思想史（日本・アジア） ＜評者　都築　勉＞

対象　小熊英二『1968』上下，新曜社，2009年

　学会誌の書評の型を少しはみ出すことをお許し願いたい。ことは政治学以前に関わる。しかしその前にまず本書の紹介をしておきたい。上下2冊で2000頁を超える大著であり，定価も6800円プラス消費税の2冊分である。にもかかわらず，版を重ねていると聞く。定評がある著者の語り口のためだと思う。1960年代末の学生反乱の思想及び背景の分析が内容で，1965年の慶大の学費値上げ反対闘争から始まり，66年の早大，横浜国大，67年の中大を経て，68年の日大，東大と続く。

　時代的・世代的背景やセクトの特性の説明に多くの紙数が割かれ，慶大闘争の分析が始まるのが上巻の340頁，その後中大までもがまだいわば序論で，日大闘争に至るのがようやく550頁，東大闘争の叙述が665頁から上巻の終わりまで300頁ある。下巻では高校闘争，ベ平連，連合赤軍，リブが扱われ，その間にも「1970年のパラダイム転換」などの重要な章が配置される。若き日の自分に関わりのあるところだけでも読める仕掛けである。事実，著者よりも10歳年長で1952年生まれの評者は，まっさきに高校闘争で触れられている日比谷高校の記述を読んだ。

　著者によれば「あの時代」の学生反乱は政治運動としては極めて未熟で，表現行為もしくは自己確認運動と理解するほかはない。なぜそのような運動が起きたのか。それは「ベビーブーム世代」（「団塊の世代」）である彼らが高度成長を背景に日本近代史上初めて集団的に戦争・貧困・飢餓という「近代的不幸」ではなく，アイデンティティの不安や生の実感の欠落などの

「現代的不幸」に直面したからだ。「現代的不幸」は本書のキーワードで、この概念の使用には、前著『〈民主〉と〈愛国〉』で進歩的知識人の思想を「民主」とともに「愛国」と要約してみせたのと同様の力業が見られる。本書には索引があり、「現代的不幸」には85の参照箇所が示されているから、著者の意図は明確にたどれる。

しかも当事者たちには自らの状況を言語化する能力が欠けていた。「言葉がみつからない」も重要な徴候で、このままの語句で15の参照箇所がある。仕方なく彼らは「帝国主義打倒」とか「産学協同反対」などのマルクス主義の用語を口にした。マルクスの著作も「人間の主体性回復の思想」として読まれた。

実情はどうだったのか。大学進学率は1960年の10.3％から70年の23.6％に増加した。同世代人口が増える中でのこの数字である。大学の設備は追いつかない。高校までの彼らは自由平等をうたう戦後民主主義教育の下で育って来た。それと受験競争との矛盾にも悩んだ。そして入学後に待っていたのはいわゆるマスプロ教育だった。だから慶大闘争から日大闘争まではいわば民主化闘争であり、セクト的視点から見れば改良主義的運動だった。著者はむしろそこに学生反乱の原型を見る。授業を放棄して行われたクラス討論やバリケード封鎖の中で初めて生の実感を得たという学生も少なくなかった。しかしそうした非日常的・祝祭的空間が長続きしないのも事実だった。

原型を破ったのは東大闘争である。著者によれば東大闘争の中心は将来の大学人をめざす理系の助手や院生で、そこに待遇改善に端を発する東大の特徴があった。教授への反発が強く、また自らもエリートとして体制の補完物になることへの「自己否定」が芽生えた。加えて東大の多くの学部の自治会は共産党系の民青が掌握しており、この事情が任意加盟の全学共闘会議（全共闘）という組織を生むとともに、全共闘自身の政治運動化の拒否という姿勢をもたらした。懸案の7項目要求中の6項目を受諾する大学当局の提案を蹴って、最後は安田講堂に籠城したことにそれは如実に現れた。

著者は1972年の連合赤軍事件についてはイデオロギー的要因に着目するのではなく、逃亡と裏切りを恐れるあまりの山中での極限的な共同生活の所産と見ている。しかし学生反乱の参加者たちの多くはこの事件を思想的

リゴリズム（厳格さ）の帰結と考え，自らのそれを解除する契機にしたと指摘される。少し前にはそうした思想的リゴリズムによって，進歩的教授たちの言行不一致を追及したにもかかわらず。

さて政治とは何か。政治的に成熟するとはどういうことか。高校時代の評者は自分たちの学校を作りたい，自分たちの秩序を作りたいと考えていた。しかしそれが政治だとは思わなかった。民主主義と言われても，目の前にあるのは同意した覚えがない既成の秩序だった。今にして思えば，規則にない生徒集会を開いたのに多数決でものごとを決めてよいのかと考えた瞬間に，政治学以前から政治学へ飛躍したような気がする。

政治史（日本・アジア）　　　　　　　　＜評者　木宮正史＞

　　対象　浅野豊美
　　　　　『帝国日本の植民地法制：法域統合と帝国秩序』名古屋大学出版会，
　　　　　2008年

　本書は，著者の20年以上におよぶ学問的取り組みを集大成した，800頁にも及ぶ大著であり，全6編23章から構成される。本書の第一の特徴は，日本の法的もしくは実質的な植民地支配地域であった台湾，朝鮮，満州を，地域研究として個別的に対象とするだけでなく，また，それを並列的に比較するだけでもなく，帝国法制という法システム構造の成立・展開・帰結という統合的な視座に組み込んで研究対象に設定しているという点である。第二の特徴は，植民地支配をめぐる従来の先行研究が，支配と抵抗という政治領域，搾取と収奪，もしくは植民地近代化という社会経済領域に焦点が当てられたのに対して，本書は，帝国法制という法的システム構造に焦点を当てているという点である。そこでは，単なる異民族支配としての帝国主義だけでなく，国際関係における地域主義的な構想も色濃く反映されていたという点を強調する。植民地支配をめぐる従来の議論は，実証研究よりも植民地支配の帰結をめぐる価値判断の議論が優先される傾向があったが，そうした実証なき価値判断だけが先行しがちな「不毛な議論」を克服しようという試みである。第三の特徴は，戦後日本外交の重要なテーマである戦後補償や地域主義に関して，戦前と戦後が断絶されていることを与件として議論されることが多いのに対して，戦前と戦後を統合的な視座の下に収め，戦前と戦後が歴史として「連続」していることを前提にした

東アジア史像を構築しようとしている点である。その意味で，本書は，戦前における帝国日本の植民地支配を対象としているにもかかわらず，戦後補償やアジア地域主義の問題を考察するうえで，重要な示唆を与えてくれる。著者は，その後の研究において，帝国の帰結と崩壊という観点から，戦後日本の初期条件を理解することに関心を向ける。本書は，戦後日本の政治史，外交史，国際関係史などに新たな可能性を切り開くものである。

大著であるので，本書の全体像を紹介するのは紙幅の関係上不可能であるので，以下，興味深い新たな視点を2つほど紹介するのにとどめる。第一に，伊藤博文の再評価に関わる問題である。伊藤博文が朝鮮植民地化を当初から志向していたのではなく，それとは区別された意味での保護国化の構想を真摯に持っていたという点については，森山茂徳などの研究を通して既に知られているが，この点について，工業所有権法への対応という具体的な次元にまで踏み込み，さらに，そうした構想の背後にある法律観，国家観，帝国観などにさかのぼって，保護国化構想を体系的に抽出しようとする点に焦点が当てられる。伊藤博文は安重根によって暗殺されたように，特に韓国において日本帝国主義の象徴として描かれることが多いが，結果として現実に進行した日本の帝国主義とは異なる構想を伊藤博文がどの程度持っていたかなど，伊藤博文という政治指導者に対して，改めて新たな関心をかき立てられる。しかし，他方で，伊藤の構想は結果的には敗北した政策以外の何物でもなく，当時の日本を取り巻く状況を与件とすると，リアリティが欠如していた構想でしかなかったという批判も予想される。2010年，韓国併合100年を迎える中で，本書が提起した議論が，日韓双方においてどのように発展されるのか注視する必要がある。

第二に，帝国法制システムの再編という観点で戦前と戦後の連続性をとらえることで，戦後日本の政治外交史研究に新たな地平を開くという論点である。具体的には広義の戦後補償問題と地域主義という問題に関わる。著者は，戦後日本を「折りたたまれた帝国」として位置づけ，その中で，植民地からの引揚者や日本の在外財産の問題に関心を向ける。この問題は，例えば，日韓国交正常化交渉の過程で，韓国からの財産請求権要求を「相殺」するための逆請求権の根拠として日本政府が戦術的に利用したものであり，これを取り上げること自体，日本の植民地支配を反省していないということの証左ではないかと受け取られかねない危険性を孕んでいる。し

かし，著者は，そうした問題が存在したこと，さらには，そうした問題が真摯に議論されなかったことが，日本の戦後補償政策や地域主義構想にも影響を及ぼしたのではないかと主張する。こうした問題は，単に政治的な問題だけでなく，すぐれて法的な問題であり，日本の戦後補償は道義的な問題としてだけでなく法的問題としても議論されたことを前提とすると，戦前と戦後をつなぐものとして，戦後日本の政治外交の初期条件を考察する重要な論点を提供する。

本書は，戦前における帝国日本の植民地支配の様式と実態を法的側面から実証的に解明した，すぐれて歴史的な研究であるが，戦後日本の政治外交の現住所を再確認する，非常に貴重な知的営みでもあることを示している。

比較政治・政治史（欧州・北米ほか）　　＜評者　網谷龍介＞

対象　吉田徹

『ミッテラン社会党とフランス——社会主義から欧州統合へ』法政大学出版局，2009年

政府指導者のリーダーシップが注目されるようになって久しい。これが「割拠性」への批判を原点に持つ日本政治学のみの現象でないことは，「大統領制化」「中核的執政」などのキーワードの下で，多国間比較の研究書が続々と生まれていることにも明らかだろう。しかし，指導者を支える制度的条件を数え上げることと，リーダーシップそれ自体を明らかにすることとは次元を異にするものであり，後者はより複雑な課題である。本書評は，この分野における昨年の注目すべき業績である，吉田徹『ミッテラン社会党とフランス——社会主義から欧州統合へ』（法政大学出版局，2009年）を取り上げる。

本書は，ミッテラン個人文書を中心に，インタビューや同時代文献を基礎として綿密な過程分析を行っている。これによる最大の成果は，ミッテラン政権の政策転換をめぐる党内力学を克明に描き出し，EMU離脱という別の選択肢が取られえた可能性を明らかにすると共に，政策的合理性以外の多様で個別偶発的な要因が，この決定に与えた影響を活写する点にある。すなわち，政治の，権力をめぐる闘争としての側面が，政策を生み出す力学が描かれているのである。確かにこれは，構造的制約やアイディア

を強調する議論においては見過ごされがちな点であり，本書の意図は半ば以上成功したといってよい。

しかし，権力闘争としての「政治」によって「政策」を説明するという前提をおき，その中心にあるミッテランを「真空な権力体」(p. 387)として位置づけて政策指向性を捨象するならば，「政策」の転換が持つ意味は薄れる。そこで吉田は，同時に「リーダーシップ・スタイル」の変化がもたらされたとするのだが，評者には，それが必ずしも成功しているとは思えない。

すなわち，政策転換の前後で社会党のリーダーであり続けている以上，ミッテランは一貫して勝利者であり，一見すると変化はない。そこで吉田は，「取引的」「変革的」「選択操作的」の三段階でミッテランのリーダーシップが変化したとする。だが，緊縮かEMU離脱かの選択を迫られる局面でも，ミッテランは，EMU離脱を積極的に掲げることで権力を保持しようとするわけではない。党内勢力図を見極めギリギリまで決定を遅らせようとするスタイルが常に存在しており，むしろ「取引的」スタイルが一貫しているように見える。モーロワにEMU離脱を指示したところ強い拒否に遭い，「驚き，呆然とさえし」た(p. 289)というエピソードは，ミッテランが主観的には従来と同様の手法を取ろうとしていたことを示してはいないか。

さらに，政策転換後の「選択操作的」という位置づけは疑問である。まず，「取引」は政治の日常にかかわるものであるが，「選択操作」がそう何回も可能であるとは思えない。確かにヨーロッパという政策次元の導入それ自体は，「選択操作」かもしれないが，一旦導入されてしまえば，政策次元の増加によって広がるマヌーバーの余地の中で展開されるのは，再び「取引」ではないだろうか。その意味で両概念は適用局面を異にしているように思われる。

実際にも，第六章で分析される政策転換後の社会党の党内力学は，大づかみに言えば「政策対立なき派閥抗争」であり，その中でミッテランがヨーロッパ政策を掲げてリーダーシップを維持するのは，純政治力学的には，「社会主義プロジェ」を彼が道具的に利用したのとさして変わらないように映る。派閥間の合従連衡の継続自体は本書も認めるところであり(p. 376)，相違点として挙げられる，イデオロギー論争の不在や，政党から政権への

権力中心の移行は,「リーダーシップ・スタイル」の変化とは次元が異なる。

これは本書の長所と裏腹の関係にあるのかもしれない。本書は,リーダーシップの理解にはフォロワーとの関係が重要であるという,それ自体極めて正当な指摘に基づき分析を行い,個別局面の分析においてその指摘は遺憾なく活かされているといえる。しかし本書全体としては,ミッテラン・リーダーシップ論として始まったものが,社会党変容論になって終わるという形で,分析の機軸が行論の中でズレてきているように思われる。

なお,社会党変容論としては,野党から与党になったことで政策決定構造が変化するのは当然であり,右派側の政府・与党関係との対比がなされるべきではなかったか。その関連で,第五共和制の統治構造が政党に与える影響についての分析が手薄であることも,惜しまれる。さらに,大統領制の下での政党のあり方は,議院内閣制の下でのそれとは異なるという一般的仮説が存在するだけではなく (David J. Samuels and Matthew S. Shugart, *Presidents, Parties, Prime Ministers*. Cambridge: Cambridge University Press, 2010 (in press)),ほかならぬフランスの第四共和制において,政党中心の議院内閣制が挫折したことを知る我々にとっては(中山洋平『戦後フランス政治の実験──第四共和制と「組織政党」1944-1952年』東京大学出版会,2002年),筆者の判断基準となる補助線──イデオロギーないし理念を核とした組織政党──がリアルなものであるかどうか,疑問の余地がないとはいえない。

本書は,構造的制約の数え上げや,個人の「パーソナリティ」の類型化という静態的分析から踏み込んで,フォロワーの動向を含めたリーダーシップの動態を明らかにすることに,かなりの程度成功している。しかしその成功によって,リーダーシップの様々な様態を弁別する概念枠組の必要性が,課題として浮き彫りにされたのではないだろうか。

比較政治・政治史(ロシア・東欧) ＜評者 定形 衛＞
対象 佐原徹哉『ボスニア内戦』有志舎,2008年

本書はボスニア内戦における民族浄化,ジェノサイドといった残虐行為の実像を,旧ユーゴスラヴィア国際戦犯法廷での証言や資料をもとに再構成し,内戦の勃発からジェノサイドに至る政治過程を克明に分析したものである。分析はボスニア三民族の民族意識の歴史的形成,旧ユーゴの自主

管理社会主義体制とその解体過程における民族間関係の変容といった内戦の背景を検討したのち，三民族による内戦時の残虐行為とそれらの相互関係のメカニズムの解明へと展開していく。

その際，著者はボスニア内戦を，冷戦的世界秩序から今日的な「グローバリゼーション」への巨大な転換の過程において，旧ユーゴを支えた経済・政治システムの移行期に生じた無法状態の産物と設定する。こうした分析枠組みを維持したうえで，著者が内戦の性格と残虐行為の惹起という点で重視するのが，ボスニア社会の「ローカルな力関係」，「ローカルな価値観」である。そして，このグローバリゼーションの圧力とローカルな現象のあいだに位置して内戦を準備し，残虐行為を必然化したものが，三民族の共有する「ジェノサイドの恐怖」とボスニア社会における法と秩序の喪失，カオス情況であったと。

「内戦は冷戦構造の産物であった社会主義ユーゴシステムが圧倒的なグローバル化の力によって崩壊し，一時的に生じた無法状態の中で，人々がローカルな価値観に従って自己保存のために動いたことから発生したものであるが，ボスニアの場合，このローカルな価値観はジェノサイドへの恐怖であり，いずれの集団も多かれ少なかれこの恐怖心に突き動かされて残虐行為を展開したのであった」（305頁）。著者の論理は明快である。

著者がいうように，ボスニア社会を内戦へと誘導し，残虐行為に駆り立てていったのは，ローカルな，つまり村レヴェルでの地域エゴや力関係の横行であって「民族対立」ではなかったのだが，和平プロセスに関与した「国際社会」はそうした論理にまで踏み込むことはなかった。ボスニア内戦後も多くの残虐行為が世界各地で繰り返されているのだが，「国際社会」は「正義」，「人道」，「平和」，「民主主義」の実現を現地の論理から遊離した形で繰り返すばかりである。本書で示されたグローバリゼーションという世界秩序の変動，国家の統治能力の後退，ローカルな政治権力の跳梁の動態的な分析は今後ますます，内戦そして民族浄化，ジェノサイド比較研究にあって不可欠の視点となるであろう。本書の意義はきわめて大きい。

比較政治・政治史（第3世界全般）　　＜評者　木村正俊＞
　　対象　武内進一『現代アフリカの紛争と国家　ポストコロニアル家産制国家とルワンダ・ジェノサイド』明石書店，2009年

近藤則夫編『インド民主主義体制のゆくえ　挑戦と変容』
アジア経済研究所，2009年
青山弘之・末近孝太『現代シリア・レバノンの政治構造』
岩波書店，2009年

　いわゆる第三世界地域諸国の政治に関する2009年度における Must Read な著作は，武内進一『現代アフリカの紛争と国家　ポストコロニアル家産制国家とルワンダ・ジェノサイド』である。第31回サントリー学芸賞や第13回国際開発研究大来賞を受賞したことに示されるように，すでに高い評価を受けている本作の内容紹介はここでは必要ないであろう。

　独立後の第三世界の多くの国々は，ルワンダにおけるジェノサイドと規模や性格は異なるとは言え，政治における様々な暴力を経験し，非暴力的な秩序形成や利害の調整を原則とする民主主義体制を実現あるいは，安定的に維持することに困難を抱えている。例外的に，独立以来ほぼ一貫して民主主義体制を維持してきたのがインドである。近藤則夫編『インド民主主義体制のゆくえ　挑戦と変容』は，インドの民主主義体制がインドの抱える問題にいかに挑戦し，その過程でいかに変容してきたかに関する論文集である。すべての論文に言及できないので，評者の関心に従って簡単に紹介する。

　独立以来の国民会議派の一党優位体制は80年代以降多党制に移行した。これは一部の社会的エリート，上位カーストによる政治の独占ではなく中間的な階層，カーストの政治的影響の拡大を意味していた。これは民主主義の一層の民主化と評価できよう。しかし，民主主義の深化によって，議会の立法，監視機能の劣化が指摘されるようになる（佐藤宏　第1章「インド民主主義のゆくえ」）とともに，ヒンドゥー・ナショナリズムの台頭とそれに基づくヒンドゥーとムスリムの間のコミュナルな暴力的紛争が見られるようになる。第7章「インドにおけるヒンドゥー・ナショナリズムの展開」で本書の編者でもある近藤則夫氏は，コミュナル紛争を，それを引き起こすことによって利益を得るものが人為的に生み出した極めて政治的なものと見なしている。

　インドでは（そして，日本においても）社会の周辺部の人々や集団の声は政治決定のプロセスに反映されにくい現実がある。「民主主義は社会経済的解放を実現できるであろうか」という根本的問いから議論が展開され

るのが，中溝和弥 第9章「暴力革命と議会政治」である。インドの民主主義は腐敗した資本家と地主の利益に奉仕するに過ぎないと見なして民主主義体制を否定し，社会経済的解放を暴力革命によって実現しようとした左翼過激派であるナクサライトの運動をインドの政党政治の展開と結びつけて分析することによって，ナクサライトの内部から議会闘争路線が登場した要因が説得的に明らかにされている。インドの民主制には少なくとも，社会経済的解放を実現する可能性が存在することが暗示されている。

様々な社会的亀裂が存在するインドの民主主義体制と比較すると，レバノンの民主主義体制は脆弱である。青山弘之・末近孝太『現代シリア・レバノンの政治構造』は，2005年4月のシリア軍のレバノン撤退まではレバノンとシリアを一体とするような政治構造があるという観点に立って分析が行われている。

インドとレバノンを民主体制の維持という観点で比較して興味深いのはインド選挙委員会の存在である。選挙時に準軍隊を動員して治安を維持したり，政府が選挙にあわせて職員の人事を都合の良いように行ったりすることを停止することができると簡単に指摘されているがこれは驚きである。この委員会だけでなくインドは他の第三世界諸国にはないような国家機構や制度をもっていると思われる。『インド民主主義体制のゆくえ』の執筆者の中から，深いインド理解を踏まえた上での他地域とインドの比較研究が生み出されることを希望する。

国際関係論　　　　　　　　＜評者　大津留（北川）智恵子＞
対象　長有紀枝『スレブレニツァ―あるジェノサイドをめぐる考察』
　　　東信堂，2009年

国際政治学を教えていると，大学で学ぶことで世界をどう変えられるのですか，という質問をよく受ける。国際社会の大きさと自分の小ささとの対比は，時として教える側にも目の前の議論が「机上の学問」ではないかという自問が強いられる。また，国際機関やNGOの現場で活動される方がたから，そうした活動が学問的に検証され，その成果が現場へとフィードバックされていくことの重要性をも耳にする。

本書は，長年にわたって人道支援の現場で活動をしてきた著者が，対象について距離を置いて分析し直し，博士論文としてまとめたものである。

その意味で，表題のスレブレニツァ・ジェノサイドというテーマの重要性と同時に，これからの国際政治研究の一つのあり方を示しているという重要性を合わせもっていると言えよう。

スレブレニツァはボスニア＝ヘルツェゴビナの地名であるが，国際社会においては単なる地名を超えた意味を持っている。それは，1995年に6000名とも言われるムスリム男性が，数日の間に虐殺された場であり，しかもその現場は国連によって「安全地帯」に指定されていた。虐殺から守られるべき存在を犠牲者とした失策により，国際社会が特別な感情を引き起こされる地名である。スレブレニツァの虐殺はジェノサイドに認定されたが，その虐殺に先立つもう一つの「スレブレニツァ」であるムスリム兵によるセルビア人の虐殺（p. 276）は，国際社会に共有される記憶にすらなっていない。

条約制定より50年も認定例がなかったことが示すように，ジェノサイドという概念は国際法の下では非常に限定的に適用されている。しかし，上記の二つの「スレブレニツァ」の事例が象徴するように，その背景には政治的な要素も大きく働いている。著者は，ジェノサイドと認定されたスレブレニツァを歴史的事実として再構築するという作業の中から，国際政治においてジェノサイドというカテゴリーが提示する問題点を明らかにしようとしている。

本書は，ジェノサイドの語源と条約として制定されるまでの経緯，そして国際司法の場でジェノサイドの「精緻化」が行なわれた過程を解説し，それと対峙するものとして広義のジェノサイド概念を紹介している。その上で，スレブレニツァ・ジェノサイドが実際には何であったのかを，国連，NGO，国連旧ユーゴスラビア国際刑事裁判所（以下，ICTY），国際司法裁判所などの資料に基づいて，詳細に再現しようとしている。それは，スレブレニツァ陥落後の出来事の確認と，ジェノサイドと認定される根拠となった人道的被害の実態の確認という，二つのレベルで行なわれている。さらに，冷戦後の大量虐殺の事例であるルワンダ，ダルフールと比較する中から，スレブレニツァの特異性と普遍的側面を指摘し，狭義でのジェノサイド認定の如何に拘わらず，人道的な罪を防いでいくために必要なものは，「私たち一人ひとりの市民の力である」（p. 351），という示唆で締めくくっている。

著者は，スレブレニツァが狭義のジェノサイドには該当しない要素を含みながらも，ボスニア紛争の過程で，国際社会の中に「セルビア人＝悪者，ムスリム人＝犠牲者」という構図が作られていたために，その構図に沿った形で事実が歪められた点を指摘している。そもそも，ジェノサイドという概念が作られた経緯は国際政治の力学を反映したものであり，何がその対象となるかという規定そのものが，恣意性を包含したものである。加えて，ジェノサイド罪は不処罰の文化を是正し，罪を特定して懲罰を与えることを目的とするため，逆に罪を逃れたい実行者の口を塞ぎ，真実の解明を難しくしている。また，著者には生身の人間としてジェノサイドの責任者ムラディチ将軍と触れた経験があるだけに，単純化されたジェノサイドのイメージではなく，正確に歴史の再構築を行なうことが，平和的な社会の再構築と虐殺の再発防止のために必要であると強く認識されているように思われる。

スレブレニツァは，国際社会のプレゼンスが虐殺を抑止できなかったこと，人道的な問題を軍事力で解決するには限界があること，そして何よりも日常生活の中に「見えないジェノサイド」としての他者への蔑視が潜んでいたことなどを，重要な教訓として提示している。人道的危機をめぐるさらに緊要な課題は，国際社会がそれをジェノサイドと認定することで介入義務を負う事態を避けようとする点で，その背景に存在するのが，民主国家の市民が自らと関係のない人びとを救うことに支持を与えようとしないという現実なのである。

ジェノサイドを予防する責任は，最終的には私たち自身，何より自分自身に戻ってくるという著者の指摘（『中央公論』2009年7月号，p. 246）は，必ずしも現場で活動するわけではない国際政治を学ぶ者が，常に意識しておくべきことではないだろうか。

2010年度書評委員会から

2008年から2009年には，世界及び日本で，大きな政治的・経済的転換があった。世界金融危機に続くアメリカ・日本における政権交代，各国でのデモクラシーの再検討，貧富の格差の拡大，欧州における地域統合とナショナリズムの相克，冷戦終焉20年を迎えた各地での体制転換と政治改革のゆくえ，さらにジェノサイドをめぐる原因論・正義論と紛争処理の在り方。

こうした先進国・紛争地域を含む，緊迫した国際政治，各国政治の変容と諸問題の噴出の中で，それらに正面から取り組んだ著書への書評が，今回勢ぞろいした。

各領域の気鋭の研究者により，時代を反映した近年の世界政治の理論・現実・思想が動態的に議論され息づいている。

デモクラシーの理論化，それを乗り越えて複雑・多様に展開する選挙行動・行政の実証分析，歴史的な「68年」の政治思想の現代的検討，韓国併合100年を迎えた日本植民地政策の読み直しと歴史の連続性，各地でジェノサイドを生み出すグローバルな圧力下でのローカルな動態分析，社会経済的解放と民主主義，国際社会の関わり方。

変化する現代を鋭く見つめ切り込んだ著書の検討がそろった。通奏低音として各国各時代の民主主義の問い直しがある。其々の著者及びそれを論じる書評委員の，政治を論じる確かさ，真摯さ，問題意識の鋭さ，深さが，其々の政治の対象に接近し食い込んでいる。

2010年度，4年目を迎える書評委員会は，以下の10名の委員及び委員長によって構成されている。

1. 政治理論：岩崎正洋（日本大学），2. 政治過程：鈴木基史（京都大学），3. 行政学・地方自治：岩本美砂子（三重大学），4. 政治思想（欧米）：宇野重規（東京大学），5. 政治思想史（日本・アジア）：都築勉（信州大学），6. 政治史（日本・アジア）：木宮正史（東京大学），7. 比較政治・政治史（欧州・北米）：網谷龍介（明治学院大学），8. 比較政治・政治史（ロシア・東欧）：定形衛（名古屋大学），9. 政治・政治史（第3世界全般）：木村正俊（法政大学），10. 国際関係論：大津留智恵子（関西大学）。

20世紀から21世紀へと転換・変容する政治動態への深く鋭い洞察と検討に基づいた著書とその書評を通じ，各分野の政治分析の議論が拡大し，さらに対象に接近し理解を深めることを期待したい。

お忙しい中，現実の問題を鋭く切り取り，知的刺激に満ちた分析を展開して戴いた各分野の担当委員諸氏には，深い感謝を捧げたい。ありがとうございました。

（書評委員長　羽場久美子）

日本政治学会規約

一，総則
第一条　本会は日本政治学会 (Japanese Political Science Association) と称する。
第二条　（削除）

二，目的及び事業
第三条　本会はひろく政治学（政治学，政治学史，政治史，外交史，国際政治学，行政学及びこれに関連ある諸部門を含む）に関する研究及びその研究者相互の協力を促進し，かねて外国の学会との連絡を図ることを目的とする。

第四条　本会は前条の目的を達成するため左の事業を行う。
　　　　一，研究会及び講演会の開催
　　　　二，機関誌その他図書の刊行
　　　　三，外国の学会との研究成果の交換，その他相互の連絡
　　　　四，前各号のほか理事会において適当と認めた事業

三，会員
第五条　本会の会員となることのできる者はひろく政治学を研究し，且つ会員二名以上から推薦された者で，理事会の承認を得た者に限る。

第六条　入会希望者は所定の入会申込書を理事会に提出しなければならない。

第七条　会員は，理事会の定めた会費を納めなければならない。

第八条　会費を二年以上滞納した者は，退会したものとみなす。但し，前項により退会したとみなされた者は，理事会の議をへて滞納分会費を納入することにより，会員の資格を回復することを得る。

四，機関
第九条　本会に左の役員を置く。
　　　　一，理事　若干名，内一名を理事長とする。
　　　　二，監事　二名
　　　　三，幹事　若干名
　　　　四，顧問　若干名

第十条　理事及び監事の選任方法は，別に定める理事・監事選出規程によるものとする。
　　　　理事長は，別に定める理事長選出規程に基づき，理事会において選出する。
　　　　幹事及び顧問は理事会が委嘱する。

第十一条　理事長，理事及び幹事の任期は二年とする。
　　　　　監事の任期は三年とする。
　　　　　補充として就任した理事長，理事，監事及び幹事の任期は前二項の規定にかかわらず，前任者の残存期間とする。
　　　　　理事長，理事，監事及び幹事は重任することが出来る。

第十二条　理事長は本会を代表し，会務を総括する。
　　　　　理事長が故障ある場合には理事長の指名した他の理事がその職務を代表する。

第十三条　理事は理事会を組織し，会務を執行する。

第十四条　監事は，会計及び会務執行を監査する。

第十五条　幹事は，会務の執行につき，理事に協力する。

第十五条の二　顧問は会務の執行につき理事長の諮問に応える。

第十六条　理事長は毎年少なくとも一回，会員の総会を招集しなければならない。
　　　　　理事長は，必要があると認めるときは，臨時総会を招集することが出来る。
　　　　　総会（臨時総会を含む）を招集する場合は，少なくとも一ヶ月以前に全会員に通知しなければならない。
　　　　　会員の五分の一以上の者が，会議の目的たる事項を示して請求したときは，理事長は臨時総会を招集しなければならない。

第十七条　総会（臨時総会を含む）は，出席会員によって行うものとする。
　　　　　理事会は，役員の選任・会計・各委員会および事務局の活動その他，学会の運営に関する基本的事項について総会に報告し，了承

を受けるものとする。

第十八条　本会の会計年度は，毎年四月一日に始り，翌年三月末日に終る。

五，規約の変更及び解散
第十九条　本規約を変更する場合は，理事会の発議に基づき会員の投票を実施し，有効投票の三分の二以上の賛成を得なければならない。

第二十条　本会は，会員の三分の二以上の同意がなければ，解散することができない。

（二〇〇〇年一〇月八日改正）

日本政治学会理事・監事選出規程

理事の選任
第一条　理事の選任は，会員による選挙および同選挙の当選人によって構成される理事選考委員会の選考によって行う（以下，選挙によって選出される理事を「公選理事」，理事選考委員会の選考によって選出される理事を「選考理事」と称する）。

第二条　公選理事は，会員の投票における上位二〇位以内の得票者とする。

第三条　投票が行われる年の四月一日現在において会員である者は選挙権及び被選挙権を有する。
　　　　ただし，顧問および理事長は被選挙権を有しない。

第四条　会員の選挙権及び被選挙権の公表は会員名簿及びその一部修正によって行なう。

第五条　一，選挙事務をとり行なうため，理事長は選挙管理委員長を任命する。
　　　　二，選挙管理委員長は五名以上一〇名以下の会員により，選挙管理委員会を組織する。

第六条　一，選挙は選挙管理委員会発行の，所定の投票用紙により郵送で行なう。
　　　　二，投票用紙は名簿と共に五月中に会員に郵送するものとする。
　　　　三，投票は六月末日までに選挙管理委員会に到着するように郵送されなければならない。

四，投票は無記名とし，被選挙権者のうち三名を記する。

第七条　一，選挙管理委員会は七月末までに開票を完了し，得票順に当選人を決定し，九月初旬までに理事長及び当選人に正式に通知しなければならない。
　　　　二，最下位に同点者がある場合は全員を当選とする。
　　　　三，投票の受理，投票の効力その他投票及び開票に関する疑義は選挙管理委員会が決定するものとする。
　　　　四，当選人の繰上補充は行なわない。

第八条　一，前条第一項の当選人は理事選考委員会を構成する。
　　　　二，理事選考委員会は，十五名以内の理事を，地域，年齢，専攻，学会運営上の必要等に留意して選考する。
　　　　三，理事選考委員会は当選人の欠員補充をすることができる。その場合には，前項の留意条件にとらわれないものとする。
　　　　四，常務理事については，本条第二項にいう十五名の枠外とすることができる。

第九条　理事長は，選出された公選理事および選考理事を，理事として総会に報告する。

監事の選任
第十条　監事の選任は理事会において行い，理事会はその結果を総会に報告し，了承を受けるものとする。

規程の変更
第十一条　本規程の変更は，日本政治学会規約第十九条の手続きによって行う。

（了解事項）　理事選挙における当選者の得票数は，当選者に通知するとともに，理事会に報告する。
　　　　　　　　　　　　　　　　　　　　　　　　　　（二〇〇〇年一〇月八日改正）

日本政治学会理事長選出規程

第一条　理事長は，公選理事の中から選出する。
第二条　現理事長は，理事選挙後，理事選考委員会（日本政治学会理事・監

事選出規程第八条）に先だって，公選理事による次期理事長候補者選考委員会を招集する。

二 公選理事は，同選考委員会に欠席する場合，他の公選理事に議決権を委任することができる。

三 次期理事長選考委員会では，理事長に立候補した者，または推薦された者について投票を行い，過半数の得票を得て，第一位となった者を次期理事長候補者とする。

四 投票の結果，過半数の得票者がいない場合，上位二名につき再投票を行い，上位の得票者を次期理事長候補者とする。

五 再投票による得票が同数の場合は，抽選によって決定する。

第三条 選考理事を含めた次期理事会は，次期理事長候補者の理事長への選任について審議し，議決する。

二 理事は，欠席する場合，他の理事に議決権を委任することができる。

（二〇〇二年一〇月五日制定）

日本政治学会次期理事会運営規程

一 〔総則〕 次期理事が選出されてから，その任期が始まるまでの次期理事会は，本規程に従って運営する。

二 〔構成〕 次期理事会は，次期理事および次期監事によって構成する。

三 〔招集〕 次期理事会は，次期理事長が召集する。但し，第一回の次期理事会は現理事長が招集する。

四 〔任務〕 イ 次期理事会に関する事務は，次期常務理事が取り扱う。また，その経費は次期理事会経費に準じて学会事務局が支払う。

ロ 次期理事会は，任期の間の次期常務理事，次期幹事，各種委員会の長および委員を必要に応じて委嘱できる。

ハ 次期理事会は，任期の間の日本政治学会行事について，現理事会の委嘱にもとづき，企画，立案できる。

五 〔記録〕 次期理事会の記録は，次期常務理事の下でまとめ，次期理事会および現理事会の構成員に配布する。

（二〇〇二年一〇月五日制定）

日本政治学会倫理綱領

　日本政治学会は，政治学の研究・教育および学会運営に際して規範とすべき原則を「日本政治学会倫理綱領」としてここに定める。会員は，政治学研究の発展と社会の信頼に応えるべく，本綱領を尊重し遵守するものとする。

第1条〔倫理性を逸脱した研究の禁止〕会員は，社会的影響を考慮して，研究目的と研究手法の倫理性確保に慎重を期さなければならない。
第2条〔プライバシー侵害の禁止〕各種調査の実施等に際し，会員は調査対象者のプライバシーの保護と人権の尊重に留意しなければならない。
第3条〔差別の禁止〕会員は，思想信条・性別・性的指向・年齢・出自・宗教・民族的背景・障害の有無・家族状況などによって，差別的な扱いをしてはならない。
第4条〔ハラスメントの禁止〕会員は，セクシャル・ハラスメントやアカデミック・ハラスメントなど，ハラスメントにあたる行為をしてはならない。
第5条〔研究資金濫用の禁止〕会員は，研究資金を適正に取り扱わなくてはならない。
第6条〔著作権侵害の禁止〕会員は，研究のオリジナリティを尊重し，剽窃・盗用や二重投稿等，著作権を侵害する行為をしてはならない。

＊この綱領は2009年10月12日より施行する。改廃については，総会の議を経ることとする。
倫理綱領の施行にともない，理事会に以下の内規をおく。この内規については，理事会の承認後大会に報告し，また会報で各会員に公示する。

倫理綱領施行に伴う理事会内規

　倫理綱領の禁止事項に関して重大な違反があったと認定された会員（所属先でのハラスメント認定を含む）に対し，理事会は，学会の役職・研究大会での登壇・年報への論文掲載を3年間自粛するよう要請する。

（二〇〇九年一〇月一一日制定）

『年報政治学』論文投稿規程

※第9条の「投稿申込書」は，日本政治学会のホームページからダウンロードできます（URL: http://wwwsoc.nii.ac.jp/jpsa2/publication/nenpou/index.html）。

1．応募資格
　・日本政治学会の会員であり，応募の時点で当該年度の会費を納入済みの方。

2．既発表論文投稿の禁止
　・応募できる論文は未発表のものに限ります。

3．使用できる言語
　・日本語または英語。

4．二重投稿の禁止
　・同一の論文を本『年報政治学』以外に同時に投稿することはできません。
　・同一の論文を『年報政治学』の複数の号に同時に投稿することはできません。

5．論文の分量
　・日本語論文の場合，原則として20,000字以内（注，参考文献，図表を含む）とします。文字数の計算はワープロソフトの文字カウント機能を使って結構ですが，脚注を数える設定にして下さい（スペースは数えなくても結構です）。半角英数字は2分の1字と換算します。図表は，刷り上がり1ページを占める場合には900字，半ページの場合には450字と換算して下さい。
　　論文の内容から20,000字にどうしても収まらない場合には，超過を認めることもあります。ただし査読委員会が論文の縮減を指示した場合には，その指示に従って下さい。
　・英語論文の場合，8,000語（words）以内（注，参考文献，図表を含む）とします。図表は，刷り上がり1ページを占める場合には360語（words），半ページの場合には180語（words）と換算して下さい。
　　論文の内容から8,000語にどうしても収まらない場合には，超過を認めることもあります。ただし査読委員会が論文の縮減を指示した場合には，その指示に従って下さい。

6．論文の主題

- 政治学に関わる主題であれば，特に限定しません。年報各号の特集の主題に密接に関連すると年報委員会が判断した場合には，特集の一部として掲載する場合があります。ただし，査読を経たものであることは明記します。

7．応募の締切
- 論文の応募は年間を通じて受け付けますので，特に締切はありません。ただし，6月刊行の号に掲載を希望する場合は刊行前年の10月末日，12月刊行の号に掲載を希望する場合は刊行年の3月末日が応募の期限となります。しかし，査読者の修正意見による修正論文の再提出が遅れた場合などは，希望の号に掲載できないこともあります。また，査読委員会が掲載可と決定した場合でも，掲載すべき論文が他に多くある場合には，直近の号に掲載せず，次号以降に回すことがありますので，あらかじめご了承ください。掲載が延期された論文は，次号では最優先で掲載されます。

8．論文の形式
- 図表は本文中に埋め込まず，別の電子ファイルに入れ，本文中には図表が入る位置を示して下さい。図表の大きさ（1ページを占めるのか半ページを占めるのか等）も明記して下さい。また，他から図表を転用する際には，必ず出典を各図表の箇所に明記して下さい。
- 図表はスキャン可能なファイルで提出してください。出版社に作成を依頼する場合には，執筆者に実費を負担していただきます。
- 投稿論文には，審査の公平を期すために執筆者の名前は一切記入せず，「拙著」など著者が識別されうるような表現は控えて下さい。

9．投稿の方法
- 論文の投稿は，ワードまたは一太郎形式で電子ファイルに保存し，『年報政治学』査読委員会が指定する電子メールアドレス宛てに，メールの添付ファイルとして送信して下さい。投稿メールの件名（Subject）には，「年報政治学投稿論文の送付」と記入して下さい。
- なお，別紙の投稿申込書に記入の上，投稿論文と共にメールに添付して送付して下さい。
- また，投稿論文を別に3部プリントアウト（A4用紙に片面印刷）して，査読委員会が指定する宛先に送ってください（学会事務局や年報委員会に送らないようにご注意ください）。
- 送付された投稿論文等は執筆者に返却致しません。

10．投稿論文の受理

・投稿論文としての要件を満たした執筆者に対しては，『年報政治学』査読委員会より，投稿論文を受理した旨の連絡を電子メールで行います。メールでの送受信に伴う事故を避けるため，論文送付後10日以内に連絡が来ない場合には，投稿された方は『年報政治学』査読委員会に問い合わせて下さい。

11. 査読
    ・投稿論文の掲載の可否は，査読委員会が委嘱する査読委員以外の匿名のレフリーによる査読結果を踏まえて，査読委員会が決定し，執筆者に電子メール等で結果を連絡します。
    ・なお，「掲載不可」および「条件付で掲載可」と査読委員会が判断した場合には，執筆者にその理由を付して連絡します。
    ・「条件付で掲載可」となった投稿論文は，査読委員会が定める期間内に，初稿を提出した時と同一の手続で修正稿を提出して下さい。なお，その際，修正した箇所を明示した修正原稿も電子メールの添付ファイルとして送って下さい。

12. 英文タイトルと英文要約
    ・査読の結果，『年報政治学』に掲載されることが決まった論文については，著者名の英文表記，英文タイトル，英文要約を提出いただくことになります。英文要約150語程度（150 words）になるようにして下さい（200語以内厳守）。査読委員会は原則として手直しをしないので，執筆者が各自で当該分野に詳しいネイティヴ・スピーカーなどによる校閲を済ませて下さい。

13. 著作権
    ・本『年報政治学』が掲載する論文の著作権は日本政治学会に帰属します。掲載論文の執筆者が当該論文の転載を行う場合には，必ず事前に文書で本学会事務局と出版社にご連絡下さい。また，当該『年報政治学』刊行後1年以内に刊行される出版物への転載はご遠慮下さい。
    ・また，投稿論文の執筆に際しては他人の著作権の侵害，名誉毀損の問題を生じないように充分に配慮して下さい。他者の著作物を引用するときは，必ず出典を明記して下さい。
    ・なお，万一，本『年報政治学』に掲載された執筆内容が他者の著作権を侵害したと認められる場合，執筆者がその一切の責任を負うものとします。

14. その他の留意点
    ・執筆者の校正は初校のみです。初校段階で大幅な修正・加筆をすることは

認められません。また，万が一査読委員会の了承の下に初校段階で大幅な修正・加筆を行った場合，そのことによる製作費用の増加は執筆者に負担していただきます。
・本『年報政治学』への同一の著者による論文の投稿数については何ら制限を設けるものではありませんが，採用された原稿の掲載数が特定の期間に集中する場合には，次号以下に掲載を順次繰り延べることがあります。

査読委員会規程

1. 日本政治学会は，機関誌『年報政治学』の公募論文を審査するために，理事会の下に査読委員会を置く。査読委員会は，委員長及び副委員長を含む7名の委員によって構成する。

    査読委員会委員の任期は2年間とする。任期の始期及び終期は理事会の任期と同時とする。ただし再任を妨げない。

    委員長及び副委員長は，理事長の推薦に基づき，理事会が理事の中から任命する。その他の委員は，査読委員長が副委員長と協議の上で推薦し，それに基づき，会員の中から理事会が任命する。委員の選任に当たっては，所属機関，出身大学，専攻分野等の適切なバランスを考慮する。

2. 査読委員会は，『年報政治学』に掲載する独立論文および特集論文を公募し，応募論文に関する査読者を決定し，査読結果に基づいて論文掲載の可否と掲載する号，及び配列を決定する。特集の公募論文は，年報委員長と査読委員長の連名で論文を公募し，論文送付先を査読委員長に指定する。

3. 査読者は，原則として日本政治学会会員の中から，専門的判断能力に優れた者を選任する。ただし査読委員会委員が査読者を兼ねることはできない。年報委員会委員が査読者になることは妨げない。査読者の選任に当たっては，論文執筆者との個人的関係が深い者を避けるようにしなければならない。

4. 論文応募者の氏名は査読委員会委員のみが知るものとし，委員任期終了後も含め，委員会の外部に氏名を明かしてはならない。査読者，年報委員会にも論文応募者の氏名は明かさないものとする。

5. 査読委員長は，学会事務委託業者に論文応募者の会員資格と会費納入状況を確認する。常務理事は学会事務委託業者に対して，査読委員長の問い合わせに答えるようにあらかじめ指示する。

6. 査読委員会は応募論文の分量，投稿申込書の記載など，形式が規程に則しているかどうか確認する。

7. 査読委員会は，一編の応募論文につき，2名の査読者を選任する。査読委員会は，査読者に論文を送付する際に，論文の分量を査読者に告げるとともに，論文が制限枚数を超過している場合には，超過の必要性についても審査を依頼する。

    査読者は，A，B，C，Dの4段階で論文を評価するとともに，審査概評を報告書に記載する。A～Dには適宜＋または－の記号を付してもよい。記号の意味は以下の通りとする。

    A：従来の『年報政治学』の水準から考えて非常に水準が高く，ぜひ掲載すべき論文

B：掲載すべき水準に達しているが，一部修正を要する論文
C：相当の修正を施せば掲載水準に達する可能性がある論文
D：掲載水準に達しておらず，掲載すべきではない論文。

　査読者は，BもしくはCの場合は，別紙に修正の概略を記載して査読報告書とともに査読委員会に返送する。またDの場合においては，論文応募者の参考のため，論文の問題点に関する建設的批評を別紙に記載し，査読報告書とともに査読委員会に返送する。査読委員会は査読者による指示ならびに批評を論文応募者に送付する。ただし査読委員会は，査読者による指示ならびに批評を論文応募者に送付するにあたり，不適切な表現を削除もしくは変更するなど，必要な変更を加えることができる。

　AないしCの論文において，その分量が20,000字（英語論文の場合には8,000語）を超えている場合には，査読者は論文の内容が制限の超過を正当化できるかどうか判断し，必要な場合には論文の縮減を指示することとする。

8. 修正を施した論文が査読委員会に提出されたときは，査読委員会は遅滞なく初稿と同一の査読者に修正論文を送付し，再査読を依頼する。ただし，同一の査読者が再査読を行えない事情がある場合には，査読委員会の議を経て査読者を変更することを妨げない。また，所定の期間内に再査読結果が提出されない場合，査読委員会は別の査読者を依頼するか，もしくは自ら査読することができるものとする。

9. 最初の査読で査読者のうち少なくとも一人がD（D＋およびD－を含む。以下，同様）と評価した論文は，他の査読者に査読を依頼することがある。ただし，評価がDDの場合は掲載不可とする。修正論文の再査読の結果は，X（掲載可），Y（掲載不可）の2段階で評価する。XYの場合は，委員会が査読者の評価を尊重して掲載の可否を検討する。

10. 査読委員会は，年報委員長と協議して各号に掲載する公募論文の数を決定し，その数に応じて各号に掲載する公募論文を決定する。各号の掲載決定は，以下の原則によるものとする。

    1) 掲載可と判断されながら紙幅の制約によって前号に掲載されなかった論文をまず優先する。
    2) 残りの論文の中では，初稿の査読評価が高い論文を優先する。この場合，BBの評価はACの評価と同等とする。
    3) 評価が同等の論文の中では，最終稿が提出された日が早い論文を優先する。

　上記3つの原則に拘らず，公募論文の内容が特集テーマに密接に関連している場合には，その特集が組まれている号に掲載することを目的として掲載号を変えることは差し支えない。

11. 応募論文が特集のテーマに密接に関連する場合，または応募者が特集の一

部とすることを意図して論文を応募している場合には，査読委員長が特集号の年報委員長に対して論文応募の事実を伝え，その後の査読の状況について適宜情報を与えるものとする。査読の結果当該論文が掲載許可となった場合には，その論文を特集の一部とするか独立論文として扱うかにつき，年報委員長の判断を求め，その判断に従うものとする。
12. 査読委員長，査読委員及び査読者の氏名・所属の公表に関しては，査読委員長の氏名・所属のみを公表し，他は公表しない。

付則1
 1．本規程は，2005年10月より施行する。
 2．本規程の変更は，理事会の議を経なければならない。
 3．本規程に基づく査読委員会は2005年10月の理事会で発足し，2006年度第2号の公募論文から担当する。最初の査読委員会の任期は，2006年10月の理事交代時までとする。

付則2
 1．本規程は，2007年3月10日より施行する。

The Annuals of
Japanese Political Science Association 2010-I

Summary of Articles

Structure of Institutional Trust in Governmental Administration
Ken'ichi IKEDA (11)

Starting from discussing trust in risk-management related enterprises like railway companies, we argue that overall trust in an enterprise is not determined by risk perception, but by two other factors; (1) assurance by institutional regulation (laws, rules, monitoring and punishment) and by engineering arrangement, and (2) moral trust typical of the profession's ethics. We posit here that overall trust in governmental administration has the same logical structure. After distinguishing between trust and assurance, and between personal trust and institutional trust, we describe the properties of institutional trust; asymmetry in information and power, a lack of competitiveness, and its non-reciprocal nature against citizens. We then emphasize the need for balance between regulative assurance and moral trust to make the overall institutional trust function well. The latter half of the paper is dedicated to a multi-variate analysis of this structure based on a nationwide internet survey. The results reveal clearly that there is (1) a general lack of assurance and moral trust (including belief in profession's ethics, a sense of fairness, the role of regulation, accountability, transparency, reputation, competence, or retrospective evaluation) in both of national and local administrations, and (2) the dominating importance of moral trust on institutional trust.

Which factor, citizens' or governmental, affects the trust in civil service in Japan?
Kosuke OYAMA (31)

The purposes of this article are to clarify which factor, citizens' or governmental, affects the trust in civil service in Japan and to verify the hypothesis that the trust in civil service is determined by the governmental performance / the citizens' expectation for governmental role. In order to achieve these purposes, I used the Japanese data of the World Values Survey 2005 and executed ordered probit regression analysis. As a result, the following facts are found. First, the governmental factor affects than the citizens' ones. Especially, the governmental performance such as the degree of respect for human rights and the degree of democratic government in Japan affects most of all factors. Second, the performance / expectation hypothesis could not be verified. The variable we chose from the World Values Survey 2005 as Japanese citizens' expectation for governmental role was supposed to show only aspiration like citizens' dream, not real expectation. In any way, we could clarify the important governmental factor affecting the trust in civil service in Japan.

Trust in Government and Administrative Reform in Asia
Osamu KOIKE (49)

Asian countries enjoy high trust in government except Japan and South Korea. In spite of less developed democracy and corrupt bureaucracies, Asian people satisfy with their democratic system and governmental services. It indicates the coexistence of old "authoritarian-bureaucratic" regimes and popular political leaders based on the newly developed political parties. Despite this situation, Asian leaders are eager to promote administrative reforms copying New Public Management from Anglo-Saxon countries. In recent years, Asian governments attempt an introduction of advanced reform measures such as Results-based Performance Management and Medium Term Expenditure Framework, while reforming public service in Japan has stagnated. We might say that it is a kind of gimmicks to tame a rising middle class to fend off the increasing pressure on democratic governance in Asian countries.

Trust at Local Government Level
Kengo AKIZUKI (68)

First, research trend of public trust in European countries in recent years is reviewed. Important findings is that there is no long term decline based upon hard evidence, but rather confusion of the level of discussion (the state level trust and performance and service delivery). The three-level scheme proposed by Bouckaert and Van de Walle is also important to enable us to understand the complex images and notions of trust.

The author and his group conducted survey to the local government employees in 2008. It leads to several important findings; the self-evaluation of being trusted by the residents is positively co-varied with performance of employee's professional knowledge, his/her organization's ability to manage and solve problems. More the positive respondent is for the participation and partnership, higher the degree of the self evaluation of being trusted by residents. With these in mind, it is also important to connect personal level of trust to higher organizational level (e.g. bureau level and entire city hall level).

Assessing the Impacts of IGR and Governance Reform for Public Trust in Local Government

Masao KIKUCHI (85)

The paper tries to assess the impacts of Inter-Governmental Reforms and the Governance Reforms for the public trust in local government. Many scholarly works point out that Japanese local government enjoy higher public trust than the national one. There is however scare solid evidence to support this phenomenon due to lack of long term surveyed data. As Japanese local government has experienced formal decentralization reform in its intergovernmental relations from 2000, and governance reform in its external relations with citizens and private entities, there is a great need to assess the impacts of these reforms for public trust in local government in Japan. The paper employed the US experiences of IGR reform and the UK experiences of local governance reform for the references to assess the impact of respective reform to the public trust in local government in Japan. The finding is that respective impacts of both reforms would be trade-off or mutually inconsistent, and current reforms in Japanese local government would undermine the support and trust from the public, unless reform strategies of both IGR and governance with external stakeholders are carefully developed.

The context of "trust" in the Supreme Court: Looking into the advisories and greetings of the chief justice of the Supreme Court in the Saibansho-jiho

Shin-ichi NISHIKAWA (107)

The cornerstone of every court is having the "trust of the nation's people". In this article, we studied the advisories and greetings of the chief justice of the Supreme Court recorded in the Saibansho-jiho to make this evident. Specifically, we looked into how many times the chief justice of the Supreme Court used the word "trust" in each article. We then looked at the context in which the word was used by the chief justice for each article which had a high frequency of the word.

We found that the word "trust" was used many times in context in articles concerned with acceleration of lawsuits, overcoming the Judiciary danger, eliminating the frequent occurrence of misconduct, and correspondence to the reform of the judicial system. What this means is that each time the court is faced with danger and reform, the Supreme Court pleaded for the "trust of the nation's people" in an effort to negotiate a solution. The thing we must be careful of is that this "trust" is a convenient black box for the Supreme Court.

Trust in Government and Voter Turnout:
Continuing and Reflected Effect in Trust

Masahiro ZENKYO (127)

The purpose of this article is to examine the effect of trust in government on voter turnout in Japan, based on the analysis of large-scale panel survey datasets. In previous works, on static approach, it had been argued by many scholars trust hardly influences on voter turnout. This approach, however, is so inadequate for an examination the effect of trust could have been estimated only to partial. In this article, I argue that not only perception in present but also in the past must be necessary for it, and, on dynamic approach, there is "continuing" and "reflected" effect in trust. The results of logit estimation and post-estimated simulation show (1) the effect of trust in the people whose perception in the past and present is same is stronger than different, and (2) even if the perception in present differs, that difference is not effective when the perception in the past also differs.

A Study on the Method of Contemporary Political Theory

Masakazu MATSUMOTO (149)

It is well-known that contemporary political theory has been greatly influenced by John Rawls' monumental work *A Theory of Justice* published in 1971. An equally well-known fact is that many Anglo-American political theorists since Rawls come under the heading of "analytical" political theory that flows from the school of twentieth century analytical philosophy. However, there is almost no study on the connection between these two familiar facts. The aim of this article is, by focusing on methodology, to draw an outline of analytical political theory that has been adopted by many theorists since Rawls. Firstly, I will make clear what the word "analytical" means, and secondly overview Rawls' *A Theory of Justice* in terms of the method it employs. Thirdly, I will name the method of Anglo-American contemporary political theory "methodological Rawlsianism," and discuss its characteristics with reference to Robert Nozick's theory of distributive justice.

Hans J. Morgenthau's Critique of Modernity: Or the Limitation to Approach His (International) Political Thought in Terms of "Realism"
Yutaka MIYASHITA (171)

This paper proves that the kernel of Morgenthau's *Scientific Man vs. Power Politics* is not in defense of the pursuit for power but critique of modernity. In modernity, he thinks, normative ethics disappears under the reign of rationalism which substitutes "laws of causality" for "laws of morality" and as a consequence "the scientific approach" governs both politics and ethics. Then it becomes clear that to focus only on his critique of liberalism in disregard of his critique of Marxism and Nazism is to misunderstand this normative concern. Lastly, it is argued that Morgenthau has gloomy prospect of man in modernity as "Scientific Man", which is thought to be similar to Friedrich Nietzsche's "die letzten Menschen" and Max Weber's "Fachmenschen ohne Geist, Genußmenschen ohne Herz", in that, according to Morgenthau, modern man cannot fail to aggravate the struggle for power by embracing the political religions which promise salvation from suffering of this world.

Reconsideration of the Peace Preservation Law:
in the era of party cabinets 1918-32
Shunsuke NAKAZAWA (194)

This article reconsiders the mean of the Peace Preservation Law in prewar Japan's era of party cabinets.

The Ministry of Interior (MI) took a passive attitude towards new Acts and applied existing laws against extreme thought. On the other hand, the Ministry of Justice (MJ) was more active in making new regulations because it needed a legal basis for thought control. Moreover, MI was close to Kensei-kai, as MJ with Seiyu-Kai. The KATO Taka'aki cabinet – Kensei-kai and Seiyu-kai were the Government parties – mediated between two ministries.

MI tightened its guard against overseas communists. Furthermore, Prime Minister KATO hoped to inhibit propaganda by means of the treaty between Japan and Soviet Russia rather than through domestic regulations. So, the Peace Preservation Law was enacted for punishing associations, especially communists. However, the limits of this Law were quickly exposed.

The first draft of the Bill would have allowed for the punishment of changing the parliamentary system, "Seitai". However, political parties deleted this provision because they feared it might limit party activities.

年報政治学2010-Ⅰ
政治行政への信頼と不信

2010年6月10日　第1刷発行　Ⓒ

編　者	日 本 政 治 学 会	（年報委員長　中邨　章）
発行者	坂　口　節　子	
発行所	㈲ 木　鐸　社	

印刷　㈱アテネ社／製本　大石製本

〒112-0002　東京都文京区小石川5-11-15-302
電話（03）3814-4195　　郵便振替　00100-5-126746番
ファクス（03）3814-4196　　http://www.bokutakusha.com/

ISBN978-4-8332-2431-4　C 3331

乱丁・落丁本はお取替致します

小宮 京 著
自由民主党の誕生
■総裁公選と組織政党論

戦前と戦後をまたいで政党の役割は、変容した。本書は、戦後復活した政党から一九五五年に結成された自由民主党に至る主に保守党を中心とした政党群の政党組織を対象に総裁選出方法と党中央組織の二つに注目し自由党系と第二保守党系が合同した自由民主党が、総裁のリーダーシップを強化する制度的基盤と、組織政党論の影響下で誕生した新組織を継承したことを論証する。

A5判326頁定価税込四七二五円

田尾雅夫 著
公共経営論

地方自治体を含めた公的セクターを企業のように経営できるのか、正面から問い、少子高齢の現代日本社会で果たす公共セクターの役割は今後、一層大きくなる。膨らむ一方の需要に、少ない資源をどのように按分するか。環境、組織の特性等の基本的な前提を与件として、本書は公共セクターの組織におけるマネジメントのあり方を再度捉え直しその可能性について論じる。

A5判436頁定価税込四七二五円

益田直子 著
アメリカ行政活動検査院
■統治機構における評価機能の誕生

情報管理によって政府が何をやっているかからない可能性を指摘し社会に警鐘を発した公的な組織がある。この組織の長は、行政のトップによって任命されるが、政府の活動に問題が生じるか生じようとしている場合に、それを行政府に勧告、議会に報告、国民に知らせる希少な価値を持っている。本書は、この機能を担う米国の行政活動検査院及びその持続を可能にした原理を明らかにする。

A5判208頁税込三六七五円

岡部恭宜 著
通貨金融危機の歴史的起源
■韓国、タイ、メキシコにおける金融システムの経路依存性

本書は、韓国、タイ、メキシコにおける通貨金融危機および金融再建の違いを政府と企業と金融機関の関係を歴史的に分析することで説明する。通貨金融危機は開発主義時代初めに採用された異なる金融システムが独自の経路を辿った結果、国毎に異なった過程で危機が発生し再建策と結果にも違いが生じたことを論証する。

A5判324頁税込四七二五円

平田彩子 著
行政法の実施過程
■環境規制の動態と理論

本書は、環境規制法の執行過程について、「法と経済学」の観点から、統一的な意思決定や行動基準の本質部分を解明することを目的としており、複雑な法執行過程での両者の相互作用とその本質を捉え、一般的なモデルや理論を構築する分析には欠かせない。

A5判224頁税込二九四〇円

日本政治学会 編
政治における暴力
古典的問題の地球的諸相

年報政治学 2009-Ⅱ

A5判328頁税込三二二〇円

日本政治学会 編
民主政治と政治制度

年報政治学 2009-Ⅰ

二〇〇五年度より発行元変更 年二回刊行

A5判408頁税込三二五〇円

112-0002 東京都文京区小石川5-11-15-302
電話(03) 3814-4195 ファックス (03) 3814-4196
URL http://www.bokutakusha.com/

木鐸社

NEW BOOKS

Goverment and Participation in Japanese and Korean Civil Society

edited by Yoshiaki Kobayashi and Seung Jong Lee

W=148mm H=220mm 272PP ¥3500E

Part1 Trust in Government

1. Trust in Korean Government　　　　　　　　Seung Jong Lee
2. Trust in Japanese Government　　　　　　　Yoshiaki Kobayashi

Part2 Citizen's Participation

3. Citizen's Participation in Korean Civil Society　　　Hyejeong Kim
4. Citizen's Participation in Japanese Civil Society　　Ilkyung Ra

Part3 Local Assembly System

5. The Local Assembly System in Korea　　　　Chandong Kim
6. The Local Assembly System in Japan　　　　Yoshiaki Kobayashi

Part4 Special issues

3 articles

Bureaucracy and Bureaucrats in Japanese and Korean Civil Society

edited by Yoshiaki Kobayashi and Tobin Im

W=148mm H=220mm 240PP ¥3500E

Part1 Administrative Reform

1. Administrative Reform in Korean Civil Society　　　Tobin Im
2. Administrative Reform in Japanese Civil Society　　Kazunori Kawamura

Part2 Policy Making Process

3. The Welfare State and Social Policy Making Process in Korean Civil Society

　　　　　　　　　　　　　　　　　　　　　　　　Huck-ju Kwon
4. Social Policy Making Processes in Japanese Civil Society

　　　　　　　　　　　　　　　　　　　　　　　　Hidenori Tsutsumi

Part3 Local Autonomy and Local Bureaucrats

5. Local Autonomy and Local Bureaucrats in Korea　　Jaeho Seo
6 Local Autonomy and Local Bureaucrats in Japan　　Jong-Ouck Kim

Part4 Special issues

3 articles

112-0002　東京都文京区小石川5-11-15-302

木　鐸　社

電話(03)3814-4195　ファックス (03)3814-4196
URL http://www.bokutakusha.com/

辻中豊（筑波大学）責任編集
現代市民社会叢書

各巻　A5判250頁前後　本体3000円＋税

本叢書の特徴：
　21世紀も早や10年を経過し，科学技術「進歩」や社会の「グローバリゼーション」の進行によって，世界が否応なく連動しつつあるのを我々は日々の生活の中で実感している。それに伴って国家と社会・個人およびその関係の在り方も変わりつつあるといえよう。本叢書は主として社会のあり方からこの問題に焦点を当てる。2006年8月から開始された自治会調査を皮切りに，電話帳に掲載された社会団体，全登録NPO，全市町村の4部署と2008年1月までの1年半の間，実態調査は続けられ，合計4万5千件におよぶ膨大な市民社会組織と市区町村に関する事例が収集された。この初めての全国調査は従来の研究の不備を決定的に改善するものである。本叢書はこの貴重なデータを基礎に，海外10カ国余のデータを含め多様な側面を分析し，日本の市民社会を比較の視座において実証的に捉えなおそうとするものである。

（1）辻中豊・ロバート・ペッカネン・山本英弘
現代日本の自治会・町内会：
第一回全国調査にみる自治力・ネットワーク・ガバナンス

2009年10月刊

（2）辻中豊・森裕城編
現代社会集団の政治機能：
利益団体と市民社会

2010年4月刊

（3）辻中豊・伊藤修一郎編
ローカル・ガバナンス：
地方政府と市民社会

2010年3月刊

（4）辻中豊・坂本治也・山本英弘編

2010年9月刊
現代日本のNPO政治

〔以下続刊〕
（5）小嶋華津子・辻中豊・伊藤修一郎
比較住民自治組織

112-0002　東京都文京区小石川5-11-15-302
木鐸社　電話(03)3814-4195　ファックス (03)3814-4196
URL http://www.bokutakusha.com/